誰讓恐怖情人得逞？
桶川跟蹤狂殺人案件的真相及警示

桶川ストーカー殺人事件——遺言

清水 潔
Shimizu Kiyoshi

王華懋——譯

そこにいくまでは普通の事件取材。
大宮のカラオケボックス。

私は腰を下ろしながら、店員が後ろ手に閉めようとしている入り口の安っぽいドアを視界の端に捉えている。あと数センチで閉まりきるドアの最後の動きを追っていた私の視線は、次の瞬間、正面に座るその青年の口の動きに吸い寄せられていた。その大柄な青年は、開口一番こう言うのだ。

「詩織は小松と警察に殺されたんです」
私はまだ腰を下ろしきっていなかった。

目錄

推薦序

平凡人也能選擇的善良或邪惡

王立柔

這不是一本虛構的懸疑偵探小說，而是前《FOCUS》週刊記者清水潔對「桶川跟蹤狂殺人事件」的眞實調查記錄。

一九九九年，日本埼玉縣女大學生豬野詩織在JR桶川車站外，冷不防被人用刀刺死。乍看像隨機殺人案，但在清水潔的一連串調查下，眞相漸漸水落石出：豬野詩織的前男友是恐怖情人，長期騷擾並威脅她的人身安全。雖然她曾經自行蒐證，帶著錄音機向警方報案，卻得到「不會成案」的回覆，甚至反過來被譴責「收了人家禮物，才說要分手，做男人的怎麼會不生氣？」走投無路的詩織最終在絕望中被殺死。

這起案件催生了日本國會訂定《跟蹤騷擾行爲規範法》，但這些都是後話。在慘案剛發生的時候，詩織之死雖然引發社會震驚，民眾對受害人的同情很快就打了折扣。一方面是因爲警方不斷放出關於受害人的不實資訊，一方面是各家媒體在報導時聚焦於詩織身上的穿著、名牌配件，暗示她有「拜金」傾向，並將她的職業誤報爲「酒家女」。雖然說無論受害人是否符合這兩點，都不應該被任何人殺死，但日本社會輿論一度產生「責怪受害人」的氛圍。

「我的女兒被殺了三次：一次是被兇手殺死的，一次是被不受理報案的警方殺死的，一次是被媒體殺死的。」豬野詩織的父親豬野憲一多年後再度接受作者清水潔的訪問時，曾經這樣說。這名傷痛的爸爸不僅控訴殘忍的兇手和怠惰的警方，也深深控訴了醜化受害者、畫錯重點的新聞媒體。

這起案件的時空背景是二十年前的日本，然而這樣的「劇情發展」對今天的台灣讀者來說很熟悉吧？沒錯，「新聞媒體」的面向是此書最值得探討的重點之一。作者清水潔的筆下，處處都是對新聞產製生態及閱聽文化的批判，讓人一面讀一面驚呼「原來二十年前的日本新聞也是這樣啊！」「怎麼二十年後的台灣新聞還是這樣？」然而，清水潔並不自詡高尚，他的採訪歷程之所以寫實，正因爲除了批判，他也坦誠抒發自己內心的掙扎。

比方說，清水潔不希望媒體對受害人貼沒營養的標籤，但在詩織事件的第一篇報導裡，考量到自家公司的屬性，他仍然使用了「美女大學生」作爲標題，就像現今的新聞習慣以「正妹」當起手式一樣。當他花了好幾個月，辛苦地對案情抽絲剝繭、鎖定兇嫌並拍到照片後，既希望立刻刊登新聞，在同業面前揚眉吐氣一番，又不希望驚動兇嫌，害警方抓不到人，於是先把稿子壓住了。但是從他的筆觸中，仍感受得到他強烈渴望「獨家新聞」帶來的風光。

清水潔也有舉棋不定的時刻。在案件發生之初，他向一個欣賞的同業徵求意見：「關於死者詩織，你打算怎麼處理？」他心想，對於年輕女性遭到跟蹤狂攻擊的新聞，可以預見其他媒體一定會寫出女方可能也有過失的報導，「我是想問是不是保險一點，也暗示這種可能性比較好。」直到該同業給了否定的意見，他才鬆了一口氣。

這裡所謂的「保險一點」，與後面的另一段情節互相呼應。清水潔提到，在他一個人埋頭苦幹，發展出跟同業完全不同的故事版本時，總編輯把他找去，「爲什麼咱們不寫這樣的報導，其他週刊不是都走這樣的路線嗎？」所幸總編輯聽他解釋後，決定給予空間，任其發揮。

這些心路歷程的最精彩之處，在於它們不斷激起讀者質疑「如果……？」如果不是那位正直的同業給予否定的回答，如果不是主管夠有肩膀，清水潔會不會也屈服在「從眾」的壓力之下？如果一個人很有理想，卻孤軍面對始終堅硬、毫無破口的體制時，打安全牌會不會是比較輕鬆的作法？

說到底，每個人又有多少動機和多少力氣，能撐著不做「比較輕鬆」的事情？

把自己套用到清水潔的情境裡，就發現不管是新聞產製或生活中的所有事情，善意與惡意的拿捏常常只有一線之隔，每一個環節都有人在做選擇，下決定時的變數很多，也許還涉及天時地利人和。但是每一個微小的選擇終將成爲巨大的集合，亦爲我們身處的世界。

兇嫌曾經威脅豬野詩織，「我要找人強姦妳，並拍下影像」，儘管一九九九年的網路還不普及，不像今天，人們幾乎把整個生活建立在網路上，任何資訊都容易野火燎原；然而這種威脅對當年的豬野詩織而言，仍然立即產生作用。原因是什麼？她大概設想過「如果眞的這麼做了，並把影片散佈出去，有幾個人眞的不會看？」

而且，她對這題的答案完全沒有信心。

我相信大多數人聽到或閱讀桶川事件的資料時，都會對兇嫌的所作所爲感到憤怒，也不認爲他的作法是正確的，但兇嫌敢發出「散佈強姦影片」的威脅，正代表他有自信有人將替他撐腰。他很靠勢，靠的不是他的小弟，他的金錢，也不是他的麻吉和親戚，而是千千萬萬個面孔模糊，在平常生活裡可能都被稱爲「好人」的平凡百姓。

我們一定都有對電視機裡各種犯罪案件痛罵的時刻，但有沒有一時半刻停下來思考過，某些傷害能夠被創造出來，被賦予破壞力，其中有多少是眾人授權？

「未經同意散布他人私密影像」（也稱「復仇式色情」）的行爲並不是詩織的前男友首創，至今也沒有停止過，已經演變爲網路世代的性暴力問題，今（二〇一九）年初爆出的「韓國男星鄭俊英偷拍案」就是其中一樁。遺憾的是，每次發生這類事件，許多新聞報導就以聳動、輕浮的方式吸引點閱率。從標題到內文都不見嚴肅檢討，反而有種偷窺狂「好康倒相報」的口吻，處理影像時更不見得顧及受害人的隱私，製造二度傷害，更時常畫錯重點地追蹤報導「受害人是哪一位女星」？

二〇一七年十月，我在非營利媒體《報導者》網站發布〈有錢就能散布別人裸照，誰讓加害者有恃無恐？〉〈律師：看過「色情報復」被害人的痛苦，就再也無法看熱鬧了〉兩篇報導，希望能喚起社會對此議題的重視，採訪過程中，卻也時常感到心寒。婦女救援基金會該年的網路調查結果顯示，在發放並回收的一千一百三十八份有效問卷中，其中有百分之三十點五的受訪者表示「會」點閱觀看他人外流的性私密影像，百分之四十二點九的受訪者表示「不一定」。

該問卷也詢問填寫者，認爲被害人負有多少責任？作答的選項是一至五分分級距，一分是最少責任，五分是最多責任，結果僅有百分之十四填寫問卷者認爲被害人完全沒有責任，將近百分之六十的答案集中在三分和四分，認爲被害人負有超過一半甚至接近全部的責任。

能觸及婦女救援基金會問卷的網友恐怕已是「性別議題」的「同溫層」了，竟還有較多的受試者認爲性愛影像被外流、被點閱，是當事人活該。若在街坊隨機調查同樣的問題，結果大概更不堪想像吧。婦援會義務律師陳明清受訪時也很悲哀地說，「人們在網路上，總是覺得不管做什麼事情都不容易被追究到責任，反正有網路這層面紗，就可以肆無忌憚地動動手指圍觀、看熱鬧。」他懷疑，拚命宣導這個議題眞的能帶來改變嗎？

在「復仇式色情」這個日益嚴重的問題上，我總是想起歐文・亞隆的心理諮商小說《愛情劊子手》的其中一篇〈如果強暴不違法……〉，主角是一個很愛「講幹話」的阿伯。他自鳴得意地在治療師面前意淫、性騷擾治療團體中的女性，並夸夸其談「如果強暴不違法，他一定會試試看」。

有趣的是，阿伯本身有一個心愛的女兒——當治療師問他，在他的理想國裡，他的女兒要何處安身？或者也應該隨時被強暴？阿伯的臉色丕變，說他絕對不願女兒那樣，希望她可以找到一個相愛的人，共組幸福的家庭。

治療師反問，「但如果她的父親提倡的是強暴的世界，這種希望怎麼可能實現？如果你要她活在充滿愛的世界，那要靠你去建造——首先必須從你自己的行爲著手。你不能自外於你訂定的法律，這是任何倫理體系的基礎。」

在環保意識抬頭的今天，大家可能聽過環保團體喊過這樣的口號，「你的每個消費選擇，都是在選擇你想要的世界。」事實上，不只消費，我們做下任何一個選擇，都在捏製自己想要的生活，蝴蝶效應一樣，對待別人的方式最終也將回饋到自己身邊。

清水潔在採訪過程中時時自省，有時稍有妥協，但始終追求著更靠近良知的那條線。他坦誠地分享心路歷程，並不是推諉自身的能動性，也不是爲了讓讀者有消極的結論，相反的，只是在刻畫自己的平凡。清水潔說明了一個人有多平凡，善良和邪惡就有多平凡。但珍貴的地方就在於，即使一個平凡人如他，如你我，也仍然有能力選擇前者。

本文作者介紹

曾擔任非營利媒體《報導者》文字記者

前言

殺人命案的死者，留下了「遺言」指出兇手是誰。

一九九九年十月二十六日，一名女大學生在埼玉縣ＪＲ桶川站前遭人持刀刺死。起初認爲是隨機砍人案件的這起命案，由於死者豬野詩織（當時二十一歲）在案發前曾長期遭人跟蹤騷擾，引來媒體熱烈的關注。被害人在同年初與男友分手後，自己和身邊的人便遭遇到種種騷擾。雖然沒有任何證據指出其前男友就是「歹徒」，但被害人堅信就是他幹的，也曾向警方求助；但被害人最終還是慘遭殺害。

新聞鬧得沸沸揚揚。居然會遭到跟蹤騷擾，死者是個什麼樣的女孩？她遇到什麼樣的騷擾？「兇手」是誰？

有許多錯誤的報導；也有許多雖然不算錯，卻極爲偏頗的報導。這是因爲應該聽到她的「遺言」的警方堅守沉默，許多媒體也對此充耳不聞的緣故。新聞上報導的全是扭曲的被害人形象，調查本身則觸礁了。

這時，偶然有一名記者相信了死者的「遺言」，那就是我。我在命案發生不久後，聽到被害人的朋友描述事情經過，持續追蹤採訪的同時感受到彷彿有人在背後推著我。在警方的偵辦毫無進展的狀況中，我在死者的遺言引導下，查到了實行犯，並揭發了埼玉縣警的醜聞，讓多名警界人士遭到處分。這兩者在工作上都可以算是轟動一時的獨家頭條。然而在參與這起案件的過程中，比起採訪者，我更覺得自己是被捲入案件的當事人之一。這五個月以來，我被一股莫名的「力量」驅動——本書便是以這段期間的採訪筆記整理而成。

我立志成爲報導攝影師，踏入這個圈子，卻在不知不覺間從新聞攝影師變成了自由記者。本來是在攝影週刊《FOCUS》負責拍照，然而回神一看，竟以社會記者的身分在最前線採訪。與《FOCUS》合作之後，已經過了十七個年頭，我總是身在第一線。

我經歷過許多不知何時才會結束的跟監、在大批媒體中推擠拍照。即使變成了記者，前往現場和警察署、拜訪案件相關人士、訪問他們並拍照這些工作，也沒有什麼不同。就像巡迴公演似的，每星期踏遍日本全國各地，一年三百六十五天就在社會案件、意外事故、災害中度過。這是一份腳踏實地、毫不華麗的工作。坦白說，我完全沒有想過自己居然能持續這份工作這麼久。

因爲我很討厭週刊。

說到週刊給人的印象，就是聳動的標題、愚蠢至極的醜聞、強勢粗暴的採訪。事實上，週刊並不是以這種方針編輯出來的，卻只因爲它不是政府宣傳型的「公共媒體」，就被冠上了這樣的形象，這令我厭惡。我痛恨社會的這種定見。以前有人說：「這個國家的週刊，定冠詞就是『三流』。」還說：「這個國家沒有『一流』週刊。」我也這麼認爲。

如果不是以報導內容，而僅是以媒體形式來區分一流或三流，那麼週刊做爲報導媒體，豈非永遠都只能屈居於「三流」？

但是參與這起桶川命案，我得到的啓發之一，就是這起命案如實揭發了這種分類的弊害。如果滿足於「一流」稱呼的媒體只知道把政府機關公布的「公共」訊息照本宣科地報導出來，當消息來源本身有問題時，報導會被扭曲得有多可怕？當消息來源發布錯誤訊息時，「一流」媒體強大的力量，會將多少事物踐踏殆盡？

本書的另一個目的，就是把遭到身爲公家機關的警方，及受其誘導的「一流」媒體所扭曲的命案眞正的面貌及被害者形象重新傳達給世人。

被害人詩織看不到今年春天的櫻花，也聽不到夏季的蟬鳴。往後都再也看不到、聽不到了。同齡女性應該會在往後經歷戀愛、結婚、生子等充滿各種喜悅的人生，她的人生卻在那個秋天結束了。我在採訪過程中，想到的淨是這些。

已經過去的時光無法倒流。

那一天，慘案發生了。

但是，爲什麼？

二〇〇〇年九月

本書提到的人物，
年齡及頭銜皆爲當時。

第一章　案發

案發當天的命案現場

去到那裡之前，就只是一般的案件採訪。

大宮的ＫＴＶ。

這是我第一次踏入的店。穿過週五夜晚鬧區震耳欲聾的喧囂，我們找到了坐在路邊的金髮女生告訴我們的那家店。是平凡無奇、隨處可見的ＫＴＶ大樓。狹小的通道迴響著客人抓著麥克風嘶吼的歌聲，吵鬧的打拍子聲無止無盡。我們在一臉訝異的店員帶領下，穿過走廊進入那個包廂，隔著小桌在沙發坐下。我一邊坐下，眼角餘光掃見店員反手帶上門口的廉價門板。我的視線瞥著只差幾公分就完全闔上的門板最後的動作，下一瞬間卻被坐到對面的青年嘴唇動作給吸引了。那名壯碩的青年劈頭第一句就說：

「詩織是被小松跟警方殺死的。」

我都還沒完全坐下。

一定就是在這一瞬間，我的心中有什麼改變了……

案件的第一波報導總是一團混亂。

這起命案也不例外。最早接到的消息是「隨機砍人」。

一九九九年十月二十六日，這天我任職的《FOCUS》編輯部休假。我早就決定要好好睡個懶覺。前天我幾乎整天沒闔眼。爲了趕截稿，我近乎熬夜地寫完稿子，看過清樣，結束稿件的最後確認後，還參加會議之類的，一眨眼就入夜了。當然一回到家，往床上一倒，立刻不省人事，醒來的時候都已經中午了。生活在正常時間帶的家人老早便展開各自的日常，空蕩蕩的家中，就只有寵物金倉鼠「之助」在籠子裡跑來跑去的沙沙聲。久違的悠閒一日即將開始。

也有許多雜務等著我處理。得去洗衣店取到現在都還沒領回來的夏季外套。讓「之助」放個風，打掃一下牠的小窩吧。我猶豫該從哪件事著手，決定清掃倉鼠籠，伸手拿出籠中的飼料碗時——

手機響了。

開端總是手機。對社會記者來說，手機就像恐怖的項圈。

或許會是總編以莫名沉著的聲音說：

「發生大地震了，你立刻趕去現場。」

也有可能是同事打來的：

「那起命案的兇手落網了！現在要被帶去警署了！」

或許是其他報社認識的記者：

「警方終於對××進行搜索了！」

甚至有可能是來提供線報的：

「我家附近有人養的巨蟒逃走了！」

什麼都無所謂，是誰都沒關係，反正手機響了，就是工作上門了。我按下通話鍵，不祥的預感幾乎變成了事實。

「清水兄，不好意思在你休假的時候打擾！」

不出所料。就算猜中，也教人開心不起來。是編輯部攝影師櫻井修的聲音。

「有消息說埼玉桶川站附近有個女人被殺了。似乎是隨機砍人。」

我忍不住嘆息。我跟櫻井前前後後已經共事將近十五年了，他是我最爲信賴的同事之一，北至北海道，南至沖繩，我們共同採訪的案件、事故、災害多不勝數。搞不好比起我太太，他更要了解我。他非常清楚在採訪中落後的記者會有多遜，所以應該是出於好意通知我，但這也是我好不容易才盼到的安息日，坦白說，眞希望他放我一馬。

「……你一個人嗎？」

「大橋也正在趕去現場。」

大橋和典是編輯部的年輕攝影師。

「意思是這個案子我負責？」

「不，山本總編沒說什麼……」

這表示接到指示的只有攝影師。對攝影週刊來說，照片就是一切。總編山本伊吾應該是打算先派攝影師過去，能拍到什麼就先盡量拍。我這個記者就算裝做沒事人，應該也不會有問題……

不過事情落到我頭上，也是遲早的事。所以櫻井也才會打給我。《FOCUS》編輯部沒有幾個記者會分派到這類稱爲「搜查一課(註)案」的採訪。要是我繼續留下來給倉鼠放風，到時候要扛起採訪落後的責任的，可是牠的飼主。就在我猶豫躊躇、揮舞著倉鼠飼料碗的這一瞬間，已經展開採訪的其他記者應該正不斷地蒐集到各種消息。下個星期，應該就可以在書店看到他們比我更詳盡許多的報導。

是要現在享樂，事後付出可怕的代價，還是立刻工作，分期處理掉麻煩？多**歡樂**的選擇題啊。我是個勞碌命，沒有選擇的餘地。

「……兇手呢？」

「完全沒有眉目。我也是剛接到編輯部的消息，離開家而已。」

「……那，我這裡稍微調查一下。」我想我的聲音應該變得很陰沉。再怎麼說，案件報導講求的是速度。這一點我也再清楚不過。但難得休假一天，才剛起床二十分鐘就泡湯了。我右手握著掛斷的手機，左手拿著倉鼠的飼料碗，喃喃自語：

「幹麻好死不死，偏偏挑在今天發生……？」

但是，接下來我將深刻感受到這起命案不能以今天或明天這樣的單位來看待。漫無止

註：日本的警察機關裡，通常搜查一課負責的是殺人、強盜、傷害、綁架等重案。

境且遙遙無期的採訪，就此揭開了序幕。

我立刻著手打電話。

任何採訪都一樣，第一步是蒐集資訊。就算糊里糊塗衝到現場也無濟於事。雖然心急如焚，但與其不清楚天候就航向驚濤駭浪的大海，最起碼也要先在港口踢一下木屐占卜一下天氣（註）再做打算。這種時候，要先打電話給平日就有交情的同行記者，或是查閱通訊社的新聞快訊之後再出擊。

我從採訪用的斜肩包裡取出筆電，雙手敲打鍵盤，一邊查閱快訊，一邊用肩膀夾著電話，開始蒐集資訊。一旦開始行動，便勢不可擋。爲了這種時候，我的熱鍵登錄了將近四百支電話號碼。我一通接著一通，不停地打。

「聽說桶川發生命案，你們派記者過去了嗎？我也正要過去……」我一面表明自己也將加入戰局，向各方向打探消息。

詢問多位報社記者、電視台人員後，不到十分鐘，回撥的電話便愈來愈多，也有已經開始採訪的其他報社及電視記者聯絡我。電話中接到插撥，接起來後又是插撥，忙得簡直像航空管制員，我這個舊型十六位元的大叔腦幾乎快要處理不過來了。

初期資訊很零碎。

匆促寫下的便條紙上塡滿了我雜亂的字跡。被害女子是住在桶川市隔壁上尾市的女大學生，豬野詩織，二十一歲。案發地點在JR高崎線桶川站的正前方，屬於上尾警察署的轄區。刺死人的男子目前在逃，警方正在追查他的下落……

花上三十分鐘從四面八方蒐集到的資訊，整合起來就只有這樣。總之是掌握到案件的骨幹，知道是住在哪裡的什麼人，在何處遭到什麼樣的傷害了。行動前就能掌握5W1H的狀況可以說是寥寥無幾，能知道這些已經是萬幸了。

我直接穿著身上的牛仔褲，抓起褐色外套，搭上背包，衝出家門。

前往現場的交通工具，是我自己的四輪驅動車。這也是我還是報導攝影師時留下的紀念，不過在採訪案件時，最重要的是盡速抵達。如果搭電車更快，就搭電車；搭飛機更快，就搭飛機，完全不考慮距離和費用。過去我曾爲了搶先五分鐘而風光得意，或爲了落後五分鐘而頓足懊惱。這起命案，最恰當的選擇是車子。如果遇到塞車，就隨便找個停車場丟下車子，改搭電車，若是接下來還需要車子，在現場攔計程車或租車就行了。

十八年來，我一直站在「第一線」。在腦袋思考之前，身體會自己先行動起來。我衝出家門，跳上車子，把背包扔到後車座。腦中描繪出前往桶川的路線，轉動鑰匙發動引

註：日本有踢木屐占卜天氣好壞的習俗。口中說著「希望明天好天氣」，踢出套著木屐的腳，一般認爲掉下來的木屐呈正面就會是晴天，反面就是雨天。

擎。打開車用電視的開關，把車開出去。從衝出家門到開出車子，應該花不到五分鐘。

我將手機設定爲免持擴音，一邊開車，一邊打給櫻井說明狀況。

「要怎麼安排？」櫻井問。

「你在現場拍攝『雜感』。如果有警方鑑識人員就拍進去。大橋在上尾署外面待機，爲兇手落網的時候做準備。」

「了解。」

「現場拍完後，你也去上尾署。」

「沒問題。」

彼此都很熟悉對方的行事風格了，不必詳細討論。

我任職的是攝影週刊，因此攝影師的安排是最優先事項。今天應該確保的，首先是現場的照片，再來是如果有記者會，就是警方記者會的照片，若兇手落網，當然就是落網時的照片。我請櫻井拍攝現場，大橋到警署外守候，櫻井拍完現場後，就可以轉去拍攝記者會。報導需要的照片每次都不同，只能依照案情和規模、發展來判斷。這次因爲事前已經蒐集到一定程度的訊息，所以攝影師的安排也很順利。

路況暢通，感覺是個好兆頭。不過移動期間，腦袋也不能放空休息。我用眼角餘光留意車用電視畫面，腦中模擬抵達現場後該做的事。要做的事堆積如山。決定要採訪哪些對象、請求支援、安排攝影師……

總之，已經發生的案件採訪，動作最快的人就是贏家。弄錯步驟將會帶來致命傷。採訪對象會被別家記者打攪，受訪者愈來愈不願意開口，假裝不在家，或銷聲匿跡。甚至是寶貴的資料被其他記者搶走，相關人員串證，有時甚至還會捏造出不在場證明……雖然不願意想像，但這就是現實。

車用電視開始播報新聞。「十二點五十分左右，桶川站前的人行道發生一起持刀殺人命案。死者爲住在上尾市的二十一歲女大學生，豬野詩織……」距離現場還有一段路程。我握著方向盤，在腦中記下「十二點五十分」這個時間。「死者豬野前往車站準備搭車去大學上課……」、「死者豬野正要停下自行車，一名男子從後方靠近，首先持刀刺入她的背部，接著刺向胸口……」播報聲片斷傳入耳中。我將這些也全部輸入腦中。雖然不管怎麼樣都必須直接採訪，但最好先把握該前進的方向。

目擊者的證詞也立刻播出來了。「我聽到有人大叫：『哇！好痛！』」回答記者採訪的是現場附近的店員。店員聽到叫聲，跑出店裡，看見一名男子跑走的背影，人行道上倒著一名女子。店員說：「我完全不知道發生了什麼事。」

我不停切換頻道，將看似有關的資訊全部記在腦裡。「警方不排除隨機砍人的可能性……」聽到男主播的聲音，我切實感受到果然各家媒體都傾巢而出了。但是另一方面，也有一股怪異的感覺。

我知道爲什麼媒體會爭相報導這起命案。

這樣說或許不好聽，但殺人命案本身，日本各地每天都在上演，所以並不是每一起命案都會受到媒體大篇幅報導。

人命不可能有貴賤之分，原本不管任何人怎麼樣遇害，都是重大事件，但現實上，不同的命案，世人的關注程度也不同。是因爲媒體報導，所以民眾關注，還是因爲民眾關注，媒體才大肆報導？我不知道。

不過，只要看看各家媒體對這起命案的第一波報導的標題「女大學生遭當街刺死」、「隨機砍人？女子被刺身亡」，就可以知道媒體矚目的要素是什麼。關鍵字是「年輕女子」、「隨機砍人」。

「年輕女子」不必特地說明，令我在意的是「隨機砍人」。

近年來，隨機砍人案件頻傳，甚至有報紙提到，如果說九八年可以用「毒物列島」（註二）來形容，那麼九九年就是「連環隨機砍人」，就是陸續發生了這麼多起與兇手非親非故的一般民眾慘遭殺害的事件。只要發生轟動的大案子，就會引發一連串類似的模仿案件。若是二〇〇〇年，應該可以稱爲「十七歲的犯罪」吧（註二）。媒體關注的模式就是如此。

在東京池袋鬧區，一名男子砍傷路人後，四處奔跑並以鐵鎚毆打逃走的民眾，遭到逮捕。

從羽田飛往札幌的全日空班機，遭到熱愛模擬飛行的男子攜帶刀械進入機艙劫機，並殺害機長。

山口縣下關市，一名男子開車衝進車站，揮舞菜刀追砍民眾。

我本身就參與了池袋與下關兩起隨機砍人案件的採訪。下關的案件，我三星期前才剛寫過稿子。

這名三十五歲的菁英分子兇嫌十分謹慎，作案前還預先到下關站裡面勘查過環境。他到租車行租下用來衝進車站的車子時，特別指定要小型車，並在車站附近購買菜刀，然後從站前圓環的出口開車衝上人行道，犯行充滿計畫性。他接連撞飛女高中生，衝進車站大廳，直到驗票口前才停下車來，下車後面露猙獰笑容，握著菜刀翻進驗票口裡面……毫無意義的殺戮。遇害的人毫無救贖可言。如果被害人有任何過錯，他們唯一的錯，就是相信這個「社會」是安全的，在那一瞬間身在那個地點。

站前、隨機、砍人……桶川的命案，讓人聯想起這一連串案件。

但是……我的思考隨著車子在紅燈前停了下來。這起命案是否有些不同？

隨機砍人案件的受害者，大半都是跑得慢的老人或小孩。然而這次的死者是年輕女

註一：一九九八年，日本和歌山發生一起毒咖哩事件，祭典中的咖哩遭人摻入砒霜，造成四人死亡，多人送醫。此後日本各地陸續發生在食物摻入毒藥的模仿犯罪。

註二：二〇〇〇年前後，日本連續發生多起年約十七歲的青少年所犯下的凶殘犯罪，如五月的西鐵巴士劫持事件等，讓「十七歲」一詞甚至成爲該年度的流行語大獎候補。

子，而且只有一個，就是這一點讓我覺得似乎有些不對勁。

爲什麼選擇年輕女子？爲什麼只砍殺一個人？

桶川市從上野站搭乘JR高崎線需時四十分鐘，是東京通勤圈的衛星都市之一。那裡有著地方都市站前常見的小型圓環、井井有條的整潔街景。銀行分行與大型購物中心、家庭餐廳櫛比鱗次。櫸木行道樹與杜鵑花叢並排的人行道上鋪著褐色磚瓦。命案現場就在這條人行道上，鄰近驗票口。

我把車子停在離現場稍遠的地方，嚴格來說是違停。儀表板上放著印有公司名稱的臂章，但也只是放安心的。違停就是違停。部分「一流」媒體擁有各都道府縣公安委員會發行的「路邊臨停許可證」這種方便的玩意兒，但我這種「三流」週刊記者不可能有那種東西。而且理所當然，我也不像這類媒體擁有「專車」這種奢侈品，會在一旁等我採訪結束。只要被開小警車的女警抓到，立刻就要吃罰單。擔心歸擔心，也沒法子，我們不是警方認可的媒體，也只能認了。

現場的人行道被看熱鬧的民眾及媒體擠得水洩不通。櫻井已經離開了。應該是拍完現場的「雜感」，前往上尾署了。熟識的電視台記者一手拿著麥克風，正比手畫腳地對著鏡頭說明。我僅止於在拍攝的空檔揚起一手向他打招呼。

抵達現場後，便開始想像所能了解到的狀況。這算是我個人的現場勘驗。每次抵達案件、意外事故現場，我都一定會這麼做。

被害人豬野詩識來到車站，準備搭車去大學上課。從自家騎來的自行車停在人行道旁邊。時間是十二點五十分。平常的話，豬野會直接走上通往車站的天橋。稀鬆平常的時間、理所當然的日常；然而，慘案卻在這一刻發生了。

她正在鎖自行車，被一名自背後靠近的男子持刀刺傷。回頭的時候，又身中一刀。她發出慘叫，蹲倒在人行道上，男子丟下她，就這樣逃逸無蹤……

我停下腳步，看向腳下。雖然已經沖洗過了，但血跡還歷歷在目地殘留在那裡。據說是她騎來的自行車，鑰匙還插在上頭。她準備下課後騎著它回家，所以才會上鎖。萬一車子被偷就糟了，所以正準備上鎖。

沒有人願意想像自己會遭逢什麼樣的不幸。即使刻意想像，一般人所能想像的不幸上限，至多就是自行車遭竊吧；但是卻有個持刀的凶殘男子從她背後逼近了。

突如其來的死亡。二十一歲的死亡。到底是有什麼樣的深仇大恨，才會讓人對一名年僅二十一歲的女大學生懷抱著殺意？

太殘忍了。

我像要扯開視線似地把目光從現場移開。必須先訪問目擊者。不能拿二手傳聞當報導。這叫「直訪」，我想要親自訪問目擊者當時的狀況。

但是記者會的時間也逼近了。我猶豫了一下該怎麼做，當下便做出決定。情非得已，放棄警方那裡吧。反正宣布的內容可想而知，而且再過幾小時，記者會內容就會出現在電視和報紙上。

以採訪對象來說，我並沒有瞧不起警方的意思。警方是可以獲得最多資訊的對象。只要發生案件，現場的轄區警察署便會啓動調查。若是重大案件，轄區署也會成立搜查本部（註）。很多時候，報社和電視記者的採訪都是從那裡開始的。

但是我們週刊記者有些不同。

電視劇裡面，當「雜誌記者」或「報導記者」前往警察署採訪，親切的署長或刑警就會詳細說明案件內容，或出示現場照片。或者是亮出記者證，員警就會敬禮，挪開封鎖線，讓記者進入現場。

不過我從事這一行相當久了，幾乎不曾遇上這樣的狀況。每次在電視上看到這樣的場面，都忍不住羨慕萬分。好想體驗一下那種採訪。如果還有來世，我想當那種備受禮遇的記者……雖然這也不是什麼讓人想要下輩子繼續幹下去的行業。

實際上對警方而言，週刊記者根本不算記者。就算我出面，也只是個無名無銜的路邊大叔。理由很簡單。

因為我們沒有加入「記者俱樂部」。

不只是警方，日本的政府機關，每一處都有「記者俱樂部」這種玩意兒。這是報社和電視台等報導機構聯合組成、法律上不具效力的「任意團體」。原本是為了讓俱樂部成員順利採訪成立的組織，但在我看來，實際上卻是各政府機關以成員與否來篩選媒體，以方便進行新聞控管的組織。

在警方，各縣警層級皆設有記者俱樂部，如果不是成員，即使提出採訪要求，警方也不會理睬。所以就算我傻傻跑去埼玉縣警上尾警察署，也非常有可能連記者會都無法參加。上尾署那裡已經有櫻井守在門口。如果能參加記者會，就請櫻井拍攝記者會場面，順道掌握情況就行了。時間寶貴。我選擇了訪談。

採訪任何案件的基本都是訪談。實際上發生了什麼事？如何發生？是什麼狀況？要寫出生動逼眞的稿子，需要詳實的資料。只能四處奔波，逐一打聽。

我一一叫住路人，不停地拋出問題：「請問您是否看見砍人事件的兇手？」

絕大多數的人都丟下一句「不知道」離開，也有人默默揮揮手走掉。不過開始詢問後不到三十分鐘，就遇到有人說：「是個有點胖的男人。」

休假泡湯總算是有了代價。

「可以請您說得更詳細點嗎？」我興沖沖地把原子筆尖按在便條本上，結果那人說：「剛才電視新聞說了啊，好像三十幾歲吧。」

註：類似台灣警方的專案小組。

一陣虛脫。

要是有那麼容易就碰到目擊那一瞬間的人，就不必這麼辛苦了。

後來不管再怎麼四處詢問，遇到的都只有案發後才經過現場附近的人。我也跑進附近的商家打聽，但得到的回答都是「那個時候我們正在招呼客人，連聲音都沒聽見。」

但是目前唯一的方法，也只有繼續訪談下去。我鍥而不捨地繼續打聽，但看得到現場的店家有限，路人也只是源源不絕地冒出來又離去，很快就束手無策了。

畢竟現場位於大型購物中心的死角。加上站前這個位置，原本應該會有許多目擊者，但不可能會有人一直停留在此處。站前的人潮本來就不停流動，會在這裡打轉的，就只有對著我們或電視攝影機比勝利手勢的湊熱鬧民眾。目擊凶案的人，早已繼續前往目的地或回家去了。

而且秋季的日頭落得飛快，天色一眨眼就暗了下來。只有時間和鞋底徒然消磨，我愈來愈焦急。

我打電話給櫻井。

「你那邊怎麼樣？」

「我進到記者會會場了，差不多要結束了。」

櫻井說，起先不是記者俱樂部成員的媒體被拒絕入場，但幾家媒體抗議之後，警方答應爲非俱樂部成員的媒體另開一場記者會。當然，成員優先。

會。

「眞是公家機關作風。」

一定是非成員的媒體數量也不少，面對「多數力量」，警方才不得不爲他們另開記者

我請櫻井將記者會中提到的被害人住址等資訊大致告訴我。豬野家最近的車站是桶川站，但住址在上尾市。她們一家五口，有上班族的父親、母親和兩個弟弟。

「好，那請你再加把勁。」我對櫻井說，掛了電話，立刻打給認識的記者。

「那邊怎麼樣？」

「清水兄也在跑桶川？」

如果非俱樂部成員的記者正在開記者會，那麼先結束的俱樂部記者應該已經前往被害人家了——我猜對了。我和那名記者閒聊，本來期待對方能告訴我一些無傷大雅的資訊，結果聽到奇妙的內容。

第一時間接到消息的記者趕到時，豬野家沒有人，但記者在周圍採訪的時候，弟弟回家了。奇妙的是弟弟當時說的話。不知道命案發生的他，聽到記者告知姊姊的死訊時，竟說：

「眞的被殺了？不會吧？」

若非早有預期，否則不可能說出這種話來……我難以釋懷地掛了記者朋友的電話。難道這起命案不是隨機砍人？

夜幕完全籠罩的時候，我總算找到了目擊者，是命案剛發生後經過現場的大學生。

他住在上尾站十分鐘路程的住宅區。雖然我已經向朋友問出住址，但入夜以後要在陌生的住宅區裡找到特定的人家，十分困難。天色一暗，門口的名牌(註)便意外地難以辨讀。而且住宅區沒有任何可以做爲路標的建築物，地址號碼的標示也是時有時無。

我把車子停在目擊者家附近，翻找背包，挖出筆型手電筒和地圖。我下了車，一手拿著地圖，用筆型手電筒逐一照亮每一戶的名牌或住址。這模樣完全就是可疑人士。我想起以前有名記者用打火機照亮名牌，結果燒傷自己的手指，還被誤會是縱火犯，遭人報警。不過當然不是我。

找到要找的人家後，我發現前面已經站了一名其他媒體的記者。而且正好從玄關走出來的另一個人，也是認識的面孔。不是別人，就是我從夏天便持續追蹤的埼玉縣保險金殺人疑案採訪中認識的電視記者。原來如此，現在是在排隊等叫號嗎？

每次採訪案子我總是想，目擊者、被害人親友、加害人的朋友等「相關人士」眞的很辛苦。各家媒體記者絡繹不絕地找上門來，同樣的問題一而再再而三問個沒完。有時候前面的記者問到了，但好不容易輪到自己，對方卻說：「我受夠了，你去問前面那個人啦。」也有人對響個不停的門鈴勃然大怒。我覺得這也難怪。我自己也感到很抱歉，但是總不能沒有親自問到當事人就寫稿。結果也只好誠惶誠恐地再次提出相同的問題。

這名大學生一定也已經夠煩了，但他還是願意接受採訪，謝天謝地。

「聽說你目擊到被害人？」

「我剛好要去同一站，經過人行道的時候，發現有個女生坐在地上。一開始我奇怪她怎麼了？是在開玩笑嗎？結果發現她的腳下有一灘血，不斷擴大。」

「原來她是坐著的嗎……」

「對。我嚇了一跳，趕快跑過去，但她流了很多血，所以周圍的人扶她仰躺下來，等救護車來。也有人拿毛巾爲她蓋上……大家都在鼓勵她『撐下去，救護車就要來了』。她的手還會動，可是臉色愈來愈糟……然後就失去意識了……」

聽著聽著，我的心情一片慘澹。謝天謝地總算問到的，卻是這樣的內容。

突如其來的死亡。在熟悉的街道上遭人刺傷，坐倒在血泊中的被害人……人死亡那一瞬間的狀況，不管聽上多少次，都無法習慣。我也不想習慣。

我沒有看到兇手，大學生說。

我再次回到桶川站前。記者已經撤退了，沒有半個人。不知不覺間，現場獻上了許多

註：日本的住宅門口一般會掛上名牌，標示該户人家的姓氏，甚至列出住户成員的姓名。

花束。一些人蹲在命案現場，合掌膜拜。

警方記者會應該也早就結束了。我打電話給櫻井。

我聆聽櫻井報告記者會的內容，記下要點。針對此一命案，警方已經成立搜查本部，規模爲百名搜查員，此外沒有特別的內容。不過一方面應該也是因爲尙未掌握兇嫌形象，警方宣布的全是關於死者詩織的資訊，令我在意。

就算有記者詢問，但警方公布的死者服裝也詳盡過頭了。「黑色迷你裙」、「厚底長靴」、「普拉達的背包」、「古馳的手表」等等。

一直要到更後來，我才發現原來這些訊息是出於某種特定意圖公開的。當時我只是想以一個學生來說，眞是有點招搖。我是個普通的大叔，聽到古馳或普拉達，就會忍不住這麼想。

時間已經很晚了，不是可以採訪一般民眾的時間帶。我告訴櫻井今天就此結束，掛了電話。

我打開車用電視。ＮＨＫ、民營電視台的新聞時段，我都記在腦中了，也知道哪一台的哪個新聞節目會花多少時間來報導這類命案。我盯著電視，不停轉台。

有個不是我問到的目擊者上了電視。那人說，兇手刺傷詩織以後，往車站反方向小跑步逃走了。

「抓住那個人！」有人大喊，也有人追趕兇手，但結果還是追丟了。案發現場肯定相當混亂，好像也有人誤以爲是搶劫而追上去。

各家電視台共通的嫌犯外表描述，是身高約一七〇公分，短髮，身材肥胖，年紀應爲三十多歲。也有人說兇手穿著深藍色西裝外套，裡面是藍色系的襯衫。兇手在案發前就已經在站前閒晃，好像也有不少人看到他。

不過不管目擊者再多，除非有能夠查出男子身分的證詞，否則也難以將他逮捕歸案……感覺會變成一起棘手的案子。

就在轉到某台的新聞時，訪談內容讓我心頭一驚。目擊者說兇手逃離現場時，做出把什麼東西藏進西裝內袋的動作，一臉怪笑地跑掉了。光天化日之下在站前殺人，然後笑著離開？

這到底是怎麼一回事？

警方在記者會中說，詩織的左胸和背部兩處，被尖銳的刀子一口氣捅入。死因是大量失血，送醫之後確認死亡。毫不猶豫地刺上兩刀，笑著逃走，這不管怎麼想，都是帶有明確殺意的「殺人」，完全沒有傷害致死的可能性。而且這種手法，簡直就是職業殺手。

我忽然想如果我是兇手的話……有電視台報導詩織每星期二都會去車站搭車到大學上課。連記者都能採訪到這樣的行程，不管任何人調查，應該都可以查到她大致上的預定。

如果知道她下午有課，也可以估算出她抵達車站的時間。只要有了這些條件，就可以埋伏詩織。

我是攝影週刊記者，而且以前是攝影師，非常清楚在什麼條件下，可以查出目標的行程。

這才不是什麼隨機砍人。

兇手顯然是守株待兔。手法乾淨俐落，被害人也只有詩織一個，將這件事視爲以詩織爲目標的犯行才自然。雖然不知道兇手是誰，但他查得到詩織的行程。既然能埋伏她，表示也認得她的長相，是認識的人下的手。

「身高一七〇公分，短髮，肥胖，藍襯衫……」

我把兇手的特徵抄進採訪筆記裡，並輸入疲倦萬分的腦袋。

深夜時分回到家裡，家人都已經上床睡覺了。難得休假，居然連家人都沒能見上一面。我兀自咕噥著，走進房間打開電燈。夜行性的「之助」似乎被突來的燈光嚇到，在籠子裡僵固在原處，一隻前腳舉在半空中。我覺得倉鼠這種動物眞的很奇妙。倉鼠的天敵好像是鳥，牠們只有在夜間才會行動，感覺到危險時就會全身僵硬，自以爲假裝成什麼東西。這種手法，眞的瞞得過敵人的眼睛嗎？

我喜歡倉鼠這種傻樣。我替牠換了清水，丟進高麗菜葉，自己也鑽進床鋪。「之助」啊，對不起，下次再幫你打掃小窩。

隔天一早，我在被子上攤開早報一看，桶川命案有大篇幅報導。「跟蹤狂痛下殺手？」這樣的標題躍入眼簾。

跟蹤狂？

報導說，詩織遭到前男友糾纏及騷擾。

到底是怎麼一回事？

我急忙更衣，驅車前往埼玉縣。如果要讀到更詳盡的報導，就必須看埼玉縣版的報紙。不過其實要閱讀各縣版的報紙有點麻煩。很多時候地方版不會收進報紙資料庫裡，必須親自前往該縣才行。工作就這樣自動開始了。

昨天當然沒得補假。我很清楚，疲勞正不斷累積。

幾十分鐘後，我又來到了桶川站前的現場。我前往車站小賣部和超商，蒐集各家報紙。《朝日》、《每日》、《讀賣》、《產經》、《東京》、《埼玉新聞》、體育報……每次把一大疊報紙放到收銀台問「多少錢？」總是會引來店員驚訝的表情。

各家報紙內容大同小異，一樣列出了「跟蹤狂」、「前男友」等關鍵字。上面說，詩織曾經爲了這件事向警方求助及報案。這似乎是警方流出的消息，不過記者會沒有提到這件事，應該是報社記者在夜裡私下採訪問到的。

現在要怎麼做？

我很清楚，就算去採訪警方，也只會吃閉門羹。然而對於這起案件，我毫無線索。報上沒有寫出跟蹤狂的住址或姓名，我不知道該從何著手才好。

採訪無門的案件，會讓記者忍不住去投靠警署。這天，不知道該從哪裡下手的無能記者，一樣走向了上尾署。

上尾署距離桶川站約十分鐘車程，是地方都市隨處可見的普通警察署。三層樓建築，白色水泥砂漿牆面一部分貼上黑色系的壁磚，周圍圍繞著停車場。平常應該很安靜的這棟警察署由於命案的關係，從上午就有許多媒體在外面走來走去。

一走進門內，裡面聚集了一群報社記者。雖然警方昨天也對非記者俱樂部成員舉行了記者會，但我向副署長遞出名片時，心裡還是認爲他們八成不會理睬雜誌記者。

「敝姓清水，是《FOCUS》的記者……」

「《FOCUS》？如果不是記者俱樂部的成員，恕我們無法接受採訪。」

不出所料。把拒絕當成我敏銳的直覺果然沒錯，也就不怎麼生氣了。

「這樣啊。」我也乾脆作罷。

二十幾歲的時候，我也常爲了這樣的待遇大動肝火地抗議，「資訊應該要平等公開才對啊！只圖利少數媒體，這不是違反公務員規定嗎！」但是現在我連這種念頭都不會有了，因爲我覺得太蠢了。就算能訪問到副署長，也不可能得到什麼大不了的消息。要是有什麼新進展，就跟記者會一樣，立刻出現在報紙和電視上。不過得不到跟蹤狂的資訊，是一大損失。

那麼，該怎麼做才好？

如果不知道跟蹤狂是何方神聖，就只好去採訪被害人那邊了。

殺人命案的採訪中最令人焦急的，就是不管再怎麼渴望，也見不到命案的當事人。已死的被害人當然見不到，但加害人也是，幾乎不是遭到拘捕，就是逃亡中。而這起命案，連兇手是什麼人都毫無頭緒。雖然出現了跟蹤狂這個新元素，但現階段也無從採訪起。即使非常清楚這樣報導太不平衡，但無法採訪到加害人時，也只能去採訪被害人周邊了。各家媒體現在一定都拚命從詩織的親朋好友那裡探索命案之謎。也就是期待採訪詩織的親友，或許可以找到某些與命案有關的蛛絲馬跡。

我打電話到各方面，發現這天各媒體充斥著詩織打工地點的資訊，一片混亂。沒有其他可以掌握兇手形象的線索。我也決定從打聽到的詩織打工地點，一一去訪問店家。

居酒屋、加油站、中華料理店。採訪死者的打工地點，應該可以由此擴大採訪範圍，像是死者的同事、顧客、常去的店等等，但實際上也有許多錯誤訊息，沒有發現特別有用的線索。下午的採訪對象就這樣一個個斷了線索，讓人愈來愈焦急。

不管是什麼樣的人，都有親近的人。詩織也是，一定有非常了解她的人才對。這些人裡面，應該也有人想要和媒體談一談，可是我不知道那個人是誰。儘管那個人或許就走在我旁邊，我卻沒有方法確定。即使只是一根細絲也好，我想要拉過來瞧個清楚，卻連線頭都找不到。總之現在只能不停地走，擴大採訪範圍——為了找到那根線頭。

還有一項重要的工作。也就是攝影週刊必然的限制——「撿照片」。攝影週刊的記者少不了這種叫做「撿照片」的作業。也就是尋找能夠刊登在雜誌上的照片，不過雖然說是「撿」，要是路邊隨便就能撿到，那就不必這麼辛苦了。撿照片是拜託相關人士，借來照片或複印；如果是殺人命案，就必須拿到被害人與加害人雙方的照片。案子剛發生時，有時一整天就耗在這項作業的情形也不稀奇，不僅如此，有時光是為了拿到照片，就會花掉一整個星期。畢竟如果撿不到照片，很多時候甚至會廢棄整篇報導。因為不管採訪到再精彩的內容，光是少了照片，就不能刊登在攝影週刊上。

以前報紙似乎也都會撿照片，但最近可有可無的狀況似乎增加了。報紙上如果刊出兇嫌照片，幾乎都是警方提供的。

以工作而言，「撿照片」並不怎麼有趣。厭惡案件採訪的記者，大部分理由也都是這項「撿照片」。不管是被害人還是加害人，愈是能夠如實反映案件當事人的特色，就是愈好的照片；但是再怎麼說，擁有這種照片的人，都是最熟悉當事人的人。對採訪的人而言，心理壓力也相當大。有時也必須去找哀痛欲絕的親人問話，然後開口借照片。這不可能不教人心情沉重。我認為如果少了這項工作，記者的負擔應該會天差地遠。

但是懷著如此沉重的心情採訪的對象，也是能提供極重要內容的對象。為了寫出可靠的報導，與其訪談不怎麼熟悉當事人的十個人，訪問與當事人極親近的一個人，獲益可謂天差地別。

最重要的是，我們是攝影週刊。我們就是相信照片具有說服人的力量，才會辦這本雜誌。

這天我花了一整天孜孜不倦地採訪。就在一整天即將徒勞結束時，我在某個地方遇到一個人願意提供詩織的照片，「希望可以早日破案。這張照片可以做爲參考嗎？」我想只有攝影週刊的記者才了解得到照片時有多麼令人感激。我鬆了一口氣，接過照片，輕輕放在手掌上。

好漂亮的女孩。

傍晚我打開車用電視，新聞節目正在播放詩織朋友的訪問。我忍不住身子往前探，調高音量。那名朋友說詩織找他傾吐了許多關於跟蹤狂的煩惱。詩織想要和男友分手時，男友威脅她，「別上什麼大學了，來替我生小孩。如果要分手，就拿錢出來。」還上門恐嚇。不僅如此，甚至發生過住家附近被貼上大量誹謗中傷詩織的傳單的事情。

這太奇怪了。

確實，跟蹤狂殺人的案件時有所聞。但是那類案件，絕大多數都是殺了對方再自殺，或是犯案後就這樣怔在原地，遭到逮捕。換言之，許多都是有了同歸於盡的覺悟才下手的，不過如果刺死詩織的是那個跟蹤狂，那麼行凶後冷靜離開的犯人形象，就不知該如何解釋了。而且如果被害人與加害人認識，應該會有人目擊到當場發生爭吵或扭打，可是這起命案也沒有。

我陷入混亂。起初以爲是隨機砍人案件，接著卻冒出跟蹤狂。而且以跟蹤狂殺人而言，有太多不合理的地方。其中的扭曲有種說不出來的古怪。

是不是只有我一個人如墜五里霧中？我陷入這樣的焦慮。其他媒體是不是早就已經跑到我看不見車尾燈了？到了下星期，會不會只有我們雜誌的內容落後到慘不忍睹的地步？雖然想都不願意想，但這樣下去事情就麻煩了。

首先得弄到傳單才行。

我決定到詩織家附近詢問。那是一處透天厝林立的閑靜住宅區。我一無所獲地問了好幾家，總算遇到一戶還保留著傳單的人家。

「可以讓我看看嗎？」

我興沖沖地問，得到的回答卻很殘酷。傳單被其他媒體捷足先登拿走了，而且傳單就只有那一張，也就是僅提供給第一名的限量商品。

雖然還有四天才截稿，但是往後的案情發展不容疏忽。這張傳單是顯示眞有跟蹤狂的重要證據，無論如何我都需要它。我懷著祈禱的心情到處詢問同業，發現那張傳單在各家媒體之間傳來傳去。

人脈就是爲了這種時候而建立的。我再打了好幾通電話，查出傳單現在獎落誰家，好不容易確定應該可以拿到時，時間已經進入深夜了。

隔天一早，我又來到站前的現場。我跟傳單目前的擁有者約在桶川站前碰面，感覺這起案件會讓我不斷重回這處現場。

早上愈來愈難醒了。太久沒有休息就會這樣。雖然眼睛睜開了，身體卻爬不起來。必須出門採訪，但背包也日益沉重。疲憊萬分的我這天搭乘計程車來到桶川。

「那麼，我暫時借用了。」

我接下傳單，總算可以鬆一口氣，然而只是落後一步，就得花上這麼多工夫，眞教人吃不消。明明我怕的就是這樣。

看到傳單，我更覺得厭惡了。這實在太教人目瞪口呆。黃紙上印著三張詩織的照片，上面附有荒誕可笑的標題「WANTED」、「替天行道！」底下甚至印出她的姓名和誹謗中傷的字句。

彩色印刷的墨色鮮艷，外行人也看得出製作相當精美。製作這樣的傳單，而且是大量印製，在同一時間張貼分發，這名跟蹤狂的瘋狂非比尋常。感覺紙面散發出異常的執著，令我不由得毛骨悚然起來。

我總算了解詩織的弟弟爲什麼會那樣說了。

毫無預期的人，不會說什麼「**眞的**被殺了」。這名跟蹤狂絕對與詩織的命案脫不了關係。

不過，這名跟蹤狂到底是什麼人？我有太多想要向他本人問個清楚的事情。什麼都好，我想要線索，但現實中記者俱樂部的高牆讓我不得不放棄直接訪問警方。要問到這個人的資料，只能去請教跑警察線的記者。腦袋裡十六位元的窮酸電腦嗡嗡運轉起來。

腦中浮現一名人選。

T先生。

他是我的死黨——不，壞朋友。他會告訴我一些寶貴的訊息，有時候則是說些我根本不想聽的可怕案情。他也算是報社記者。隸屬「三流」媒體的我好像沒資格說這種話，不過T先生可不是個普通記者。他有著出類拔萃的採訪能力，鍥而不捨，而且神出鬼沒。不管我去到哪裡，總能遇上他，好幾次都令我覺得不可思議極了。要說有緣或許也是有緣，但是週刊記者的我會去的地方，他都能搶先一步。就我而言，還是希望他只是個奇怪的記者。否則如果每個記者都像他這樣，我就甭混了。

而且機緣巧合的是，一星期前在通訊社還是負責北海道警方的T先生，就彷彿預知了這起命案發生似的，轉調來負責埼玉縣警這裡了。

我們才剛聊到最近要找個時間替他接風。我毫不猶豫地打電話給他。

「喂喂，你好～♪♪」

這是T先生的口頭禪。每次聽到這聲音，我就忍不住想依賴他，不過這就是他的伎倆。這軟綿綿的聲音讓採訪對象感受不到威嚴或緊張，忍不住放下防心侃侃而談，希望這眞的只是他的伎倆。

「大叔啊，這算是你給我的歡迎嗎？」

我們又沒差幾歲，居然叫我「大叔」？我才剛過四十，好嗎？

儘管嘀咕，但我需要他的援手。探問之下，這起命案果眞是他負責的。很好，看來我這星期吉星高照。他剛好調到我要採訪的地點，甚至負責該起案子，這可不是隨便就有的巧合。雖然老天爺完全沒理由特別眷顧我，但這眞正是上天安排。這麼說來，上回我們見面是在北海道的室蘭市，警方在暴風雪中對某個案子進行搜索的住家前面。那個時候我也詫異這人怎麼也在這裡……？

其實，接下來我也得到近乎不可思議的各種幸運眷顧，但T先生的出現，或許就是開始。

「大餐美酒等到這案子解決之後再說，咱們先交換一下訊息吧。」

雖然我這麼說，但T先生的採訪進度遠遠超越了我。報社記者一開始總能衝得特別快。雖然很不甘心，但唯有這點，我再怎麼努力都拚不過人家。而且他負責警察線的資歷很久，已逐漸步入老手領域了。他對我的疑問不假思索地回答，關於最重要的跟蹤狂男子，他也毫不保留。

「呃……姓名是小松和人。大小的**小**、松樹的**松**、昭和的**和**、人類的**人**，小松和人，二十七歲。住址和職業正在調查……你再等一會兒吧。」

他說警方當然也很重視這名跟蹤狂，正在追查他的下落。得到跟蹤狂的姓名和年齡了。我很清楚，這下我才總算站到起跑點而已，不過知道可靠的朋友就在身邊，令我勇氣百倍。

我鬥志高昂，這天花了一整天，使盡所能想到的一切方法，試圖接觸知道糾纏詩織的跟蹤狂的人。這樣說好像有什麼厲害的絕技，但我只是個平凡的大叔。要是有那種厲害的方法，還請不吝賜教。

方法很原始。首先是案發現場。我向每一個獻花的人攀談。接著找到詩織的高中朋友，拜託他們接受採訪。即使採訪不到，也想方設法弄到了班級通訊錄，展開地毯轟炸式的電話攻擊。

然而卻沒有半點斬獲。關於「小松和人」，可以說幾乎得不到任何消息。我愈來愈強烈感覺到，自己好像在哪裡走進了死胡同。

爲什麼？

我覺得很奇怪。愈是親近詩織、應該了解狀況的人，愈不願意啓齒。我不明白他們爲什麼要三緘其口到這個地步。我問了什麼嚴重的問題嗎？難道跟蹤狂是只有一小部分的人才知道的事嗎？可是那不是眾所皆知、甚至都有人在電視上說出來的事嗎……

如今回想，他們會不願多談也是當然的。因爲他們很害怕，就像後來我也將身陷恐懼一樣。

當時我雖然覺得不太對勁，卻也只能努力掙扎，設法突破這山窮水盡的狀況。一晃眼一天又過去了。明天一定要問到那個跟蹤狂的事。我用拳頭用力敲了幾下疲累的腦袋。

直到隔天以後，我才好不容易找到願意接受訪談的詩織朋友。他們是一對男女，島田和陽子（皆爲假名）。島田比詩織大幾歲，是她的學長。陽子是詩織的同學。

「不能用電話講嗎？」島田不斷要求，但是對記者來說，面對面與透過電話採訪，得到的成果是天差地遠。

「能不能請你們務必見個面？我希望見到你們，得到你們的信任，然後進行採訪。」我如此懇求，但是他們甚至不願意透露自己的本名。

到底是什麼讓詩織的朋友警戒成這樣？我覺得匪夷所思極了，但是這肯定會成爲採訪的一大突破。我不斷加碼條件，不寫出姓名、不拍照，寫成報導的時候，絕對會盡可能細心留意，讓文章內容看不出是誰說的。對方總算勉爲其難地答應時，比起開心，我更對他們的戒心覺得異常極了。

我找來編輯部的新人記者藤本麻美（藤本あさみ）支援，與他們約在大宮車站東口的百貨公司前碰面。距離截稿日還有兩天。只要能問到詳細內幕，就能寫成一篇報導。有照片，也有傳單，接下來就看能從他們那裡問到什麼。對我來說，這次採訪就像過去的諸多案件一樣進行著。

與島田和陽子的碰面很順利。但是只消看上一眼，我就清楚他們發自眞心地害怕著「什麼」。他們站在碰面地點，不停東張西望。和我們打招呼以後，身體也毛躁不安地動來動去，似乎處在極度的緊張之中。

「我們去咖啡廳聊吧。」

「不，不行。不曉得會被誰看到還是聽到，太危險了。」

我內心有些傻眼。嚇成這樣，他們到底是在擔心什麼？

「KTV怎麼樣？」KTV是我們記者常利用的地點。對話不會被聽見，也不用擔心被人看到。島田點點頭。

我們詢問坐在百貨公司門口的金髮女生附近有沒有KTV。「那一家很便宜。」指甲塗得琳琅滿目的手指指向一家平凡無奇的KTV大樓。前往那裡的路上，我發現島田一邊走，一邊不停回頭張望。這次是擔心被人尾隨。

夜間的KTV櫃台。我們四個人的組合實在太古怪了，完全不像是來高歌歡唱的。身材高眺、穿西裝的島田；時下女性打扮的陽子；記者藤本；還有與他們年紀相差一大截、外貌感覺最可疑的我。

「要選擇通訊機種（註）嗎？」櫃台問，但那不重要。

「給我們安靜的房間。」我說，櫃台小姐歪頭，似乎不解其意。我們默默跟在一臉詫異地帶我們去包廂的小姐身後。狹窄的通道迴響著客人對著麥克風高歌的聲音，吵鬧的打拍子聲似無止境。

奇妙的採訪就要開始了。我們進入包廂，隔著狹小的桌子在沙發坐下。不，我還沒完全坐下，那位乍看之下很成熟的青年劈頭便說：

「詩織是被小松跟警方殺死的。」

其他包廂傳來的聲音顯得格外喧鬧。花俏到近乎刺眼的室內裝潢、沒有機會派上用場的厚重歌本及遙控器、走廊流洩進來的流行旋律、冰塊融化的冰茶……

這個地方實在是太不適合整理混亂的思緒了，但這裡正是我和這起命案眞正的出發點。

註：現今KTV的主流機種。以前的KTV是使用實體影帶、CD或LD播放，直到一九九二年出現了以數位傳輸的通訊機種後，廣爲普及開來。

第二章　遺言

案發現場的獻花

「詩織是被小松跟警方殺死的。」

我才剛要開始採訪而已。在微妙的時機冒出來的這句話，令我猝不及防。

感覺就像在哨聲響起十秒後就被進球的守門員。請等一下，我什麼都還沒問啊？還是我聽錯了？

我還來不及振作起來，第二發魚雷急速接近，下一秒就爆炸了。一襲西裝的那名青年急促地說：

「小松是跟蹤狂。詩織全都告訴我跟陽子了。把她跟小松之間發生的事，全部的一切都告訴我們了。我們也沒想到詩織眞的會被殺。可是她在死前對我們說——」島田說到這裡，嚥下唾沫似地停頓了一下。

「如果我被人殺了，就是小松殺的。」

我的腦袋一片混亂。什麼跟什麼？意思是殺人命案的被害人留下兇手的名字遇害了嗎？這簡直太離奇了。而且還說「警方是兇手」……警方不是正要揪出兇手嗎？

我看見島田的雙拳握得死緊，在膝上微微顫抖著。注視著我的眼睛甚至蒙上一層淚水，表情嚴肅至極。

島田又要開口，我制止他說：

「請等一下。慢慢來就行了，可以照順序從頭說起嗎？」

總之必須先讓對方冷靜下來。我請藤本去點飲料。不，也許其實是我自己想要冷靜，總覺得喉嚨莫名乾渴。

我觀察島田的樣子。懷疑別人說的話，就像是記者的習性。

如果問我平日的人際關係當中，「懷疑別人」是好事還是壞事，我應該會回答後者。但是遇上採訪，情況就不同了。資訊匱乏的情況下，人會想要相信發言內容吸引人的採訪對象。然而我也知道有些人就是清楚這一點，而刻意找上記者。輕易相信別人的話，絕對不會有好下場。在社會記者的眼中，這個社會充滿了騙子。

可是這兩個人沒有理由撒謊，因爲他們與這起命案毫無利害關係。雖然他們指控警方也是兇手，讓我覺得似乎有待商榷；但依我看，兩人不像是莫名偏執的類型。

被害人的親友對警方的處理感到不滿，反過來怨恨警方，是常有的事。也有人認定就是因爲警方導致悲劇發生。可是島田的語氣和表情，完全沒有那種人常見的精神不穩定。

店員送來四杯飲料。一片漆黑的螢幕、沉默不語的四人、電線依然捲成一團的麥克風。這幕景象肯定詭異極了。

我老早就戒了菸，但是這種時候總教人想要再次點燃打火機。喀嚓，彈開蓋子，噗咻，點燃火焰。我想要這樣的「空檔」。我沒有點火，而是按了兩下手中的原子筆。應該吵鬧不已的ＫＴＶ包廂裡，就連便宜貨的原子筆發出的喀嚓聲都顯得響亮。

「你剛才說的……」我先清了清喉嚨才開口，但聲音有點啞了。「如果我被人殺了，就是小松殺的，這是詩織本人說的話嗎？」

島田和陽子同時點頭。

「她對我們說過好幾次。她的房間甚至留下了類似遺書的筆記。詩織甚至這麼做，都想要留下她是被小松害死的證據，然而我們卻什麼都沒辦法法幫她……詩織也找過警察，可是警察完全不肯幫忙，結果害詩織眞的被殺了……現在連我們都很害怕。搞不好下一個就是我們了。」

他說警方是「兇手」，原來是這個意思？明明都求救了，警察卻袖手旁觀。這個時候日本還沒有可以遏阻跟蹤狂的法律。警方一貫的作風，是遇到事情就搬出「民事不介入」來推諉，他們不肯提供幫助，也沒什麼好奇怪的。

不過與此同時，雖然隱隱約約，不過我有些理解了採訪時，詩織的朋友拒人於千里之外的態度。因爲他們害怕自己可能被殺。說自己會被殺的詩織眞的遇害了，而且從她的死，也證明了警方的漠不關心。爲什麼來到ＫＴＶ包廂前的島田和陽子會提防成那樣，也讓人恍然大悟。

雖然我從來沒聽說過有被害人先告訴別人自己與兇手之間的一切才被殺死的例子，但是我認爲他們的話應該可以相信。畢竟詩織的朋友都不願意與命案扯上關係，卻只有他們甘冒危險，也想要向我傾訴。

我打手勢請藤本負責筆記。我想專注聆聽。我本來就不愛做筆記，也不用錄音機。只有姓名、住址、數字、句子等重要的部分會寫下來。因爲我相信重要的是專注聆聽與對話。一邊聆聽對方說話，一邊觀察神情，判斷眞假，同時寫下數量龐大的筆記，我可沒辦法這麼神通廣大。不過多虧了記者藤本，這段漫長的訪談留下了正確的記錄。

「那個小松和人到底是什麼人？」

「完全不知道。連他是做什麼職業的、住在哪裡都不知道。不……」島田取出記事本。我訝異地看著。島田翻著記事本，接著說：

「他好像住在池袋那裡。東口。詩織也去過那裡，但連他是做什麼的都不知道。」

「不好意思……」這要是事件當事人也就罷了，但這還是我頭一遭遇到拿出筆記的採訪對象。

「那本記事本是……」

島田和陽子對望了一眼。

「我把詩織告訴我們的內容都盡量寫下來了。」

「這樣啊……」我一邊應聲，這次輪到我和藤本對望了。看來他們是非常優秀的證人。我完全沒想到能聽到如此值得信賴的證詞。他們說，詩織爲了與小松之間的問題焦頭爛額，找他們談心過好幾次，每一次都請他們把要點記下來。

島田繼續說：

「最初他自稱是汽車銷售員地親近詩織，可是那是騙人的。小松身高大概一八〇，身材偏瘦……」

陽子比手畫腳地開始說起來：

「頭髮自然捲，稍微染過。長相用藝人來形容的話，大概就像羽賀研二和松田優作加起來除以二吧。幾乎不喝酒，也不抽菸。」

「請等一下。」我忍不住插嘴，「在命案現場目擊到的，是身高一七〇、短髮、肥胖的男子。如果說小松是個身高一八〇的瘦子，那不就是不同人了嗎？」

島田和陽子再次對望。

「是這樣呢。」

「可是，那你們一開始說兇手是小松……」

「這該從哪裡說起才好……小松這個人經常把這種話掛在嘴上，『我才不會自己動手。只要有錢，自然有人願意替我效勞』……」

什麼？

「……他很有錢嗎？」

「他的褲袋裡隨時都塞著一整疊鈔票。」

「他怎麼會這麼有錢？」

「他說他賣車子，一個月可以賺個一千萬。還說只要有錢，想幹什麼都成……」

「小松和詩織之前在交往，對吧？」

「對，雖然很短暫……」

「詩織和小松是在哪裡認識的？」

案件當事人是男女的情況，這一點很重要，也是無法迴避的問題。

「詩織說是在大宮站東口的遊藝中心被搭訕的。她跟朋友在拍大頭貼的時候機器壞掉……是因為這樣而認識的。」島田膝上的拳頭再次顫抖起來。

「可是……這真的是大錯特錯……」

詩織第一次找島田傾吐煩惱，是三月二十四日的時候。

島田接到電話，和詩織約在大宮站附近，發現她的樣子很不對勁。雖然肚子不餓，但島田把她拉進剛好看到的天婦羅餐廳裡談話。

細長的店內充滿了炸麵衣的聲音與芝麻油的香氣。兩人隔著雅座的桌子面對面而坐。

島田催詩織開口，她卻說出了驚人之語：

「我可能會被殺掉。」

詩織說這話時的表情，就像這天對我們剖白的島田一樣嚴肅。而島田聽到這話，反應也就像這天的我一樣。

他想，「她在胡說八道些什麼啊？」是自以為成了電視劇還是悲劇的女主角了嗎？會不會是腦袋出了什麼毛病？島田甚至如此懷疑，詩織卻說：

「你先別管那麼多，把這個名字寫下來。如果我突然死掉還是被人殺死，兇手就是這個人。」

詩織從皮包裡掏出一張名片。汽車經銷公司名稱「有限公司W」的旁邊，印著「小松**誠**」這個名字。詩織把她和小松之間發生的種種逐一告訴島田，他邊聽邊點頭。眞的有這種事嗎？眞的有這種人嗎？儘管難以完全置信，但唯一清楚明白的是，憂懼讓詩織憔悴萬分。後來這張名片被警方押扣了，不過那個時候島田半信半疑地把這個名字寫到記事本裡。

這是從命案回溯七個月以前的事。事到如今，已無從得知這時詩織對自己的命運究竟有多不安。但是從這天開始，直到「死劫之日」當天，詩織找島田談過許多次。而島田也將親眼目睹一切都如同詩織的預測那樣發展，而且正確得近乎駭人——

詩織與小松**誠**認識的那一天，是還沉浸在年節氣氛的一月六日。

大宮站東口附近有條稱爲南銀座的細長熱鬧街道。居酒屋、KTV、電影院林立，在埼玉縣裡算是頗爲繁華的一區。詩織正在遊藝中心和女性朋友用最喜歡的拍貼機拍大頭貼。可是不巧的是機器壞了，投入硬幣也沒有反應。

「咦？」詩織和朋友敲著機器，討論是不是該去問店員，這時兩名男子出聲攀談：

「怎麼了嗎？」

詩織回頭，前面站著一名笑容溫和的高䠷男子。頭髮是稍微染過的自然捲，雖然有點

O型腿，但外表還不賴。那就是小松。

「要不要去唱KTV？」男人邀道。比起詩織，她的朋友更被小松的朋友吸引了。小松對詩織一見鍾情。他遞出名片，自我介紹說是從事汽車銷售的二十三歲青年實業家。詩織沒有懷疑，就這樣相信了。

四個人一起去KTV唱歌，臨別的時候交換了手機號碼，是非常普通的男女認識過程。

人的命運沒有人說得準。因爲一點陰錯陽差，兩人就此發生了關聯。如果當時大頭貼機器沒有故障——不，只要時間再早一點或慢一點，根本就不會發生這起悲劇了……

後來過了兩個月，兩人的交往很普通地進展到一起去橫濱兜風、去迪士尼樂園遊玩。也曾加上詩織的女性朋友，三個人一起去沖繩旅行。

「我最喜歡沖繩了，也想帶妳去那裡看看。」小松這麼說。

詩織認爲小松誠溫柔體貼，但是在陽子這些朋友的眼中，他顯得有些古怪。他的反應很誇張，比方說在餐廳裡，詩織只是稍微弄掉一點食物，小松就會火速衝去洗手間，大聲喊著「沒事！沒事！」抓來紙巾幫她擦乾淨。他對任何事都有點反應過度。也許詩織覺得這就叫體貼，但身邊的朋友就是無法甩開古怪的印象。而且小松總是用懷疑的眼神看人，精神方面感覺也不太穩定。

他很喜歡把「命中注定」掛在嘴上。

「我小學的時候，很喜歡爬上我家附近一塊大岩石玩耍。」詩織這麼說，小松便說：「我就是那附近的學校畢業的耶！那塊大岩石的路，就是我上下學走的路。搞不好我們以前也曾經遇見過。我們會像這樣認識，一定也是命中注定……」開口閉口就是「命中注定」。

這名自稱青年實業家誇口說他每個月至少賺進一千萬圓。他很喜歡送東西給詩織。一開始送的東西很便宜，三百圓左右的布偶。詩織也說著「好可愛」，坦然接受。但是注意到的時候，禮物愈來愈昂貴。小松開始送她路易威登的皮包或高級套裝，叫她「下次見面的時候，妳穿這套衣服，帶這個包包來」，簡直把詩織當成洋娃娃看待。

據說詩織本來不是個對名牌貨感興趣的女生，只有和小松約會的時候，才會穿戴這些東西去赴約。朋友認識的詩織，是個很會穿搭平民服飾的女孩。

小松日益升級的禮物攻勢令詩織不安起來，某天拒絕收禮，「我不能再繼續收你的禮物」。她說：

「我已經收了你將近十年份的生日和聖誕節禮物了，不用再送了。」

然而面對詩織的拒絕，小松的反應十分異常。

「這是我的愛情表現，妳爲什麼不肯接受我的心意！爲什麼！」

突然暴怒的小松讓詩織不知所措，同時也第一次注意到小松的異常。

小松開車很粗魯。他有兩台車子，賓士SL的敞篷車和賓士廂型車，但總是突然發車、緊急煞車。他會在空曠的國道上故意蛇行，停在十字路口時，便故意催油門發出巨響。詩織曾經向朋友抱怨，說坐他的車很丟臉。小松的行動毫無計畫性，每次去兜風，目的地幾乎都會再三變更。不知道出於什麼理由，小松總是隨身攜帶拋棄式相機，即使是開車的時候，也會突然拿出相機，朝著詩織打閃光燈。

就在詩織開始對小松心生疑念的時候，某天她不經意地打開車子的置物箱，發現了奇妙的東西。置物箱裡放著許多名片，但每一張的姓名都是小松**和人**，而不是小松**誠**。太奇怪了。仔細想想，也不知道他說自己**二十三歲**是不是真的，而且剛開始交往的時候，明明詩織只告訴他手機號碼，小松卻突然打她家裡的電話找她，令她難以釋懷。

小松打來的電話裡，有一次說他住院了，叫詩織去探望。詩織急忙趕到都內的醫院，卻看到了奇怪的一幕。

病房裡有好幾個像是手下的年輕人，離開病房的時候對詩織說：「大姊，告辭了。」口氣簡直就像黑道。「我故意在池袋的斑馬線上去撞小警車。這消息我已經告訴《朝日新聞》跟《赤旗》（註）了，警察得對我俯首聽命了。」小松笑著說。

註：日本共產黨的機關報。

詩織大吃一驚。她完全不懂爲什麼小松要這麼做。他到底是什麼來頭？疑惑愈來愈深。

三月二十日左右，小松突然變了個人。從詩織那裡聽到這天狀況的島田如此轉述：

「事情發生在小松在池袋的公寓。詩織去那裡玩，但她說那裡感覺好像沒有人住一樣。可是不知道爲什麼，房間裡放了一台攝影機。她發現有攝影機。」

詩織以爲那是在拍自己，隨口問道：「怎麼會有攝影機？」結果小松當場抓住詩織的手，把她拖到隔壁房間去。

「囉唆什麼！啊？妳瞧不起我啊？」

詩織生平第一次被人大聲怒吼，嚇得靠在房間牆上，小松一臉凶神惡煞，一拳又一拳往她的臉旁邊揍。小松瞪著驚嚇到一動也不敢動的詩織，拳頭「砰砰砰」地重捶在牆上。

小松身高超過一百八。遭這樣一個大漢如此對待，詩織的恐懼可想而知。

小松怒吼：

「妳敢不聽我的話？好，把我之前送妳的衣服，大概總共一百萬拿來還我！拿不出來就去泡泡浴給我賺錢！我現在就去找妳爸媽，把妳跟我交往的事都說出去！」

這番言行，難以相信是出自於剛交往時斯文體貼的小松。直到很後來我才查到，這個房間的牆壁實際被打出了一個大洞。

與家人關係親密，特別黏父親的詩織，絕對不想被家人知道自己居然跟這種人交往。反過來說，詩織等於是在這時候曝露了自己最大的弱點。

「所以妳只要照著我說的，乖乖聽話就是了。」

男人對著什麼話都說不出來的詩織，猙獰地笑道。就在這一瞬間，兩人的關係決定性地變質了。

從這天開始，詩織的生活完全被小松控制了。小松開始逐一檢查她生活中的每一個細節。每隔三十分鐘就打她的手機，如果她沒接，甚至會打到她家或朋友那裡，所以詩織甚至不敢關掉手機。詩織形同被監視了。

「詩織，妳喜歡我嗎？」

「我愛你。」

「我肚子痛得快死了。我好想聽聽妳的聲音。」

「你還好嗎？」

聽到詩織與小松的電話內容，朋友都以爲她們交往得很順利。但是一掛斷電話，她的表情立刻轉爲陰鬱。她說如果不那樣回答，小松就會大吼大叫。她對小松害怕到不行。對於這個逼迫她言聽計從的跟蹤狂，她早已完全失去了感情。

「我還年輕，也想跟其他朋友出去玩。我覺得你比較適合跟我不同類型的女生……」

「妳要跟我分手？輪不到妳決定！哪裡還找得到像我這麼棒的男人？我錢多得是，可以供妳吃喝玩樂。只要結婚，妳愛怎麼花我的錢都行。到底有什麼問題？告訴妳，這個世上只要有錢，想幹什麼就可以幹什麼。」

詩織開始在小松面前扮演喜愛閱讀的女生。她想要透過閱讀，盡量減少跟小松的共通之處。但是只要不小心稍微回嘴，小松就會抓狂。他動不動就威脅要把他們的關係告訴詩織的父親。詩織爲了不讓父親傷心，只好百依百順、膽戰心驚地和小松交往下去。

小松的醋罈子之大，非比尋常。

有一次，詩織帶家裡的狗「糖果」去附近散步時，接到小松的電話。那個時候，詩織就連遛狗都必須隨身攜帶手機。

妳在哪裡？妳在做什麼？小松問，詩織誠實地說她在遛狗。然而就連對象是狗，小松也嫉妒得開始狂罵：

「妳搞屁啊！居然丟下我跟狗玩，看我宰了妳家的狗！」

還有一次，詩織搭乘ＪＲ高崎線回家的路上，接到小松的電話。「我在電車裡，等下再打給你。」詩織說，先掛了電話。在桶川站下車的時候，巧遇國中同學，想要跟同學邊聊天邊回家，沒想到走到一半時，小松又打電話來，嘶聲怒吼：

「妳搞什麼鬼！爲什麼不馬上打給我！」

「我遇到國中同學，跟她一起回家。」

「騙鬼，妳跟男人在一起，對吧！所以才不打給我！叫他給我聽電話！」

「不是的，拜託你，不要這樣。」

「把電話拿給他！叫他給我聽！」

詩織無計可施，只好請朋友聽電話。小松聽到是女的，不吭聲了，然後說「都是妳不對。妳回家以後給我打來」，掛了電話。

四月上旬，詩織的髮型整個變了。

她去燙了個像阿福柔頭一樣的超捲爆炸頭。她在日常生活中拚命地把它壓扁，只有去見小松的時候讓頭髮整個爆開。是爲了讓小松討厭她才燙的。

「一想到她是懷著什麼樣的心情把她那頭漂亮的長髮燙成那樣，我眞的難過極了。可是她這招失敗了。因爲小松塞錢給詩織的朋友，刺探她的狀況。」

「我知道妳幹麻燙那種頭。夠了，給我弄回去。」

完全曝光了。據說詩織當時笑著，拚命解釋不是這麼一回事。

連朋友都背叛自己，這個事實讓詩織大受打擊。

「好難受，我受不了了，好痛苦。」

那段時期，島田這些朋友經常收到詩織這樣的短訊。

詩織的身邊甚至出現奇怪的男人。開始有疑似徵信社的人一整天監視著她的行動。這些人會在詩織下電車的時候，車門關上的瞬間跳出車廂。

詩織也不是從一開始就注意到這些人的存在。但有一次詩織跟大學的朋友聯誼後，應該不知情的小松突然說：「我也去那家店聯誼好了。」

此外，小松還會毫無脈絡地突然說出詩織的男性朋友的名字說：「不是有個住在××的A嗎？我夢到他上個星期四晚上跟妳一起出去玩。」

就連顯然只有詩織才知道的事，小松也都瞭若指掌。唯一的可能，就是詩織的行動無時無刻遭到監視。不管再怎麼芝麻蒜皮的小事，她的一舉一動都被拿來挑剔。即使是詩織問心無愧的事，小松也任意懷疑、執拗地盤問。

四月二十一日，小松逼詩織在他的公寓住處下跪，說：

「把妳的手機折斷。妳自己折斷。」

當時詩織用的是折疊式手機，小松爲了要她刪掉手機裡登錄的電話號碼，如此命令。

「妳只能跟我一個人往來，妳應該好好地表現出妳的誠意。」對小松害怕到只能言聽計從的詩織，就這樣失去了知交好友的聯絡號碼。

島田說：

「詩織很快就打電話給我了。她記得我的手機號碼，但說她可能不能再聯絡我了。我也漸漸害怕起來。雖然我很擔心她，但也不太敢主動打電話給她了。」

小松已經把詩織的手機通訊錄徹底調查過了。詩織的男性朋友開始接到騷擾電話。島田也在凌晨四點左右接到女人的聲音打來的電話。應該是小松委託的。

「我是詩織的大學同學，你是詩織的男朋友吧？」

「我不是。」島田否認，電話就這樣「喀嚓」一聲掛斷了。這種事發生過好幾次。

小松也打電話給詩織的其他男性朋友大吼：「不准接近詩織，敢動我的女人，小心我告死你！」接到這種近似恐嚇的威脅，也難怪詩織的朋友會害怕小松。

詩織忍無可忍，也不只一兩次向小松要求分手。然而小松不僅沒有接受，每次詩織提分手，他的恐嚇就愈發變本加厲。

「妳爸在○○公司上班，對吧？大企業哩。可是啊，現在四、五十歲的人不是正遇上裁員潮嗎？如果妳爸被裁了，妳弟就沒辦法繼續上學了吧？要讓妳爸被裁員，對我來說只是小菜一碟。」詩織完全沒有向小松提過父親的職業，他卻不知爲何一清二楚。事實上，後來發現是小松自己委託徵信社，查出詩織家的電話、父親的公司，還有疑似詩織朋友的許多手機號碼。

他的恐嚇感覺也不是唬人的。這個人眞的有可能做出那種事來。詩織無論如何都想要避免的，就是給父親添麻煩。

「這樣妳還是要跟我分手的話，我會把妳逼到發瘋，讓妳遭天譴。妳爸就等著被裁員，家破人亡吧。別拿我跟一般男人相提並論！我絕對不會原諒背叛我、瞧不起我的女人。我會動用我的人脈，就算傾家蕩產，也要把妳徹底搞垮。妳聽好了，我才不會自己動手。只要有錢，自然有人願意替我效勞。懂了沒！妳只要乖乖聽話，像以前那樣穿我給妳的衣服，跟我在旁邊笑就是了。」

五月十八日是詩織的二十一歲生日。自從小松變了個人以後，詩織再也沒有收過他的禮物，但這天小松準備了花束和玫瑰金表面的勞力士，不請自來地直闖詩織家。

詩織無計可施，只好收下花束，但堅持不收手表。據說小松始終窮凶惡極地瞪著詩識。

「重要的是我爸媽。爲了我爸媽，我什麼都能忍。只要我聽他的話，他們應該就不會有事。」詩織像口頭禪似地這麼說。對旁人來說，實在不懂她怎麼能隱忍到這種地步？但個性善良的詩織相信爲了家人的安全，她必須繼續與小松交往、她只有這條路好走。她身邊的朋友愈是了解小松這個人，就愈是害怕他，完全愛莫能助。

小松逼詩織在住處下跪，在她面前擺了一把刀。

「如果妳眞的愛我，就割腕給我看。」

小松的要求也愈來愈沒有邏輯可言。詩織嚇得全身發抖，小松便抓起刀子，抵在自己的掌心上。

「爲了妳，我敢割自己的手。」

「求求你，不要這樣！」

聽到詩織的懇求，小松像野獸般吼叫起來。他突然抓狂，接連踹倒家具，把詩織嚇得僵在原地，周圍混亂得就像暴風雨肆虐過後。

小松也買過電動理髮剪回來。

「我現在要進行儀式。我要把妳理成光頭。」

那天只是嚇嚇她而已，但詩織說如果剃光頭就可以跟小松分手，她求之不得。只要買頂假髮就行了。她已經被逼到甚至會這麼去想。實際上，小松的汽車後車廂裡就眞的找到一把理髮剪，小松對發現理髮剪的人說「我要把那個女的剃成光頭」。

「我可能會被他殺死。整天都在講這種事，眞的很對不起大家。」

面對一臉悲傷地重複這些話的詩織，朋友能做的也只有安慰。畢竟再怎麼說，小松從來沒有直接對詩織施加暴力。這完全是出於避免吃上刑事官司的考量。他的恐嚇大半也都是抽象的。

「我要把妳逼瘋，讓妳遭天譴、下地獄。妳覺得人死了以後會怎麼樣？」

「……你要把我怎麼樣？」

「方法多得是。」

小松還這麼透露過：

「之前跟我同居的女人自殺未遂呢。只是對她略施薄懲，她就自個兒腦袋不正常了。」

「你對她做了什麼？」

「不告訴妳。」小松說，邪惡地笑。

「讓妳遭天譴」這句話，小松對詩織說過超過一百次以上。

「我可能會被他**刺死**。」

「再怎麼樣也不可能發生這種事吧？」

詩織和島田等朋友之間，這樣的對話不計其數。島田這些朋友爲了讓詩織放心，也只能這樣回答。

「我再也不想見到那個人了，我不行了，我再也受不了了。可是萬一我爸媽出了什麼事，那該怎麼辦……？」

朋友不停勸詩織應該和父母商量，詩織卻說她絕對做不到，繼續忍耐。

可是，詩織終於瀕臨極限了。

這天是六月十四日。詩織終於立下決心要與小松分手。兩人在池袋站內的小咖啡廳面對面而坐，詩織明確地把自己的意思告訴小松。儘管對接下來可能要面對的後果恐懼得顫抖，她終於還是做出了決定。

「我絕對不會放過背叛我的人。我要把全部的事都告訴妳爸。」

小松真心動怒了。

他說他要找律師，當場打起手機來。講了一陣子後，他把手機塞給詩織叫她聽。那是詩織從沒聽過的陌生聲音，也不知道是不是真的律師。

「妳這女人真的太惡劣了。我要上門拜訪。」

「無所謂。請你決定日期之後再打給我。」

「我現在就去妳家。」

「請改天再來。」

「妳這女人真的太惡劣了。我現在就去妳家。」

「請等一下，我不是叫你改天再來嗎？你真的是律師嗎？」

「我不是，不過我現在就去妳家。」

男子淡淡說完，掛了電話。

詩織急忙離開咖啡廳趕回家。她猶豫之後，在電車裡打電話給母親，第一次說出與小松之間的糾紛。狀況緊急。或許小松和他的朋友會比自己先到家。

詩織急忙回家一看，卻沒有任何異狀。

「原來是騙我的——詩織放下心來，打電話給我。我也安慰她說小松只是嘴上說說罷了，再怎麼樣也不可能做到那種地步，結果……」

電話另一頭傳來玄關門鈴聲，緊接著是一群男人粗重的吼聲：

「詩織在家嗎？讓我們進去！」

是黑道般的口氣。詩織慌忙掛了電話。

門外站著小松和兩名陌生男子。

「你們要做什麼？請回去。」母親出面應對。然而三個男人卻逕自闖進屋裡。

幸好途中父親回家來了。父親見狀抗議，「居然闖進只有女人的家裡，你們是怎麼搞的？太過分了吧？」一名男子自稱是小松的上司，「小松詐領了公司五百萬圓，逼問之下，他說是你女兒教唆的。我們要告你女兒詐欺。怎麼樣？是不是該拿出點誠意來？」

父親當然悍然回絕。

「有話上警察署去說。」

原地兜圈子似地爭論了一陣之後，那名自稱上司的人撂下話來：

「別以為事情這樣就結了。我會寄存證信函去你公司。給我記住！」

然後帶著其他兩人離開了。這段期間，小松幾乎不發一語。

其實，這些對話都被錄音機錄起來了。

「我建議詩織萬一發生什麼事，一定要錄音。所以過去她和小松之間的糾紛或電話，她都錄下來了。」

三名男子離開後，詩織把先前發生的種種向家人坦白。由於她一直不願意被父母知道這件事，因此這對她來說肯定是莫大的痛苦。但是在家人鼓勵下，她決心向警方求助。

隔天，詩織在母親陪伴下前往警察署。

詩織家所屬的轄區是埼玉縣警上尾署。眞是命運的諷刺，這裡就是日後因爲詩織命案成立搜查本部的警察署。

詩織連續兩天前往警察署。第二天父親也加入，三個人一起向警方說明。闖進家裡的三名男子的對話錄音也拿給警方聽了。他們認爲警方只要聽了，就能了解狀況。

然而警方的反應十分冷漠。

聽到錄音帶，年輕警察說：「這分明是恐嚇啊！」然而中年刑警卻不當一回事，「不行不行，這案子不會成立的。」

而且警方不僅沒有伸出援手，甚至還對詩織一家人說出難以置信的話。

「收了人家那麼多禮物，才說要分手，做男人的怎麼會不生氣？妳自己不是也拿到一堆好處了？這種男女問題，警察是不能插手的。」

跟蹤狂的問題，或許警方也難以判斷。實際上警方收到這類諮詢求助的數量也相當多。如果被害的一方有過錯，反過來遭到警方斥責，或許也是活該；但詩織的案例又是如何？

「發現警察只會訓人，根本不會幫忙，詩織沮喪極了。她拚命傳達自己有可能遭到殺害的恐懼，警方卻只當成一般情侶吵架。明明詩織都再三傾訴，這樣下去她會沒命的……」詩織把好幾捲她和小松的對話錄音帶交給了警方。詩織總是無時無刻感受到威脅，因此都在手提包裡藏著錄音機，一有機會就錄音。

裡面也有兩人在小松的車子裡的對話錄音。島田聽過這段錄音，他說非常可怕。詩織哭著求小松分手，小松大吼大叫，有時甚至大笑，說：

「別傻了，我絕對不會跟妳分手的，我要讓妳遭天譴。」

「我要把妳逼到家破人亡，讓妳們全家下地獄！」

「妳爸等著被裁員，妳等著去賣身吧！」

然而聽到這些錄音，上尾署的那名刑警仍說：「這跟這次的事無關吧。」不予理會。詩織和父母花了兩天，試盡一切努力說明狀況，結果只得到警方一句，「這很難成案啦。」警方姑且是收下錄音帶了，但實在無法認爲他們會有什麼行動。詩織和父母對警方失望透頂，離開了上尾署。

令人傻眼的是，事情都到了這步田地，小松還繼續打電話來要求詩織破鏡重圓。

「回到我身邊吧。」

「沒辦法的，我都跟我爸說了。」

「好，很好，給我走著瞧！」這是小松最後一次聯絡。

在接到這通電話的同一時期，詩織把小松送給她的禮物全部用宅配送還到小松在池袋的公寓。之後的一個月，表面上風平浪靜地過去了。每個人都希望事情就此落幕。但是，接下來輪到詩織的住家附近出現了可怕的東西。

那天是七月十三日。

住家周圍被貼上了大量誹謗中傷詩織的傳單。就是那張黃色傳單。最喜歡姊姊的詩織弟弟不明其意地帶著傳單回家來。

「看，好厲害，上面有詩織姊姊的照片耶！」

也有左鄰右舍看到，送到家裡來。附近不管是招牌、電線杆、石牆，貼得到處都是，自家信箱則是被塞滿了一整疊將近百張的傳單。

詩織哭了。

那天下著雨。

母親在住家周圍一張張撕下傳單，淋成了落湯雞。同一天早晨，詩織就讀的新座的大學附近、車站站內，以及父親任職的公司附近，一樣貼滿了傳單。

實在不可能是一個人幹的。

詩織的名聲、身爲一個人的尊嚴，幾乎被摧殘殆盡。

附近的主婦說，是兩個貌似不良混混的年輕男人貼的。

「詩織臉色蒼白，跑去報警。隔天警方派人來監視，然後就沒了。張貼的傳單上的照片，詩織也不知道是什麼時候被拍的。」

沒有證據是小松幹的，但是從狀況來看，也不可能有其他人會幹出這種事。

因爲實在太過分了，詩織終於考慮報案提告。她下定決心，再次前往上尾署，然而等待著她的，卻是即使都演變成這種狀況了，依然冰冷無情的警方態度。

「妳最好考慮清楚喔？打官司的話，要在法庭上說出一切喔？不但花時間，也很麻煩喔？」警察這麼勸退她。

就在傳單事件前後，又發生了詭異的事。

板橋區內發現了奇怪的小卡。小卡上印著詩織的照片，附上「等你來援交」等字樣，甚至印上了住家電話號碼。因爲有人看到小卡打電話來，才讓這件事曝了光。

網路留言版也被人貼上相同的內容。不只是詩織的個人資料，連她朋友的照片和手機號碼也被公開。這完全超出惡作劇的範疇了。

島田紅著眼眶回想當時的狀況。

「在被亂貼傳單不久前，詩織就說過她可能會被人張貼可怕的傳單。後來她甚至說，

『小松會雇用外國人來強姦我，把照片貼在我家附近，然後寄錄影帶來，搞不好我會被切掉小指。』」

但是她的父母不斷地鼓勵她「絕對不可以屈服」、「我們一起加油」。

「他們召開家庭會議，全家團結努力對抗小松。她母親也顧慮到小孩上下學的安全，去車站接他們。」

沒有一刻可以安心。只要晚上詩織洗碗或是做其他事，一旦弄出一點聲響，就會把已經入睡的母親嚇得臉色大變地跳起來。有車子停在家門外，就必須心驚肉跳地從窗簾縫窺看外頭。只是電話鈴響，恐懼就重回心頭。詩織與家人無法安心入睡的日子持續著。那是一段極漫長的日子。連在自家都無法心安，這是多麼巨大的痛苦？

就是因爲狀況如此，他們才會去向警方求救。如果想要警方行動，就只能提出刑事告訴了。島田說詩織煩惱了很久。「如果這麼做，小松會不會做出更恐怖的事來？是不是該打消念頭才好？畢竟可能會讓對方的行動變本加厲。」

詩織會這麼害怕也是難怪。但父母都鼓勵她，朋友也這麼建議。詩織相信，即使是堅持沒有證據就無法行動的警方，只要她報案提告，就一定會幫她。我絕對不會屈服。我要努力活下去——詩織這樣對朋友說。

「那個時候，詩織的發言變得積極很多。大學的課業也很認眞。因爲她已經下定決心，即使會花掉很多時間，也要去警署做筆錄。她被警方提出各種追根究柢、甚至是令人反感的質問。」

「大學不是在考試嗎？怎麼不先等考完了再說？」

警察這麼說，但詩織不理會，表達報案提告的意思，然而警方卻淨是提出一些無關的問題。即使如此，七月二十九日，警方總算是受理報案了。這時距離詩織第一次上警署，已經過了一個半月。

詩織期待警方展開調查。警方一定會解決這個問題……

然而事情不僅沒有解決，反而更加惡化了。

八月二十三日，這次是信件。父親的公司收到了大量中傷他和詩織的信件。父親任職的埼玉縣分店收到八百封，東京的總公司也收到了四百封。信封是淡藍色的，蓋著澀谷郵局的郵戳。信紙上用打字機打滿了密密麻麻的字。

「貴公司的豬野一副忠厚老實的模樣，其實是個賭鬼，在外頭包養小三……因爲他女兒，害我們公司的錢遭人盜領。貴公司這樣的大企業居然雇用這種人渣，難以理解。日本要完蛋了。」是這類無憑無據的內容。

「詩織的父親在公司向來是個搞笑的開心果，完全不古板，所以一看就知道是無的放矢，因此在分店完全不被當眞，但總公司派人來問了。」

隔天二十四日，父親急忙帶著信件去警署求助，然而負責的刑警卻只是笑著說：「這紙質很不錯呢，做得很用心嘛。」

詩織得知父親被黑函中傷，難過極了。

「我爸好可憐，太可憐了。」她好幾次向島田這樣說。

而且問題不只是黑函而已。最重要的刑事告訴，狀況也愈來愈不對勁。

九月二十一日左右，一名刑警來到豬野家。還以爲他要做什麼，居然是來要求撤銷報案的。理由不明。刑警說「要告的話，隨時都可以再提告」，但父親豬野斷然拒絕了。

事後詩織聽到這件事，立刻想起小松說過好幾次的話。

「我在警界高層跟政治圈有一堆朋友。我小松大爺沒有辦不到的事。」

這是小松的口頭禪。詩織陷入驚愕。她只能認爲，好不容易下定決心抗戰到底，但唯一指望的警方早已被小松滲透了。原本已逐漸打起精神的她，因爲這件事瞬間陷入絕望。

「已經無計可施了。我眞的會被殺掉。小松早就打點好了。警方已經不能依靠了。結果他們完全不肯幫我。我已經完了。我一定會就這樣被殺死。早知道就不要報案了。現在趕快撤銷告訴還來得及嗎？」

這是那時候詩織對島田說的話。

十月十六日，命案十天前。各種麻煩毫不留情地持續發生。凌晨兩點左右，兩輛車子緊貼著圍牆似地停到詩織家門前。其中一輛是本田，都不是小松的車。車子打開車窗，震耳欲聾地播放音樂，並且把油門催得震天價響。詩織家是安靜的住宅區。這是甚至把鄰居也給扯下水的誇張「暴力」。

雖然立刻就報警了，但警車抵達之前，兩輛車子早就悠哉悠哉地離開了。在家人的努力下，好不容易拍到車子的照片，也記下了車號告訴警察，然而警方還是一樣，毫無動作。

「那天我在三更半夜接到詩織的電話，可是坦白說，我自己也怕得要命，所以不敢接。結果手機接到了簡訊。」

島田出示的手機螢幕上是這樣一段文字：

「他終於來了。原來還沒有結束。又開始了。」

隔天早上，島田打電話問怎麼回事？詩織把狀況告訴他，不停地說「我爸媽太可憐了」。

這句話，是島田聽到的詩織最後一句話。

十月二十六日，「死劫之日」到來了。詩織出門去大學上課。她騎著自行車前往車站，停在大型購物中心旁邊。十二點五十分。

這天，令她有如驚弓之鳥的日子以死亡的形式告終了，就像她一再反覆地向朋友訴說的那樣。

我對島田及陽子的漫長訪談，也唐突地結束在十月二十六日這個日子。

鞋底感受著地板傳來的某個包廂的八分音符。那與其說是令人不悅的噪音，總覺得更是為了讓自己回到現實所必要的節奏。就像從惡夢中醒來的早晨，需要一點時間才能從床上爬起來。整個灼熱起來的腦袋和掌心甚至冒出了汗水。

老實說，起初我也懷疑會不會是案件相關人士常見的誇大其詞。也有一些疑問。雖然邊聽邊點頭，但週刊或報導記者是不會對受訪人的話照單全收的。總是會在心中拉起防線。愈是資深老手，應該就愈是如此。因為每個人或多或少都曾經被背叛過、吃過苦頭。

但詩織這兩名朋友的話具有奇妙的說服力，而且從頭到尾邏輯一致，更重要的是他們沒有理由撒謊。而且島田珍惜地帶著詩織第一次找他傾吐煩惱時，他記下小松名字的記事本。上面補充了後來詩織身邊發生的各種事件資訊。訪談期間島田多次查看的那本記事本，也正確地記下了日期和時間。是重要的證據。

但是，讓我信任他們的不是記事本。不是這種東西。

我之所以覺得他們可以信任，是因為他們身陷**恐懼**。

聽著聽著，我理解到小松這個人很不尋常。他是個誇張恐怖的人。任何一個細節，都具有說明這名男子形象的十足真實性。世上確實有些讓人無論如何都絕對不想扯上關係的人。那種人會讓接觸到他的所有人都變得不幸。

訪談結束時，我覺得我眞正理解了島田和陽子究竟害怕著什麼。如果我站在相同的立場，一定也會如此恐懼。

「下一個會不會是我？」

他們一清二楚詩織與小松之間的一切。他們有可能投奔警方，或是把所有的一切向媒體揭露，而跟蹤狂有可能只是默默在一旁坐視他們行動嗎？小松應該也已經掌握島田和陽子的住址。他們會如此害怕、提防，也是理所當然。正因爲他們說的是眞的，所以他們才不得不感到恐懼。

還有比這更確鑿的證據嗎？

一分一秒靜靜地過去。我第一次遇到這樣的採訪。我再次發現到，完全被他們的話吸引的我，需要莫大體力才能全神投入地進行訪談。

這次輪到我說話了嗎？得說點什麼才行。

我決定把透過採訪得知的詩織最後的情況告訴兩人。他們有知道的權利。他們把詩織死前的一切都告訴我了。這段漫長的歷程結尾，他們並不知道，但我知道。

我斟酌措詞，將我所知道的詩織死前的狀況全部告訴他們。

我說到詩織流血蹲下去的時候，不斷忍耐的兩人，感情終於潰堤了。他們號啕大哭起來。一個體面的青年肩膀劇烈起伏，用西裝的右臂抹著眼睛，失聲痛哭。陽子瞪著長靴的鞋尖，摀著雙眼不停地抽噎哭泣。就連身爲採訪人的藤本，都拿著原子筆流下淚來。

裝潢俗豔的ＫＴＶ包廂。化成噪音的音樂從周圍的包廂傳過來。這是個與哭聲太不搭調的地點，但是我確實地把他們的聲音寫進了心中的筆記本，寫成一輩子都無法抹除的紀錄。

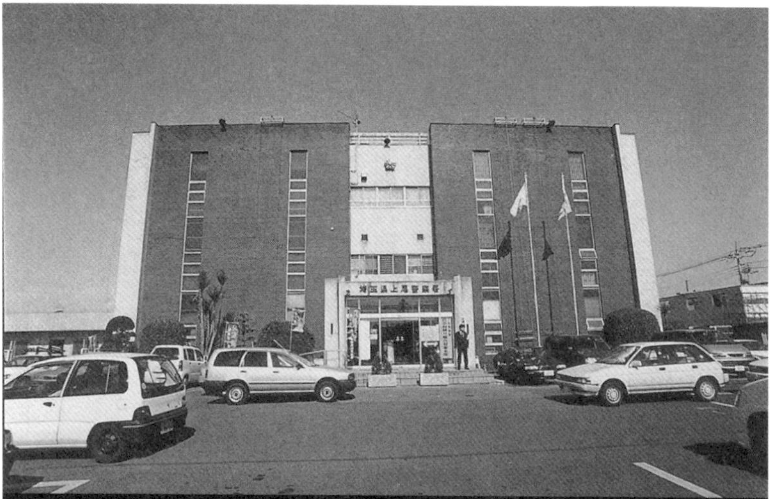

第三章　鎖定

埼玉縣警上尾署

我先請島田和陽子離開店裡，因爲我認爲不要被別人看見我們在一起比較好。我和藤本留在包廂裡。兩人都默不作聲。

我躁動難安，不自覺地東張西望。剛才來到這裡的時候，就只是間平凡無奇的ＫＴＶ包廂，但現在卻有什麼不同了。

哪裡不同？

我們等待了一段時間後，也離開ＫＴＶ，逆著來時的路前往車站。經過的應該是一樣的拱廊商店街，我內心的異樣感卻仍舊沒有消失。總覺得開始在意起背後來了。沒錯，就是背後……

坐上自己的車以後，才覺得背後的不適感消失了。但是也只是變得微弱而已，彷彿怎麼樣都無法撤底抹去，若有似無地黏附在皮膚上。那種感覺很奇怪。此後我便一直與這種彷彿遭人監視般的感覺打交道。

還有另一個我必須面對的感覺。

有一股難以排遣的感情堆積在胸口。好沉重。

採訪本身再順利不過，我完全沒有理由心情沉重。島田和陽子告訴我們的內容，讓我可以寫出一份相當詳盡的報導。以目前來說，應該再也沒有人比他們更清楚詩織被捲入的麻煩的內情了。有些事實連詩織的父母都不知道，他們因爲是朋友，詩織才會向他們吐露。

但這些並未令我感到興奮。

我覺得在KTV包廂裡，除了他們所說的話以外，我似乎還接下了其他的「什麼」。

記者的工作是書寫，將知道的事實傳達給世人。要撰寫報導，只需要聽到受訪者「述說」就夠了。但是這場島田和陽子的採訪，卻有著超乎述說的事物。

我不知道那是什麼，不過，他們爲什麼會那樣拚命地告訴我？這樣的行動甚至有可能招來跟蹤狂的報復，應該非常危險，然而他們卻彷彿被什麼推動似的，採取了行動。

詩織又是如何？連對警方都徹底絕望的她，爲什麼會向朋友留下「遺言」，試圖讓別人知道她發生了什麼事？據說詩織的房間裡甚至留下了類似遺書的便條。做到這種地步，也想要傳達的事物。詩織拚命傳達給朋友，然後她的朋友交給了我的「什麼」。

總覺得肩膀一下子沉重起來了。就像在運動會必輸無疑的接力賽中接下棒子的最後一棒的跑者。然而，我又能做什麼？

我也忍不住心想開什麼玩笑，我只是個記者，我可不想扛起莫名其妙的責任。

儘管腦中這麼想，一回到編輯部，我便立刻翻閱剛才的採訪筆記，影印地圖，並搜尋資料庫。仔細整理島田和陽子所說的內容，持續進行精密驗證工作的我，已經被那「什麼」給驅使了。

從島田和陽子的話來看，這名叫小松和人的男子應該與命案有某些關聯。他們的證詞還有許多細節有待查證，不過大致上來看，他們所說的內容方向應該沒有錯。

小松曾經與詩織交往，反覆出現異常言行，揮霍無度；最重要的是他一再宣稱「我才不會自己動手。只要有錢，自然有人願意替我效勞。」。

然而小松不可能是刺死詩織的兇手。目擊證詞指出，逃離現場的男子特徵是身高約一七〇、肥胖、三十多歲；而島田和陽子形容，小松身高一八〇、偏瘦、二十幾歲，顯然是不同的兩個人。雖然我不知道能不能將跟蹤騷擾行爲到殺人全部外包出去，但這件事具有十足的採訪價值。

我在編輯部的辦公桌前按壓著原子筆思考。我從列印機抽出一張A4白紙，放到桌上，將與命案有關的人物一一列出來。

・像徵信社一樣持續尾隨詩織的人
・和小松一起闖進詩織家恐嚇的兩名男子
・張貼傳單的兩名小混混
・命案一星期前，在豬野家前把兩台車子的音樂開得震天價響的男人
・三十多歲的兇手

重新寫出來一看，我幾乎傻了。這數量太不尋常了。不一定都是不同的人，有些角色可能重複，但顯然有一整團跟蹤狂存在。不可能有數量如此眾多的跟蹤騷擾行爲、在同一時期各自獨立地針對詩織進行。

如果和小松一起闖進詩織家的兩名男子不是行刺的兇手，那麼光是這樣，這群人起碼就有四個人。而他們看起來不像不良混混，所以得再加上兩人，總共六人……我完全無法想像他們到底總共有多少人。

而且一連串跟蹤騷擾行爲裡，自從六月以後，完全沒人看見小松和人。不管怎麼看，表面上他都與這些事情毫無瓜葛。

不管怎麼想都令人想不透。有個類似黑暗組織的團體，一接到委託，就會對一名女大學生極盡騷擾之能事，最後取走她的性命——這種事有可能嗎？從來沒聽說有這樣的組織。

我也在這個圈子打滾多年了，自認爲看過不少稀奇古怪的人，但從來不曾遇到過這種組織或殺手。而且目標還是個平凡的、隨處可見的女孩子，這未免太恐怖了。

我決定目標了。首先要設法聯絡小松本人。或許他也有他的一套說詞。基本上，採訪必須被害人、加害人兩邊的說詞都予以聆聽。

我需要小松的周邊資訊。

腦中閃現可靠的男人名字，我約了T先生見面。

「你好～♪♪」T先生帶著他一貫的口吻現身了。地點是深夜的家庭餐廳。兩杯咖啡才剛送上桌，我便迫不及待地把這天從島田和陽子那裡聽到的內容轉述給T先生。客人很少，音量自然變成了竊竊私語。

我的目的是交換資訊。不管再怎麼親近，只取不給有違江湖道義。只要提供有用的資訊，就能得到回報，這是記者的行規。這個世界的貨幣就是「資訊」。

我想知道的是偵辦現況。只要知道警方的行動，或許也可以掌握到小松的動靜。運氣好的話，還可以知道跟蹤狂團隊是哪些人。

我將島田和陽子告訴我的內容逐一轉達給T先生。雖然不知道哪個部分能命中他的資訊網，但說得詳細點總沒錯。

眞要老實說的話，其實我也有種不想獨自扛起島田和陽子託付給我的「什麼」的心情。我想要夥伴。如果要把誰拉下海，就只有這位T先生了。

T先生聽著小松與詩織之間的關係，臉上開始浮現驚愕的表情。我在聽島田他們描述時，也是這種表情嗎？我一邊這麼想，壓低音量繼續說明。

「這是怎麼回事？」

T先生寫筆記的手不停在紙面上頓住。看到總是冷靜的T先生驚訝的表情，我反而有點放心了。

「很誇張，對吧？可是說眞的，小松到底跑哪去了……」我向他套話。

T先生不愧是T先生，他老早就看透我想知道什麼了。

「搜查本部也盯上小松了。」

不僅如此，也早已掌握到小松的所在，甚至已經在確認他的行蹤了。警方會注意到小松，說是當然也是當然。畢竟再怎麼說，詩織都曾經好幾次爲了小松的事向上尾署求助，警方會忽略他才說不過去。可是確認行蹤……

警方確認嫌犯的行蹤，表示照這樣下去，警方會以某些嫌疑把小松帶去警署做筆錄，或是拘捕。簡而言之，小松會去到我們記者無法接觸的「另一邊」——鐵牢裡面。警方在追查小松，這值得欣喜，但這樣一來，我就無法聯繫上小松了。說來可悲，但是幹記者這一行的，就是忍不住會這麼想。

「要怎麼樣才能見到小松……」

T先生賊笑著說：

「大叔啊，在那之前，我還有個重要消息喔。」

又叫我大叔。

「小松才不是什麼汽車銷售員。」

嗄？

「他是色情按摩店的老闆，特種行業的。」

什麼跟什麼？最近幹這行的也能叫做「青年實業家」了嗎？

T先生說，小松在池袋經營非法色情行業。從島田和陽子的描述，也完全搞不懂小松實際上到底是做什麼的，但是這下就解開一個謎團了。難怪小松那麼年輕，手頭卻闊綽成那樣。這也可以解釋爲何他經常有些暗示他在地下社會有門路的發言。特種行業人士裡面，確實有許多人與黑道有關。

那麼，搜查本部監視的地點，也是小松經營的按摩店嗎？

「沒錯，不過希望你不要靠近那裡。連我都沒去了。」

我語塞了。記者俱樂部在這方面都會嚴格要求。雖然也可以宣稱警方是警方，媒體是媒體，逕自跑去採訪，但是俱樂部成員要是做出這種事，絕對會遭到除名。

我們雜誌並未加入俱樂部，而且反正俱樂部從沒給過我好處，也不會讓我採訪，所以不管警方說什麼，原本都與我無關；但是我也不想妨礙辦案，更不能給T先生添麻煩。我也希望兇手能夠早日落網。小松無疑握有命案關鍵，縣警也打算一發現他，立刻將他拘提到案，因此我更不能壞事了。現在只能先按兵不動。

不過既然警方還在監視那家店，就表示雖然在確認他的行蹤，但仍尚未拘捕他。小松還在別的地方。

臨別之際，我問T先生：

「關於死者詩織，你打算怎麼處理？」

我想問一下如果寫成報導，他準備以什麼樣的角度來寫詩織。詩織是被害人，而且不管在任何意義上都沒有過錯。但是年輕女性遭到跟蹤狂攻擊的新聞，可以預見其他媒體一定會寫出女方可能也有過失的報導。我是想問他是不是保險一點，我們的報導也暗示這種可能性比較好。

「還是不要吧。」

T先生持否定態度。

發現他與我意見相同，我鬆了一口氣。我們彼此叮嚀要慎重處理被害人的隱私，當天就這樣道別了。

隔天我來到池袋。

我無論如何都想見到小松，但也不想妨礙警方辦案，不能盯著小松開的色情按摩店。店鋪不行的話，住家怎麼樣？

詩織死前也說出了小松的公寓地點。縣警和T先生當然也都知道那裡。能不能以此爲線索，追查出小松的下落？

我一大清早就展開採訪。小松的住民登錄(註)似乎頻繁遷移，他好像在池袋一帶擁有好幾戶公寓，來來去去。詩織遭到恐嚇威脅的公寓，只是他擁有的公寓之一而已。

註：住民登錄是日本各市區町村將居民的居住地登記於「住民票」的制度，用以證明居民居住於該地的事實。只要搬遷，就有義務在一定期限內至公所申請異動。

但是他肯定頻繁出入這個住處，而且命案發生前，小松的住民登錄地址也在這裡。而且這裡沒有警方監視。可能性或許很低，不過就盯著這裡吧！

我和櫻井在公寓附近會合。雖然也有點擔心只有一名攝影師夠嗎？但需要的時候，我自己來拍就行了。再怎麼說，我以前也是靠攝影糊口的。

抵達現場一看，希望當場就破滅了。各個要地早就被媒體占據了。各家媒體都已查出「跟蹤狂小松」是誰，行動起來。記者腦子裡想的都一樣嗎？而且公寓沒有人影。

話說回來，這樣說雖然有點沒口德，但這些媒體的監視手法也太粗糙了。把社旗包起來，就自以爲隱身的黑色專車；載著大型車頂架的電視台廂型車；毫無遮掩的車窗一看就知道車子裡面坐了好幾個人，甚至還露出攝影機，完全就是外行人。對方可是犯下那麼多惡行，卻不留半點證據的跟蹤狂，如此拙劣的監視，對方怎麼可能現身？我忍不住嘖了一聲。這個樣子，就算小松回到這裡，從一百公尺外就會發現有媒體，逃之夭夭了。

攝影週刊的採訪，監視是基本。甚至有些攝影師，一年三百六十五天就專門監視。爲了不被對象發現，我們會使盡一切手段。這是咱們吃飯的絕活，所以無法詳細交代；不過如果對方是跟蹤狂，那麼我們以某些意義來說，就是職業跟蹤狂。如果一對一較勁，我有自信絕不會落敗。

但是其他媒體用這種可笑的手法大剌剌監視，我也沒輒了。監視一旦曝光，就是全盤敗露。在其他媒體撤退之前，監視並非上策。走進死胡同了。

這天以後，我也來過這棟公寓幾次，但情況依舊。總之這個地點只能放棄了。

雖然放棄拍到照片，但內容部分還有很多地方需要採訪補充。我根據島田告訴我的內容，逐一求證小松和跟蹤狂集團四處留下的各種痕跡。真的有兩人認識的遊戲中心嗎？真的有假的徵求援交小卡嗎？能不能找出網路上對詩織的中傷貼文？雖然必要，但這無疑是必須一步步耕耘的工作，而且時間緊迫。

關於小松對詩織說的「青年實業家」的經歷，我也依靠小松交給詩織的名片前往採訪。眞的有這家公司，但小松老早就辭職了。

「他在那裡工作，已經是大概五年前的事了。他就類似獨立的汽車銷售員，可是聽說給那家公司惹了麻煩，被炒魷魚了。店裡的人說，那個時候是小松的哥哥去賠罪的。」知情人士如此透露。

結果採訪到這裡，已經到了時限，但我有預感，命案的拼圖正一塊塊拼湊起來了。預感告訴我，只要再一點、再加上一點什麼，就可以追查出眞相了。我的幹勁絲毫未減。

回到公司辦公桌後，我把報導標題寫在紙條上，交給總編。

「成爲跟蹤狂犧牲品的美女大學生的『遺言』」。

以「美女大學生」做標題，眞的是週刊的宿命，但是我完全不打算寫什麼「死者是眾所公認的美女」之類的內容。我想要寫的是詩識留下的「遺言」。我想要以命案的概要及島田和陽子所說的內容爲中心，在保護他們身分的前提下，詳細寫出詩織遭到的跟蹤騷擾。

還有一點。小松這句話眞的很讓我反感。

「我才不會自己動手。只要有錢，自然有人願意替我效勞。」

世上怎麼能容許如此荒謬的事？這種甚至連自己的手都不願弄髒的人，可以任他逍遙法外嗎？

正義感？

那種東西應該早就不知道被我丟去哪裡了，不過這就是那種感情嗎？在「三流」週刊記者內心翻騰的不可思議的狂風暴雨。雖然連自己都覺得好笑，但我無論如何都想把據說是小松口頭禪的這句話寫進去。

活在「我會被殺」的恐懼中，留下遺言死去的被害人。

「我要搞死妳！」撂下話後，就此銷聲匿跡的跟蹤狂。

開什麼玩笑。

小松肯定跟這起命案有關聯。對於要爆出他的事，我絲毫不感到躊躇。我一邊寫稿，一邊詛咒內容太多而篇幅太少。清晨時分總算寫完最後一行的時候，我打上副標「死者託付給好友的兇手姓名」。我想要用這個副標傳達出我的訊息，「我知道你是誰。你爲什麼要逃？」

我一直猶豫到最後一刻，毅然決然將小松以姓氏的首字母「K」（小松＝Komatsu）來代稱。我完成了稿子，卻完全沒料到這篇報導竟會成爲宛如長期連載的耐力賽的第一回合。

截稿隔天，我再次聯絡島田和陽子，約他們出來碰面。我想通知他們寫出來的稿子成品是什麼模樣。有些事情是在後來的採訪中才查到的，而且我也還有一些問題想要請教他們。他們接到我的聯絡，似乎嚇了一跳。

「嗯，見面是沒關係……」

電話另一頭傳來島田困惑的聲音。他們似乎以爲媒體只要問到想要的內容，就不會再理他們了。直到再次於KTV包廂碰面，我才發現這一點。

聊完之後，陽子對我行禮。

「謝謝你沒有醜化詩織……」

大叔覺得好靦腆。

十一月二日。命案之後過了一星期，《FOCUS》陳列在店頭。手機接到幾家同業媒體對那篇報導的詢問。大家都想知道我是從哪裡問到跟蹤狂的事的。既然報導都出來了，我也沒必要隱瞞。我向每個來電的人保證會替他們和島田及陽子牽線。各家媒體對我有恩，更重要的是，我不希望詩織拚命留下來的這些內容，只出現在一家週刊便無疾而終。不過我也提出條件，說這是要向被害人的朋友採訪，請他們報導時要特別留意對詩織的寫法。

編輯部那裡，也有讀者看到報導而來電。有些電話接近單純的感想，也有一些提供了案件相關資訊。這些聯絡裡，有人捎來了與小松開的按摩店有關的消息。是池袋的特種行業人士。他說就在《FOCUS》出刊的那一天，小松經營的池袋按摩店突然關門了。

這是在後來的採訪中得知的，店長注意到警方的動向，對員工和小姐說：

「最近警方可能就要發動臨檢，所以這家店就開到今天。大家帶著自己的私人物品回家去吧。外頭有警察盯著，所以你們分頭一個個離開。」

由於事發突然，小姐都很驚訝，卻也只能無奈離開。不過當然沒有對按摩店本身的「臨檢」，警察追的是老闆小松。

其實這個時候，搜查員犯了一個過錯。他們查到小松經營的一間按摩店，進行監視。這是祕密偵查，警方當然付出了最大的細心，避免被對方發現。然而小松擁有的店不只這一家而已。

以這家店爲中心，小松在那一帶居然擁有六家店，而且附近還有無數間用來供顧客使用的房間。一整天裡，小松旗下的店長、員工、小姐等等就在搜查員旁邊走來走去，警方的動靜不可能不曝光。他們自以爲躲得遠遠地監視，然而那裡就在小松集團的巢穴之中。這個時候，搜查本部就已失去了與小松的聯繫。警方應該是在跟監嫌犯，卻連一次都抓不到小松和人。

同時我也失去了採訪的線索。店關掉了。公寓那裡到現在還是無法監視。小松人在哪裡？面對新的一星期開始，我卻愈來愈焦急。採訪就要陷入瓶頸了。

就在這時，編輯部接到了一通帶來新消息的電話。

那名讀者自稱讀了報導，聽到他的話，我發現幸運女神眞的太眷顧我了。送來令人求之不得的寶貴資訊的這名人物不是一般讀者，就是小松的按摩店的相關人士。

時機太巧妙不過了。我正覺得採訪應該只能從這方面進行下去，這名再恰當不過的人選就打電話過來。由於這名人士，我的採訪有了迅速的進展。

一般人當然不知道跟蹤狂就叫做「小松」這個名字，因此即使身邊有某些危險人物，也不會知道他與桶川殺人案件有關。但是我在報導中以姓氏首字母「K」來代稱跟蹤狂，這個決定爲我帶來了新的消息。

「報導裡面說的K，是不是小松和人？我看到內容，立刻就想到了。對，就是池袋按摩店老闆的小松。他有好幾家店，是個很可怕的傢伙。」

即使到了現在，我依然不能揭露這名資訊提供人的姓名甚至是性別。因爲對方在第一通電話裡就明白說：「我不能直接見你，也不能說出我的名字。」我當然知道對方的性別，但是關於名字，我實在沒把握現在所掌握到的是正確的。就像詩織的朋友那樣，這個人也認爲小松是個危險人物。這裡就暫時稱這位線民爲渡邊好了。我極力懇求渡邊協助，渡邊說：「如果是透過電話，我可以協助採訪。」此後，渡邊和我便頻繁地以電話聯繫。

渡邊說，小松從數年前便在池袋經營非法色情按摩店，到現在也還有六、七家店。他租了好幾戶公寓做生意，都是非法的色情按摩店或應召派遣。

每一家店提供的都不是年輕小姐，主要是三十歲左右的女性，以「人妻」爲賣點。店名都走「第一夫人」、「山手（註）貴婦」、「夫人戀愛俱樂部」這類路線。爲了防範臨檢，店名似乎也頻繁更換，只是由於前些日子的風波，現在所有的店都關掉了。

小松是這些店的老闆，有時候叫「社長」或「經理」。據說在他上面，還有一個叫「一条」的「幕後黑手」。這個人據說是黑道人士，有時候會一襲白色或黑色西裝，穿著漆面皮鞋出現在店裡。渡邊說那人的外表一看就是黑道，但員工也不知道他是哪個幫派的。對於這名男子，小松似乎也得鞠躬哈腰。

我在與渡邊的對話中，得知了小松的店名和地點。每一家店都在池袋站東口周邊。我認爲線索就在這裡。這週的採訪總算啓動了。

冬季，太陽城60大樓的影子長長延伸而出，再過去的那一區，就是色情行業的聖地。

小松等人租下許多林立於那裡的公寓房間，經營色情產業。我先把住宅地圖貼在一起，把他們經營的店全部做了記號。

說是店鋪，公寓房間裡也只有櫃台而已。交易系統是顧客在那裡看照片挑小姐並且付錢，就可以拿到小姐所在的其他公寓的房號。店鋪周圍有無數這類房間，空房有時也拿來供員工休息。感覺是供潛逃的小松躲藏的絕佳地點。

在周邊採訪的過程中，我漸漸查到以前詩織聽小松說是他家的沒有生活感的住處，也是這類公寓的一戶。因爲那一戶周圍也有櫃台和許多小姐等待客人的房間。我決定徹底盯住這一區。

同時我也設法聯絡專門跑特種行業的記者，或熟悉這個世界的神祕靈通人士。因爲我猜想他們可能知道小松經營的連鎖店或是他可能會去的地方。小松居無定所，一般方法是不可能找到他的。要找到他，只能逐一調查這類地方。

「你認不認識一個叫小松的？他開賓士車，長這個樣子。」我也問了每一個特種行業人士和拉客的，但反應意外薄弱。

我聽說小松在池袋算是個人物，但看來事情沒那麼容易。我也購買了大量的特種行業資訊雜誌和晚報。這段時期，我的公司辦公桌上和車子裡總是散亂著這類特種行業雜誌和

註：山手（山の手）原爲基於地形的稱呼，屬於高台地區，由於居住此地者多半爲社經地位較高的上流階級，故成爲高級住宅區的代名詞。

廣告剪貼。看到明明應該是在採訪命案，卻淨做些莫名其妙事情的我，編輯部的女同事不曉得內心作何想法。

「欸，我喜歡人妻路線的，有沒有那種店可以介紹？」

我在池袋一帶和電話裡不曉得說了多少次這種話。雖然覺得老大不小的大叔這樣實在很丟臉，但現在也只好不擇手段了。我也四處調查會出入這類店鋪的清潔公司和毛巾公司等業者。色情行業都會把用來接客的房間備份鑰匙寄交給他們，所以只要調查他們的行動，立刻就可以知道哪棟公寓的幾號房是這種用途。

我在一步步採訪的過程中，查到小松以前當過員工的店。據說他找了那家店的常客擔任金主，自己出來獨立開店。

小松辭掉那家店的時候，不僅擅自挖走小姐，還任意拿走店裡的備品，引發糾紛。而且事發東窗，遭人上門興師問罪的時候，他流著淚說要去向黑道告狀，這實在讓人更好奇他究竟是個什麼樣的人物了。

我連日前往池袋鬧區，四處打聽。

如果說攝影師的採訪基本是監視守候，那麼記者的基本就是四處走訪。走、走、走，不停地走，完全是肉體勞動，不需要任何技巧。重要的只有一點——能不能碰到關鍵採訪對象。

幾年前的夏天，我有過這樣的經驗。

事件發生在某個地方都市。一名男子不僅猥褻女高中生，甚至還把照片公開在網路上，因而遭到逮捕。

在當時，網路犯罪偵辦起來困難重重。正因爲如此，成功逮到嫌犯的縣警得意洋洋地大肆宣揚破案一事。而且這名嫌犯在社福相關團體任職，因此引來媒體矚目。

我和一名菜鳥記者負責採訪這起案子。但因爲被害人未成年，警方公開的內容只強調「成功破獲網路犯罪」這部分，極度缺乏週刊需要的偵辦過程及案情概要，甚至連爲何能夠逮捕、嫌犯有什麼特徵都不清不楚。截稿日迫在眉睫。我逼不得已，帶著菜鳥記者，兩人在車站前展開訪查。

之所以這麼做，是因爲據說嫌犯是在車站前面搭訕被害女生，「我可以爲妳拍照嗎？」既然如此，應該有好幾個女生碰過同樣的搭訕才對。人會重複相同的行動模式，被搭訕的女生數目應該不少。只要我們也採取一樣的行動，或許可以找到曾被嫌犯搭訕的女生。要採訪到他的作案手法、印象以及個性，應該只有這個法子了。如果說有什麼問題，就只有發現那樣的女生的機率很小，完全只是「或許有可能找到」而已。

聽到我的提議，菜鳥記者A張大了嘴巴問：

「眞的要這樣做？」

策略非常單純。攔住放學回家的女高中生，出示嫌犯的照片，問：「妳看過這個人嗎？」弄錯一步，我們會被誤認爲色狼。就算不被誤認，肯定也是拿著奇怪的照片逼近的怪叔叔。我可不想被扭送警局，所以指示A務必要確實表明我們是在採訪。

那天眞的非常熱。氣溫超過三十度，沒有風。我們分頭前往車站東口和西口，臉上和背部汗如雨下，就像廉價錄音機似地不停地重複相同的咒文。這不需要任何知性或教養。不，要是有知性或教養，根本做不出這種事情來。一看到水手服就追上去，擱下來攀談，這應該是主流媒體的菁英記者連想都不會想到的可笑做法。

不過就算如今回想，這個方法眞的只是靈機一動而已。不管問上多少人，都毫無所獲。位於縣政府所在地的那個車站是個大站，人潮源源不絕。我從來沒有想過世界上居然會有這麼多的女高中生。女高中生接二連三地冒出來，沒完沒了。

大概過了三小時的時候，我早就後悔了。或許這眞的太魯莽了。相對於我，菜鳥記者A仍然非常賣力，但聽到他朝氣十足的聲音，我不禁覺得自己在茶毒能幹的年輕人，讓他在這炎炎日頭底下做白工。

就在我大概被第三百個女孩拒絕的時候，我接到A的電話。

「有個女孩子說她認得照片上的嫌犯。她願意傍晚的時候見我們。」

眞的假的？比起反問的我，眞的找到女孩的A似乎更吃驚。我急忙與A會合，然後在約好的地點見到了那名女孩。是個嬌小得像個孩子的少女。

「這個人向我朋友搭訕。」女高中生說，因此我提出各種問題，結果她似乎從朋友那裡聽說了極詳細的過程，給了我相當篤定的回答。採訪非常順利，謎團逐一解開。雖然謎團解開了，但她所說的內容也出現了一些矛盾。

她知道得太多了。

這個疑問不斷累積，等到我們相談甚歡之後，我大膽提出質問：

「妳說的『朋友』其實就是妳吧？」

「啊哈，還是被發現啦？」

個性悠哉的A完全不明白這個告白意義有多重大。

「咦？可是妳剛才說是妳朋友……」

記者A說，我不被女孩發現地狠狠地踹了他的腳一下，說：

「我從一開始就這麼猜了。」

女孩輕吐舌頭笑了。萬萬沒想到，這名女孩居然就是那起騷擾案件的受害人本人！她說她看到報紙，對於這起事件的焦點全放在網路「高科技」偵辦上感到疑惑，所以願意協助我們採訪。

接下來，這次她毫不保留地告訴我們詳情，也因此我能夠追查到原本難以釐清的事件細節。對於這起事件，包括報紙、雜誌在內，恐怕沒有任何一家媒體報導得像《FOCUS》這樣詳細。當然，在撰寫報導時，我充分保護了少女的隱私。

但是，在人來人往的大都會大車站裡巧遇被害人的機率形同大海撈針。所謂採訪，只不過是不斷地重複乍看之下徒勞的這類作業罷了。不，大部分都是以徒勞收場……

岔題一下，在這起事件中，得意洋洋地宣布破案的縣警所謂破獲網路犯罪的偵辦內容，其實粗糙得可笑。是這名少女的朋友告訴她「網路上有妳的不雅照」，她告訴老師，老師再告訴警方，警方才得到消息，如此罷了。多麼低科技啊！然後縣警向少女問出嫌犯住家，扣押電腦，本人也供稱不諱，因此警方宣布逮捕破案，只是這樣而已。

附帶補充，縣警完全不了解網路，好像以爲只要扣押了嫌犯的電腦，猥褻照就會自動從網路上消失。嫌犯的電腦和網站伺服器根本是不同的東西，照片不可能會自己消失。嫌犯落網後都過了一星期，被害人的猥褻照依然存在於網路上，在全世界傳播。

確實，歹徒或許落網了，但被害人的補償救濟完全遭到忽略，眞的十足警察作風。

持續前往池袋打聽的我，看在旁人眼中，應該就像完全脫離了命案的主軸。我本身也覺得好像在繞極大的圈子。

這樣做，眞的能深入了解命案內情嗎？事情順利時就沒事，不順利時，有時甚至會讓人質疑起自己的行動，忍不住吐幾句苦水，這也是人之常情。在烈日下的站前採訪時也是如此。先前的幹勁不曉得消失到哪裡去，覺得不管做什麼都不順利。

我要報導的不只有桶川命案而已。每天都會發生案件，我也必須去採訪那些案子。必須塡滿雜誌版面。

儘管這麼想，但我把幾乎所有的空檔都拿去採訪色情行業，每天都往池袋跑。奇妙的是，不管我去到哪裡、怎麼樣採訪，都不曾碰到縣警搜查員。甚至沒有人提到「有警察上門」。那些據說多達一百名的刑警到底在哪裡做什麼？

這讓我不得不心生疑念，不是我的採訪方向大錯特錯，就是警方正在朝別的方向偵辦；但我不可能知道警方的辦案方向。我只能用自己的方法，一間間問遍池袋的特種行業。

不久後，雖然是極緩慢的，但我漸漸查到一些眉目了。我到處向相關人士分發名片，結果辦公桌開始接到可疑的電話，「聽說你在找小松？」

雖然不知道對方知道什麼，但接到這類聯絡時，我都會盡量去見他們。其中也有一些叫「食客」、爲了拿到酬金或吃上一頓飯，信口開河的傢伙，但只要把這些也當做採訪中不可避免的過程，也不會因此感到挫折。有時乍看之下非常可怕的「道上兄弟」，或少了幾根手指的人，也會帶來一些耐人尋味的資訊。採訪範圍愈來愈大，卻依舊找不到小松的藏身之處。

有件事令我耿耿於懷。

也就是島田曾經提到九月下旬有一名刑警到詩織家去，要求撤銷報案。

這是眞的嗎？爲什麼警察要拜訪被害人家說這種話？甚至還說「要告什麼時候都還可

以提告」。但是告訴一旦撤回，就無法針對同一案件再次提告。如果警察隨便亂說，這可是嚴重的問題。

上尾署只接受記者俱樂部成員的採訪，我無法直接採訪警察，所以去向T先生打聽，發現這時部分媒體也流傳著類似的傳聞。對於這些記者的詢問，上尾署的幹部說：

「我們調查過了，我們署裡沒有這樣的刑警。沒有紀錄也沒有報告。警察不可能說這種話。」

某個偵辦人員甚至一口咬定，「那是冒牌貨啦。應該是假冒警察，想要讓他們撤銷報案吧。」跟蹤狂集團都做出那麼多誇張的行爲了，我覺得會假冒警察也沒有什麼好奇怪，便接受了這個說法。

《FOCUS》在案發後即將迎接第二次截稿日時，我查到了某個事實。

小松雖然居無定所，但還是辦了住民登錄。我追查這條線，發現當跟蹤騷擾行爲愈來愈激烈時，他的住民登錄也在池袋一帶不斷轉移，最後停留在板橋區的一戶公寓。我對這個地點很感興趣。

說到板橋區，是印有詩織的照片的「假援交小卡」突然到處出現的地點。這會是巧合嗎？不過就算是逃亡中的跟蹤狂，應該也不會拿毫無關係的人家拿去做住民登錄。

我這麼想，所以派了攝影師櫻井監視那棟公寓，卻不見小松人影。那裡只住了一個男人，名叫森川（假名），他對循著相同線索前來採訪的其他媒體說：

「小松給我一萬圓，叫我讓他把住民登錄放在這裡，我什麼都不知道。我也覺得很困擾。」

我覺得很可疑，四處詢問特種行業人士知不知道這個叫森川的人，結果線人渡邊給了我答案。自稱無關的這個森川，其實與小松大有關係。森川是小松的色情按摩店員工。

而且森川還擁有一輛大有來頭的車。那是本田汽車，也就是刺殺命案十天前的十月十六日，在詩織家前把音響開得震天價響的那輛車。調查之後，發現森川的車牌號碼完全符合豬野家向警方報案的逃逸車輛的車牌。

錯不了。小松把自己的住民登錄放在騷擾詩織的部下住處。這麼一來，他說的「我不會自己動手」，豈不是反過來證明了就是他指使的嗎？

《FOCUS》的第二次報導，我將標題定爲「『地下色情產業、敲詐勒索、假刑警』，女大學生命案的關鍵人物」，再次詳細寫出詩織告訴朋友的小松和人的種種行徑。報導中塡滿了他的工作、爲人、疑似敲詐勒索的行動等可以了解「K」這個人的種種經歷，並提到假刑警的事，以反映出這個人甚至如此不擇手段。

我沒想到這部分往後將把我引向對警方的批判，而且這個時候，我只是單純被警方誘導。我認爲騷擾詩織家的男人與小松之間的關係，才是通往命案眞相的重大線索。

副標題我定爲「露出馬腳的跟蹤狂」，向小松喊話：「我就快逮到你了。」

小松絕對會讀到這篇報導。刊登出如此詳盡的報導的媒體，只有《FOCUS》一家。他應該會打個一兩通電話，抗議內容與命案無關吧。我懷著期待，送出報導。

這星期的採訪給了我重要的靈感。如果跟蹤狂成員之一是小松經營的按摩店店員，那麼其他人是不是很有可能也跟小松的按摩店有關？

如果是老闆的命令，即使是無理的要求，應該也難以拒絕。雖然小松誇口「只要有錢，自然有人願意替我效勞」，但比起毫無關係的陌生人純粹爲了錢，而冒被警方逮捕的危險而犯罪，這樣推測更順理成章。我認爲聯手騷擾一個女生的這群人，如果是「小松的按摩店員工」，解釋起來還滿合理的。

我想起詩織去小松住院的醫院探病時，小松身邊的人打招呼的口氣就像黑道小弟一樣的事。這些人是不是其實也是店裡的員工？還有張貼傳單的兩名地痞混混樣的男子……推測只是推測。只要能把小松的按摩店與刺殺命案連結在一起就行了。其中或許有什麼線索。

我對包含渡邊在內的特種行業人士提出以下的疑問：

「小松的按摩店集團裡有沒有這樣一個人？身高約一七〇，三十多歲，肥胖，短髮。」

反應超乎想像地快。

「那是久保田。他向小松借過錢，欠小松人情。對，他常穿凡賽斯的西裝和藍色襯衫。他是池袋一家叫『Dream』的店的店長。那個人很危險喔，常跟另一個叫川上的店長混在一起。」

眞的很耐人尋味。我心想既然如此，便向其他相關人士提起久保田的名字套口風。

「終於查到久保田頭上啦？唔，請絕對不要說是我說的，不然我可能小命不保。其實有傳聞說，久保田和川上很可能和那起命案有關。因爲十月底的那一天，大概就是命案那一天，傍晚久保田回到店裡來，他平常是個話少的人，這天卻非常激動，一直招呼大夥去喝一杯，說什麼他得來個幾杯鎮一鎮。就是從那時候開始，他突然出手變得非常大方，好像在池袋還是上野的夜總會大肆揮霍。聽說還開了香檳王，一個晚上花掉二十萬。不過『Dream』最近關掉了，他也不曉得跑去哪裡了。」

錯不了。這不是中頭獎了嗎？

如果這個方程式沒有錯，那麼持刀刺死詩織的絕對就是這傢伙，所有條件完全吻合。遺憾的是，久保田擔任店長的店從十一月二日以後就再也沒有營業，久保田和小松一起消失了。雖然更加可疑了，但我也無法確定。即使想要確認久保田是不是就是「兇手」，但既無物證、也不知道他的長相，如果無論如何都想確定，就只能直接去問他本人。不過就算能見到他，難道要質問本人「你跟那起命案有關，對吧」……開什麼玩笑。如果他眞的就是「兇手」，搞不好我這條小命也要斷送在他手裡。實在太危險了。

過去我也曾經接觸落網前的殺人犯，但這次的對象是神祕莫測的跟蹤狂集團。萬一引發奇怪的糾紛，不僅不曉得會遭到什麼樣的報復，而且我孤立無援。再更進一步就不叫採訪，而是「辦案」了。我到底能做什麼——

我回到家，當天晚上輾轉難眠。

久保田現在仍在逃亡。他注意到在池袋周邊偵查的警方，把店關掉，不知道躲在什麼地方。我都如此徹底採訪了，卻完全沒有碰上半點搜查員留下的痕跡，這一點也令人難以釋懷。上尾署到底在做什麼？命案都已經過了三星期，卻半點動靜都沒有。

「警方那個樣子，應該破不了案吧。」這麼說來，島田在KTV包廂甚至這樣說過……

那麼，乾脆聯絡我熟識的警視廳刑警嗎？

但是命案的搜查本部在埼玉縣警上尾署。能解決這起命案的，還是只有上尾署。那麼我能夠做的，是提供線報給上尾署嗎？

實在教人提不起勁，都是那令人氣結的「記者俱樂部」作梗。上尾署對俱樂部成員以外的記者態度惡劣至極。我這個「三流」週刊記者的話，他們願意當一回事嗎？

我們週刊沒有分社，記者必須跑遍全日本各地的警察署採訪。因此我才會知道，根據以往的經驗，埼玉縣警對雜誌採訪的應對態度之差，絕對可以名列前三名。

附帶一提，另外兩名是「謝絕生客」的京都府警，以及「去問本部」的北海道警。

北海道幅員非常遼闊。眞的無邊無際。

我也是社會記者，一有案件發生，任何地方都要趕去。不管是北海道的北方還是東方的盡頭，只要叫我去，我就會去。然後總算抵達轄區警署，要求採訪，他們卻異口同聲地說：

「這裡不接受雜誌採訪。請去找道警本部的公關室。」

道警本部位在札幌正中央。不管我去到的轄區是有流冰靠岸的鄂霍次克海旁邊的小鎮，還是後山會有棕熊出沒的偏鄉駐在所，得到的答案都一樣。

即使如此，如果去到本部，採訪就可以順暢進行，那也不是不能忍受。我照著對方說的，搭飛機或坐電車，好不容易抵達道警本部，得到的卻絕大多數都是這樣的說詞。

「這個案子我們還沒有拿到轄區任何資料，所以公關室也沒有什麼可以提供的。」

又或是：「公關資料只有這些。都寫在報紙上啦，自己去看吧。」

即使在暴風雪中跋涉上百公里前來，也一樣到此結束。雖然起碼還會給杯茶水，卻得不到任何資訊。要人也該有個限度。我喜歡北海道，但討厭道警。

京都府警不必說也知道，明明辦案能力不怎麼樣，卻心高氣傲得莫名其妙。他們完全不把雜誌當媒體看。而埼玉縣警的應對態度，堪與這兩處媲美。

就算去了，反正也只會得到那句老話，「我們不接受俱樂部成員以外的採訪。」我已經不要求採訪了，而是想要提供資訊，但是平白把查到的線索拱手送人，也教人氣惱。千辛萬苦追查到的資訊，如果就這樣透過縣警告訴記者俱樂部的成員，教我情何以堪？

《FOCUS》刊登報導，警方逮捕兇手——這是最好的結果。我是記者，是為了將事件公諸於世而工作。但是到底要依照什麼樣的步驟來，才能得到這樣的圓滿結局？或者終究沒辦法？真教人迷惘。

乾脆直接衝進上尾署說：

「我是一般市民，我知道命案兇手是誰了，我是來告訴你們的！」

這樣或許更省事多了。這樣的話，警方即使滿臉狐疑，應該還是會願意聆聽。搞不好還肯讓我進去連報社記者都無法進入的搜查本部。

不過從警方的作風來看，除非說明至今為止的經過，否則他們不會相信我提供的資訊。畢竟警方對弱者總是特別苛刻，遇到直接提供資訊的一般市民，肯定會嚴刑拷問一番。那樣一來，我的身分就會曝光。一旦發現我是週刊記者，一定會找碴，「喂，居然這樣亂搞，你是在妨礙公務！」然後「砰」地重搥桌子，打翻菸灰缸。結果我手上的資料全被問光，用完之後被當成垃圾丟到一邊去。畢竟我這人生性膽小，被高頭大馬的警察包圍，可能就會和盤托出。

可是如果不提供資訊，不僅採訪沒進展，感覺命案也破案無期，但是提供了資訊，又會走上被用完即丟的末路……

千頭萬緒在腦中打轉。我怎麼也睡不著。房間角落的籠子裡，「之助」正沙沙沙地動個不停。他和我一樣是夜行性動物。結束採訪，深夜回家的時候，會醒著等我的永遠只有「之助」。我在他的飼料碗中倒入葵花籽，回到被窩裡。

抬頭一看，「之助」正急急忙忙地把種子存進頰袋裡。我知道你喜歡葵花籽，可是塞那麼多，你也吃不完吧……

你眞的好像某人。

隔天早上，我打電話給T先生，告訴他久保田的資料。擅長警察線的他，一定能爲我找到某些答案。我相信T先生。不必擔心我的報導完成以前，他會擅自搶先爆出來。萬一演變成那樣，我也只好跟他同歸於盡了。

久保田這個人的事，透過有些複雜的途徑傳給了搜查本部。據說這個資訊讓搜查本部大爲振奮。透過比對前科及案底，久保田的身分很快就揭曉了。久保田祥史，三十四歲，以前曾是「跨區域黑道團體」的一員。

不愧是警方，這種事查起來非常快。

搜查員帶著久保田的照片火速去向命案當天桶川站前的目擊者確認。

「大叔，賓果，賓果啊！」

T先生以興奮的聲音告訴我結果。據說有好幾名目擊者記得久保田的長相。我也興奮極了。如果T先生就在面前，搞不好我會用臉去磨蹭他的臉頰。

下手行凶的果然是久保田，而久保田的上司就是小松和人。

命案完全連成一線了。

第四章　偵辦

池袋

「這裡是新潮一〇四，一名男子走出來了。」

「（沙沙……）新潮一一九，了解！可以拍了。」

摩托羅拉對講機傳來攝影師櫻井的聲音。

看來櫻井成功地把男子攝入鏡頭了。

開始監視後已經過了一星期。這裡是埼玉縣川口市內的某棟公寓旁邊。我們把廂型車停在可以看見那棟公寓某戶的位置。我們目前的工作，就是從早晨到深夜緊盯著那一戶的鐵門。我在公寓門口附近監視人員進出，用對講機轉達櫻井。櫻井接到通知，便從廂型車按下快門，是這樣的程序。新潮一〇四是我的無線電台呼號，一一九是櫻井。電波法有規定，而且難保不會有旁人聽到，所以我們彼此都一定用呼號通訊。

「這裡是新潮一〇四，房間電燈熄了。今天到此結束。」

「（沙沙……）這裡是新潮一一九，了解。收工了。」

只差一點。只差一點目標就要現身了——我們緊抓住一線希望，把一切賭在不知何時才會結束的這場監視。

這是小松在池袋的按摩店突然關掉三天後的事。我接到一名特種行業界人士捎來的消息：

「小松的店在西川口營業。」

我失去了一切追蹤小松和久保田下落的線索，但還是不肯放棄，持續天天跑池袋，結果那個人似乎看不下去了，對我說：

「清水先生，你也太投入啦。跟你說，小松把池袋的店全部關掉了，不過其實他在西川口還有一家店。他可能以爲那裡不會曝光，現在好像還在繼續營業，你去那裡查查看吧。」

如果是事實，那就是重要線索了，因爲小松和久保田有可能到那家店去。我已經完全成了特種行業的識途老馬，要找出那種店是輕而易舉。我花掉休假查到的那家店，同樣是非法營業，連以「人妻」爲賣點這點都一樣，甚至還在一些晚報上刊登廣告。我立刻前往現場，發現就和池袋的店一樣，是只租借公寓一戶、連招牌都沒有的「人妻路線應召站」。錯不了。

線報是正確的。我在意的是埼玉縣警是否掌握到這家店，縣警卻沒有要行動的跡象。難道這裡不怎麼重要嗎……

儘管擔心，但小松的店確實就在這裡。面對這個事實，在攝影週刊打滾多年的記者，只會有一個結論，只能監視看看了。

就算這麼說，也不是糊里糊塗地盯著就行了。畢竟對方可是跟蹤狂集團，難度很高。萬一曝光，有可能自身難保。

半調子的採訪小組應付不了，必須出動精銳。若說敵人是跟蹤狂，咱們攝影週刊以某個意義來說，就是職業跟蹤狂。專業人士組起隊來，不可能輸給業餘跟蹤狂。我拜託山本總編，借來櫻井和支援的攝影師南愼二，並準備了一台廂型車，由司機松原一豪駕駛。

不過這是有條件的。

總編說：「我可以給你攝影師，不過你要去跑別的採訪。要是拍到照片，或是兇手落網，那另當別論。」

我無可反駁。這時距離案發已經過了三個星期，案情完全停滯了。從電視和報紙來看，警方是完全沉默。這類案件的報導確實需要時機，像是案發、兇手落網、起訴、開庭、判決宣布等等，但現階段什麼都沒有。晚報和週刊雖然還是有報導，但路線與我們完全不同。編輯部能夠派去採訪案件的記者也不多。雖然得到了監視的人手，但我自己則與鄰桌的記者小久保大樹一起去採訪千葉縣成田市發生的新興宗教「Life Space」的木乃伊案件（註）。

不過還是成功得到隊友了。每一個都是身經百戰的好手。老鳥櫻井就不必再說明了，關西人的攝影師南毅力十足，一點長期戰不會讓他有半點怨言。攝影師分成短期決戰型和長期持久戰型，這次的監視是長期的，有了攝影師南的支援，如虎添翼。松原是在咱們業界小有名氣的司機。說是司機，也不是普通司機。人稱「大叔」的松原，光是幹司機這一行，就已經有超過二十年的資歷，是個超級資深老手。他開車的技術當然是一把罩，更重要的是，他非常擅長「監視」與「追蹤」。也就是在挑選停車地點、目視確認目標「離開」，以及接下來的「追蹤」等方面極爲高竿。因爲他而成功的採訪不計其數，由於他而吃癟的名人也多不勝數。在現場，一般記者根本是望塵莫及。

不過，我事前這樣交代隊友。

小松或久保田現身時，千萬只拍照就好，絕對不追人——

不能被他們察覺我們在行動，是這場監視的首要條件。因爲再怎麼說，西川口的這家店，恐怕連縣警的搜查員都不知道。要是監視曝光，讓好不容易找到的小松和久保田逃亡，那麼案子要破就難如登天了。而且萬一跟蹤狂集團逃過警方的追緝，難保他們接下來不會對我們下手。他們背後有什麼勢力在撐腰，仍然是個謎。雖然沒必要無謂恐懼，但從島田他們說的話來看，這夥人實在不可能是什麼好對付的貨色。

我準備一發現他們，就通報縣警。這個地點警車可以在十分鐘內從浦和的縣警本部趕到。過去縣警對我的採訪要求完全是相應不理，教人氣惱，但這也是沒辦法的事。只要能夠朝逮捕兇手邁進一步，我也算是得償所願了。

註：一九九九年十一月十一日，發生在千葉縣成田市的命案。被害人家屬相信自我啓發團體「Life Space」的教主能夠治病的宣傳，將高齡的被害人送去教主長期下榻的飯店接受治療，結果被害人死亡，教主隱瞞此事，直至四個月以後才東窗事發，這時死者遺體已經化成了木乃伊。

其餘就是人員配置。爲攝影預先調查環境叫場勘。有沒有確實做好場勘，成果會天差地遠。不會被對方發現，又能確實拍到照片的地點——以此爲條件反覆研究之後，最後「松原大叔」的廂型車停在距離「人妻應召站」所在的公寓一百公尺遠以上的地點。那裡的話，對方完全看不到車子。「松原號」的外觀完全就是一輛普通的廂型車，車窗貼著黑膜，內側更以窗簾遮蔽。不僅無法輕易看到車內，後車座還拆掉，改造成可以放置大型三腳架，經得起長時間的遠距離攝影，完全就是跟監專車。這樣的話，幾乎不會有曝光的危險。

使用的鏡頭是一二〇〇公釐的超望遠鏡頭，鏡片本身的長度將近一公尺，性能極佳，如果設置在棒球場的計分板底下，甚至可以看見捕手打信號的手勢。底片使用的則是即使光線昏暗也能夠拍攝的超高感度底片ASA3200。

準備萬全了。查到公寓的隔天，我在「松原號」裡進行最後確認。透過觀景窗看到的公寓鐵門，在超望遠鏡頭裡占滿了整個畫面。

隨時放馬過來吧！跟蹤狂對決跟蹤狂，已經做好耐力賽覺悟的這場監視開始了。

監視小組日復一日盯著鐵門。我還必須去採訪「Life Space」案件，所以無法每天都來現場。櫻井、南、松原三個人從早到晚監視進出應召站的人，向我回報。他們一整天關在廂型車裡，三餐都吃超商便當解決，拍攝進出公寓的每一個人。店員、顧客、小姐……

這類攝影非常困難。因爲看過小松照片，所以認得他，但久保田我們只知道他的身體特徵。不僅必須拍攝就算經過眼前也不知道是誰的對象，而且也不知道組成跟蹤狂集團的成員有幾個人、是怎樣的人。是男是女?是年輕人還是老人?沒有任何材料可供判斷。

必須一股腦兒地把進出那戶公寓的每一個人全部拍下來，但這又是個棘手差事。經過公寓開放式走廊的人，不曉得是要進入哪一戶。雖然理所當然，但是一直要到他們開門的那一瞬間，才會知道他們的目的地。至於爲何這很棘手，因爲每個人開門的時候都是如此，從盯著的攝影鏡頭看出去，人已經是背影了。當他們要走進目標房間時，就已經太遲了。

因此就只能瞄準人離開房間的時候。按快門的機會只有開門的那一剎那……緊盯著觀景窗，爲了按下快門的那一剎那，在逆光的早晨、睡魔來襲的午後、凍寒的深夜持續維持緊張感，是多麼辛苦的一件事，應該只有攝影師才能體會。他們連日不斷監視，視網膜幾乎都快烙上那道門的形狀了。

而我只要一逮到機會就溜出編輯部。我任由原本應該一同負責採訪「Life Space」案件的記者小久保一個人慘叫，跑去參加監視小組。好像可以聽見他在叫罵：「清水死去哪裡了!」聽起來或許像是辯解，但我會在深夜回到編輯部，陪著整理資料等等直到早上，但仍然無疑是任意行動。

已經十一月了。持續到深夜的監視，氣溫也愈來愈低，十分難受。雖然也對負責現場的攝影師感到抱歉，但我無論如何都想要把這份工作做到底。是什麼讓我如此堅持，我自己也說不上來，不過我懷著祈禱般的心情，繼續盯著門口。

監視開始過了幾天後，我們漸漸了解進出房間的是些什麼樣的人了。看出店鋪的模式了，有一名男子出入得特別頻繁。

我們認爲這名男子就是店長。

店裡的營收是現金，這些錢當然應該會交到老闆小松手裡。如果小松到公寓來收錢，事情就簡單了，我們只要從松原的廂型車拍照就行了。如果小松不來，就只能反過來追查那些錢的去向。管理營收的是店長，而這些營收最後應該會送到小松那裡。那麼只要跟著店長，應該就可以找到小松。

小松和久保田遲遲不露面，令我們焦急難耐。

營收雖然也有可能匯進銀行，但就算去考慮那些可能性也沒用。只能先忽略不利的要素，相信並且去做。開始跟監幾天後，小組的工作又多了一項——追蹤打烊後的店長。

包括我在內的採訪小組，準備了三輛車子用來跟蹤。每個人都分配到對講機。監視、追蹤是當下決勝負，打手機就太慢了。

追蹤的時候，多輛車子要如何安排是重要的關鍵。目標從店裡走出來、或是有車子來迎接、或是過馬路到對側攔計程車等等，必須模擬目標所有的行動，以不著痕跡的方式安排追蹤車輛。

不過我們觀察店長的行動後，發現了一件麻煩事，他的代步工具是機車。機車是極難追蹤的交通工具，不僅會突然轉彎，還可以穿過車陣，也能輕易迴轉。汽車跟在機車後頭迴轉，任誰來看都極不自然。這讓我們頭大極了。

即使如此，還是只能硬著頭皮上了。畢竟不知道店長何時會與小松進行金錢收受。每次店長離開店裡，監視中的我們便一陣人仰馬翻。

「這裡是新潮一〇四！目標往右邊去了，大叔，我沒辦法，你去吧！」

「（沙！）這裡是新潮一一九！不行，目標進入巷子了，一〇五，從你那邊的路過去！」

然而店長出門，卻只是去採購店裡使用的消耗品等等罷了。他當然不知道自己被媒體追蹤。我想在他讀到這本書之前，應該都毫無所覺。某家媒體不停對著無線電怒吼，追蹤著店長的每個行動，他卻毫不知情，幾乎每晚都在下班後繞去小酒家坐坐，消除一天的疲勞。好幾次我們在小酒家前用罐裝咖啡暖著手，等待喝上好幾個小時的店長離開，嘀咕：「我到底是造了什麼孽，才會跑來搞這些……」目標在喝酒，不知道什麼時候才會結束，只能耐心等待店門打開。

車上的鐘轉到兩、三點的時候，小酌之後的店長才坐上來接他的車子回家去。接下來他可能會去見小松。不死心的我們繼續尾隨，但深夜的跟蹤更加困難。小巷裡如果有好幾輛車子跟在後頭，顯然就太詭異了。

磨耗神經的日子持續著。

開始監視過了一星期的時候，我決定對拍下來的照片進行「面確」。面確也就是把照片拿給別人看，問出身分。

當然，我每天結束工作後，也都會把照片全部看過。但就算我來看，也完全不曉得上頭拍到的是些什麼人。櫻井和南這兩位攝影師的本事沒話說，每張照片都鮮明捕捉到人物的特徵。進出應召站疑似店員的幾名男子、接送店長的司機、不知道是客人還是業界人士的人……不過就算把照片瞪出洞來，我還是不可能看出這些人是什麼身分，必須借助別人的力量。

不過有個問題。

到底要請誰來進行面確才好？

總不能跑進應召站，拿著照片問：「這個人是誰？」在小松的地盤附近進行面確太危險了。但話又說回來，如果不是在他的地盤附近，就無法進行面確。因爲只有熟悉小松和久保田的人才有辦法辨識。

眞教人沒轍。

我想到唯一有希望的人選就是渡邊，也就是打電話到編輯部的那位本名不詳的「渡邊」。不過這個人也有這個人的問題，渡邊提出的條件是絕對不碰面。我懷著一抹期待打電話給對方，但條件還是一樣。

我完全了解對方的理由。如果案子破了姑且不論，但是現階段與媒體接觸，很有可能惹禍上身。就像島田和陽子的例子一樣，與殺人跟蹤集團爲敵，風險太高了。

不過，那到底要怎樣請對方確認照片才好？住址會被查出身分，所以郵寄、宅配之類的方法當然不行。傳眞或電子郵件渡邊也說不行。如果可以用手機傳圖檔過去就好了，但目前還沒有這樣的技術。我絞盡腦汁。應該有什麼方法即使不見面，也能請他看到照片。

雖然很像諜報小說，不過只有一個方法。我把照片拿到渡邊指示的地點，放在那裡就行了。我放下照片後火速離開，接下來就等渡邊回收照片，再用電話進行確認。

我立刻拜託公司的暗房人員，把超過十張的照片，每張底片各沖洗出兩張。我把老手暗房人員沖洗得漂漂亮亮的照片在自己的桌上攤開來，用油性筆在相同的照片標上相同的號碼。人物A是1號、人物B是2號……像這樣逐一編號，再依號碼次序分別裝入兩個文件袋。這樣一來，就有了兩組完全一樣的照片了。只要渡邊和我各別持有一份，就可以透過電話以「1號是誰」的方式進行面確。

渡邊也可以接受這個方法。我請渡邊面確結束後，燒掉照片。雖然這也很像諜報小說，但這是爲了渡邊自身的安全考量。我們約在池袋西口公園碰頭後，我懷著祈禱的心情封起了文件袋。這裡頭眞的有我要找的那個人嗎……

星期二晚上。休假又泡湯了。我帶著裝照片的文件袋，站在渡邊指定的池袋西口公園附近。我早已對休假泡湯不以爲意，或許甚至沒有意識到那天休假。

抵達公園後不到五分鐘，我就接到渡邊的電話。渡邊是在哪裡看著我嗎？我東張西望。是在大樓上面嗎？還是車子裡面？簡直就像綁票案的交付贖金現場。

「清水先生，可以請你舉手嗎？」

我依照指示舉起右手。如果對方其實是假冒協助者的雙重間諜，是跟蹤狂集團派來的刺客，那麼我的小命就到今天爲止了。坦白說，我不可能絲毫沒有不安。

「好的，我看到了。我可以從這裡看到你。請你往前走一百公尺。」對方果然看得到我。總之沒有子彈飛過來。

我維持手機接通，往前走去。

「這邊就行了嗎？」

「那裡有個紅色的自動販賣機，對吧？後面有一叢灌木。」

「有的有的。」

「請把照片放在灌木叢和自動販賣機中間。」自動販賣機後方與灌木叢幾乎貼在一起，形同沒有隙縫。原來如此，這裡的話，沒有人會探頭查看。我把文件袋貼在自動販賣機背面插進去。

「我放進去了。」

「那麼，請搭上停在前面的黃色計程車。隨便你要跳表前下車還是坐去哪裡都行，請立刻離開原地。」

太精彩了。

我也不是不想看看渡邊到底是個怎樣的人，但遇上這樣的安排，也只能甘拜下風。雖然也沒必要勉強去看人家的長相，但我搭上計程車時，內心卻有著一股奇妙的挫敗感。或許總有一天能夠見面吧，我乾脆地死了心。雖然沒有目的地，但指示計程車往池袋東口開去，過了十分鐘後，再叫司機折回我丟下車子的西口。爲了愼重起見，我也回到留下照片的地點，但文件袋早已不見蹤影。

我焦急萬分地等電話。照片應該順利交到渡邊手上了。誰都好，裡面有沒有認識的人？快點聯絡啊……明明都入秋了，我的掌心卻緊張到滲出汗水的時候，從恐怖的手機變成希望的手機響了起來。

「……我是渡邊。」

「怎麼樣？」我已經習慣失望了，但聲音還是忍不住抱有期待。

「嗯，這裡面沒有我認識的人呢。」渡邊直截了當地說。

「這樣啊……」儘管我這麼應聲，但叫人不失望才難。這一星期的辛苦全部化成了泡影。小松和久保田到底消失到哪裡去了……

案發後過了一個月。市街即將從晚秋步入冬季。報上以「桶川女大學生命案經過一個月」、「毫無重大線索」等標題，小篇幅刊登在一隅。

另一方面，晚報和週刊再次出現聳動的標題。就我讀到的來看，那些報導全是與命案毫無關聯、大書特書被害人隱私的內容。查不到加害人的案件，報導的中心經常就會偏向被害人。

「曾經墮入酒家的女大學生」。

「迷戀名牌」。

像這類顯然偏離詩織本人形象的報導也很多。雖然只有短短兩星期，不過詩織確實曾在提供酒類的店家工作過。她有普拉達和古馳等名牌用品也是事實，但這些事實卻被過度放大報導，令人咬牙切齒。詩織是在朋友拜託下才去打工，想辭也辭不掉，所以工作了一陣子。那地方卻被寫得好像什麼色情場所，甚至有媒體說她就是在那裡和小松認識的。服裝也是，聽到警方在記者會上描述的詩織服裝時，我確實也覺得以學生來說，似乎有些招搖。但是不管在池袋還是其他地方，冷靜地看看四周圍，大街小巷全是類似打扮的女生，根本稀鬆平常。更何況穿什麼衣服，能構成一個人被殺的理由嗎？

這些彷彿在說「被害人自己也有責任」的報導，令我氣憤極了。

看到這類報導推出，山本總編似乎也不禁開始關注起其他媒體的動向了。只有自己的雜誌整天在報導跟蹤狂，幾乎沒有提及被害人的特徵，報導方向截然不同，他會感到納悶也是當然的。

某天。

「潔弟啊。」總編以沒有人能夠模仿的獨特口吻叫了我。我覺得一個都年過四十的大叔，哪裡還能叫什麼「潔弟」，不過不知爲何，總編就是愛這麼叫我。

我在總編辦公桌旁邊的椅子坐下，總編翻開某本週刊雜誌說：

「爲什麼咱們不寫這樣的報導？其他週刊不是都走這種路線嗎？」

我拚命解釋：

「這起命案往後很可能會有驚人的發展。重點是往後的發展。被害人以前在哪裡打工，跟命案一點關係都沒有。」

如果說被害人的特徵是引發命案的原因，我毫無疑問絕對會寫出來。身爲案件報導者，這是當然的。包括如何認識在內，當事人之間的互動、引發事件的加害人及被害人的特徵等等，我認爲明確報導出這些，是報導者的責任。因爲這可能有助於避免往後繼續發生類似的悲劇，而且如果案件報導有它存在的價值，應該就在於這裡。

但是這起命案不同。在街角偶然認識小松的詩織，直到最後都遭到小松欺騙，連他眞正的工作和住址都不知道，就這樣被殺了。認識小松以前她在哪裡打工、她本身的特徵，與案件一點關係都沒有。關於詩織，有些事情我雖然知道，卻沒有寫出來。這些細節的分量或許足夠我寫出一兩篇報導，但賭上我的志氣，我就是不想寫和命案無關的被害人樣貌。跟蹤狂集團才是這起命案的焦點——我向總編如此說明。

這如果是一般的週刊雜誌編輯部，即使我在這時候被撤換負責的案件也是沒辦法的事。

但山本總編這個人有點些奇特。他把我從攝影師提拔爲記者，並將不少大案子交給我。結果他不僅把我冗長的解釋聽到最後，還讓我繼續採訪此案。

「交給你了，好好幹啊。」

我聽著背後傳來的總編的激勵，回到自己的辦公桌，看著手邊歸檔的其他雜誌的版面想只要打工一下，就算酒家女，身上帶著名牌，就叫做愛慕虛榮？你們可以隨便亂寫，也只有現在了。我會好好地十倍——不，百倍奉還給你們……

海口是誇了，但狀況糟糕到極點。我必須去採訪一般社會案件，而在空檔之間進行的監視追蹤也徒勞無功。完全沒看到警方有任何動作，他們眞的在辦案嗎？要再去西川口監視一次嗎？還是……連讓人猶豫的選項都沒有。再怎麼說，剩下的線索就只有那裡了。只能腳踏實地地繼續監視西川口嗎……

這個時候的我就像著了魔似的，完全沉迷在「桶川」一案。看在別人眼中，一定都覺得我失常了吧。我會在歡送會或迎新會途中衝出去，即使在與人對話的途中，只要接到重要電話，就會直接跑掉。編輯部的人會訝異我到底在搞什麼鬼，也是很自然的，事實上也有人一臉懷疑地問過我。

但是我無從回答。爲何要如此執著於這起案子固然難以解釋，如果問我：「桶川案怎麼樣？」由於我已經過度深入細節，要從頭說明已經成了不可能的任務。如果眞的要說，兩三個小時都不夠。我只能這樣回答：

「哎呀，困難重重。」

我山窮水盡了。如此投入，循著細微的線索走到了這一步，採訪卻陷入膠著了。

但是就在被總編叫去的隔天，我又受到了幸運女神的眷顧。池袋的特種行業人士提供了新消息。

「以前在小松的店工作的人，好像要開新店了。還在籌備階段，不過他們正在把以前雇用的小姐找回去，所以應該差不多要開店了。」

眞正是熱騰騰的新消息。

「地點在哪裡？」

「池袋東口。跟之前小松開店的地方同一棟大樓。」

「店叫什麼名字？」

「不知道。現在只有門牌號碼而已。」

好，好，太好了。我絕對是吉星高照。每次遇到瓶頸，助力總是會從天而降。池袋的話，那裡對我來說已經形同自家後院。雖然好像學不到教訓，但我這回一定要監視那裡。

我更進一步詳細詢問對方，發現令人驚訝的事實。他說新的店在池袋的公寓三樓，已經有不少人進出，而川上也在其中。川上就是據說應該是實行犯的久保田最要好的朋友。他很有可能也參與了命案。

「川上去了那裡？」

「昨天我也看到他跟那家店的新店長一起坐在車上，一定還會去吧。」

這是個重大無比的消息。只要盯著川上，久保田或許也會現身。我匆匆道謝，衝去進行場勘。

我一下子就找到公寓。我若無其事地走到三樓，用眼角餘光掃視房間號碼，尋找目標住戶。緊張節節高升。久保田或川上不知道何時會出現在這棟公寓的開放式走廊上。雖然對方不認得我，但絕對不能被他們看出任何端倪。

找到房間了。我瞥了一眼，確定房號，沒有停步，直接通過前面。沒有任何聲音動靜，但感覺那道門隨時都會在背後打開。我將全副神經集中在背後，快步離去。直到走出公寓大門，才卸下了緊張。

就看到的來評估，那一戶非常難以監視。我在附近晃了幾圈，找不到可以盯著那一戶房門的地點。雖然幸好是開放式走廊，但和西川口那裡不同，這裡被大樓包夾，沒辦法把「松原號」安排在遠處，從地面直接盯著三樓的門。

那麼，要盯住整棟公寓的玄關嗎？

我不認得那夥人的長相，所以即使有人走出來，也不曉得是誰。這棟大樓有上百戶，而且沒什麼住家，進駐的幾乎都是店家或事務所，一整天進出的人數應該相當可觀。

若要盯住公寓玄關，是有可以停放車子的位置，但這裡是跟蹤狂團隊的巢穴，如果草率地進行長期監視，顯然會重蹈那些縣警搜查員的覆轍，我們還沒有拍到目標，恐怕就會先反過來被他們發現。對方分不出刑警和記者，就算能分出來，結果也是一樣。

徹底絕望。

有些建築物，即使是攝影週刊也無從拍攝的，但是不能就此退讓。我無論如何都想拍到。一個就好，只要有可以拍攝的地點，或許就可以拍到我們一直在追蹤的男人。

我不知道警方到底在追查哪一條線，不過從先前西川口的事也可以看出，縣警顯然也沒有查到這裡。不僅如此，我甚至開始萌生疑心，警方真的在好好辦案嗎？西川口也好，池袋也好，我前往的地點，是不是根本就沒有警察？只要採訪案子，就一定會遇到警方辦案的痕跡，這回卻完全沒有。這樣下去，命案真的能破嗎？

我仰望池袋狹窄的天空呻吟。

清水，你要怎麼辦？

我的外套內袋總是放著採訪筆記。長達一個月之間與我形影不離的這本記事本早已又髒又破了。裡面貼著採訪用的小松照片，最後一頁則是詩織的照片。

每當這起命案的採訪遇到瓶頸，我總是會翻開這本記事本。裡頭字跡雜亂，難以辨讀，但記錄了非常多人的感情。

「如果我被人殺了，就是小松殺的。」留下這句話死去的詩織、流著淚告訴我這件事的島田和陽子、甘冒危險協助我的特種行業人士、以及現在被我牽著鼻子走的攝影師。

如果在這時候放棄，一切將就此落幕，辛苦化成泡影。費了那麼大的勁找到的這個地方，是或許可以逮到實行犯久保田等人最大的機會。不能就此放棄，現在不正是奮力一搏的關鍵時刻嗎？

我將記事本收入內袋，往前走去。

「在這個案子，你無往不利。」我這樣告訴自己。至今爲止，也有許多人對我提供協助，順利得近乎不可思議。我想要再賭一把。我按壓了兩次手中的原子筆，心情稍微平靜了一些。

我再次仔細思考，難道沒有別的方法了嗎？這樣一看，能夠直接看到該戶門口的，就只有附近的高樓。從上俯瞰是有辦法，但是看得到的地點還是有限，而且沒有任何可以自由進出的場所。如果硬是闖入，會變成非法入侵。

但是沒有其他方法了。只能到處拜託大樓管理員，在避免非法入侵的情況下確保監視地點。

想是這麼想，可是可能性實在不大。在這類情況中，鮮少有人會願意出借場所給攝影週刊，而且我們甚至無法說明為什麼要借。因為萬一我們的行動洩漏給對方，目標有可能會逃亡。因此必須在完全不透露理由的情況下，請對方提供場所。

我豁出去地想要是碰釘子，再想其他方法就是了。

我很清楚萬一這次失敗，就不會再有**其他**方法了。不過面對這種狀況，我只知道一種突破方法，掙扎到底。雖然是很原始的方法，不過我手中只有這項武器。我前往周邊每一棟大樓，向管理員低頭懇求。我遞出名片，報上身分，到處拜託，「我們因為某些理由，想要從貴大樓拍照。可能會需要一段時間，可以讓我們放置攝影器材嗎？」

理所當然，每個人都一臉狐疑地拒絕我。我渺小的希望接連破滅了。剩下的大樓數目，也就是我和這起命案的生命數值。

就在天色即將暗下來的時候，發生了一件不可思議的事。某棟大樓的屋主認真聆聽了我的話。他微微歪頭，手扶下巴，邊聽邊點頭，沒有拒絕無法說明詳細理由、只是不停鞠躬懇求的我。

但是當他唐突開口時，我還是忍不住防備地想，反正又要被拒絕了。對方認真聽我說完，最後卻說「還是有點不方便」，是常有的事。我的腦袋全速運轉，思考下一波說服的說詞。

然而下一瞬間，我懷疑自己聽錯了。

「好啊。雖然不曉得你要拍什麼，不過看你這麼拚命，就借給你吧。」那位屋主說著，露出微笑。

我幹這一行很久了，卻幾乎沒有碰到過這種情形。千鈞一髮，還有希望。我放下心來，同時也感覺自己奇妙的運勢仍在持續。

隔天開始，我便把攝影師櫻井派駐在那裡。器材一樣是一二〇〇公釐鏡頭，位置從按摩店絕對看不見，不必擔心會被對方發現，是再完美不過的監視地點。

話雖如此，要一天二十四小時盯著觀景窗實在太令人不勝負荷了，因此我們決定也設置數位攝影機。可以透過螢幕監看錄到的現場影像。如果在螢幕上看到人員進出，便可以遙控操作主照相機。只要在影片畫面標註時間，還可以確實記錄一整天的動靜。

我們決定每天早上十點設定好全部的設備。然後帶進三明治和咖啡，再次展開持久戰。

我真的讓櫻井吃了很多苦。

「這次也拜託你了。」確定借到地點後，我當天立刻打電話給櫻井。我跟櫻井認識很久了。和小一歲的他共事，想來也已經過了快十五個年頭了。我頗驚訝我們兩個居然都能夠在這個領域做上這麼久。這麼說來，我和他第一次認識，也是在寒冷的季節……

一九八六年二月，我接到某個經濟案件的採訪。當時還是攝影師的我的工作是從清晨就在案件當事人家門前監視。天色已經完全暗下來的時候，接棒人員總算來到疲憊不堪的我身邊。廂型車的車門被人打開，我心想總算可以解脫，鬆了一口氣時，看到一名陌生的年輕男子。腋下抱著安全帽、好像是騎機車來到現場的男子，開朗地自我介紹：「我叫櫻井！」這就是我們第一次見面。

我們在監視現場彼此自我介紹過，但隔天我沒有再回到現場。因爲伊豆熱川的飯店發生了大火災。我丟下現場，投奔到死者二十四名、到處都是焦屍的地獄戰場。簡而言之，我把後續丟給櫻井跑掉了，一直到後來，我們之間都是這樣的模式。我在熱川四處奔走時，櫻井默默地接續原本應該是我要做的腳踏實地監視工作。

櫻井不是那種主動出擊、衝鋒陷陣的類型，不過他非常細膩，託付給他的工作，總是能確實達成。我和他一起搭擋，配合得天衣無縫。

這個攝影地點，是許多幸運累積起來，好不容易才得到的。我想確實逮到目標。這個重責大任，只有穩健的櫻井能夠扛起來。

最重要的是，我對櫻井一直有種老是害他吃苦的虧欠感。這份差事如果成功，絕對會是個大獨家，我無論如何都希望由他來按下快門。

每天早上一醒來，我就爲了當天的天氣忽憂忽喜。畢竟超望遠鏡頭的拍攝距離非常遠，在天氣的影響下，有時原本拍得到的畫面也會變得拍不到。如果下雨，大砲鏡頭就成了團草包；氣溫上升，則會因爲熱氣而拍起來模糊不清。萬一目標在這種時候出現，眞會教人欲哭無淚。

但是只要條件良好，目標狀況可以說是瞭若指掌。店長開鎖、小姐來上班的樣子，也是一目瞭然。立刻就有疑似客人的男人進進出出了。

我四處詢問特種行業界人士，總算問到了那家店的新店名和電話。我立刻打電話過去，不出所料，又是「挑照片的人妻路線應召站」。已經不需要懷疑了。

遲遲沒有疑似久保田或川上的男人現身，但我的期待日益高漲。我早有心理準備這會是一場長期抗戰，現在只能堅持到底。

進入十二月，發生了一起命案。嫌犯是從前的知名童星「帶子狼的大五郎」（註）。新潟縣上越市有一名金融業者遭人殺害，應該是最後一個見到死者的這名前童星卻沒有到案說明，就此消失。對週刊來說，這是不容錯過的事件。

第三天中午過後，身在池袋現場的我們從電視新聞得知了這起案件。因爲實在無法置之不理，我立刻打電話蒐集資訊，但既然案子都發生了，萬不得已，我只得轉戰新潟。只能暫時丟下現場了。

採訪長達三天兩夜。我對池袋牽腸掛肚，但也無能爲力。好不容易總算結束工作，我和櫻井在雨雪交加的新潟，坐在居酒屋以當地料理佐酒。我在這時聊起的話題，結果還是桶川命案。

絕對拍得到。久保田絕對會來。只要拍到，怎麼樣都絕對是大獨家，對吧……我們不停聊著桶川命案，直到深夜。兩人的疲勞都已經到達極限，卻又氣勢如虹，準備一回到東京，便立刻繼續展開監視。明天是一週開始的星期一。人會行動，多半是在週初或週末。監視是絕對不能錯過星期一的。

天亮了。這是截稿日的早晨。十二月五日星期日，在上越市的旅館喚醒睡夢中的我的，一樣又是手機鈴聲。不過難得的是，電話另一頭傳來的是女兒的哭泣聲。「之助」好像快死掉了，女兒啜泣著。

我知道「之助」從幾天前模樣就不太對勁，也帶牠去動物醫院看診過，只是聽醫生的話，似乎也是壽命差不多了。爲了這隻一千兩百圓買來的倉鼠，我已經花了好幾萬圓的醫藥費。雖然生命不是可以用金錢挽回的，但我還是想要盡人事。

牠是兩年前孩子的生日那天來到我家的。一開始我把牠命名爲「哈姆之助」，可是叫起來好像太長了，不知不覺間大家都簡稱牠「之助」。牠已經快三歲了，以倉鼠來說，應該算是平均壽命。

註：指西川和孝（一九六七—），因飾演電影「帶子狼」的主角之子大五郎而一躍成名。後來退出演藝圈，當過市議員。後年由於金錢糾紛而謀殺朋友，逃亡海外，遭到遣返及逮捕。被判處無期徒刑。

然而就算是壽終正寢，被留下來的人也不可能冷靜接受。我的工作就是爲了有人死去、有人下落不明而跑遍全日本。從事這種工作，居然是這種態度或許會受人恥笑，但遇到「家人」的不幸，還是令我難以接受。就算笑我倉鼠算什麼「家人」也無所謂。畢竟牠對我和家人來說，是無可取代的存在。

一眼就好，我想見見還活著的「之助」。這天我非寫出稿子不可，但回去公司以前，還有時間回家一趟。我迅速計算時間，火速趕回家。

然而等待著我的，卻是早已變得冰冷的「之助」。即使是這樣一隻小動物，變成冰冷的屍體依然令人難過。孩子說，個性認眞的「之助」就算眼睛看不見了、不良於行了，直到最後都還是堅持爬到牠的沙盆如廁。

眞是個傻瓜，何必那樣努力？你不必那麼努力，我只希望你再多活久一點。我好想摸摸溫暖的「之助」的身體。我和孩子在自家公寓的草地挖了一個洞，把「之助」的遺體和牠最喜歡的葵花籽埋在一起。

「謝謝你，之助。」我和孩子一起對著那小小的墓合掌膜拜後，站了起來。今天得交稿。切換心情，投入工作吧。我回到房間，匆匆整理好東西，把意識專注在接下來要寫的稿子上。

「我要到深夜還是早上才會回來喔。」對妻子這麼說完，離開家門的瞬間，我發現自己的心情完全沒有切換。沒錯，我回家的那個時刻，會醒著等我回家的「家人」已經不在了——

十二月六日星期一。

這天下午，櫻井的佳能EOS-1的快門響起。每秒可以連拍五張的這台相機，裡面安裝的三捲三十六張底片確實捕捉到了目標人物。此外，在附近待機的大橋也在接到櫻井的無線電聯絡後，拍下了清晰的畫面……

這天是《FOCUS》完稿日。我必須處理好「大五郎殺人案」報導的清樣。送交印刷前，以印出來的藍圖進行最後確認後，我們該週的工作才總算結束。完稿日在傍晚前都要忙著這些作業。

我請櫻井前往池袋再次展開監視。攝影師不會參與完稿。他們會工作到截稿日前一刻，但該週的工作截稿後就結束了。長達好幾個星期的工作另當別論，但完稿日事實上他們無事可做。由於人員有些餘裕，因此我請攝影師大橋和松原大叔也過去支援。事後想想，這一步也做對了。不管怎麼說，這天都是人們開始活動的週一。

我是在四點多的時候接到電話的。我結束完稿作業，正在整理資料。

「清水兄，我是櫻井。」距離收工時間還早。櫻井的聲音難得有些激動。

我有了預感。

「剛才來了一個男人。我們拍到他進出的場面了。肥胖、短髮，西裝底下穿藍襯衫，這個人……」

後半我聽不見了。

「等一下！」我的大叫響遍了整個編輯部。

就是他，是久保田，終於現身了！我已經把久保田的特徵再三告訴過櫻井，他聽到耳朵都快長繭了。雖然我不認爲櫻井會搞錯，但爲了百分之百確定那個人就是久保田，我飛快提出問題，眞的是個胖子嗎？頭髮很短嗎？穿什麼衣服？櫻井也以興奮的口吻一一回答。確實是個胖子，短髮。他跟一個男的一起來，在那一戶進出了幾次，往街上離開了。他穿著藍色襯衫。

錯不了。櫻井也認爲就是久保田沒錯。

櫻井和大橋都拍了相當多照片。我請他們火速帶著底片回公司來。

原則上完稿日當天暗房不開，但我們懇求攝影部，請他們特別爲我們立即沖洗。印樣馬上就出來了。櫻井和大橋站在我旁邊。我壓抑著急躁的心，把放大鏡放在沖洗出來的印樣上。怦！心臟猛烈一跳，放大鏡裡的男人完全符合特徵。

公寓的開放式走廊上站著兩名男子。他們正在談話，正在抽菸，正在外頭走動。我用紅色蠟筆一一圈起來。攝影部快馬加鞭地幫忙沖印。逐一沖洗出來的照片上，鮮明地捕捉到男子的身影。

「拍到了嗎？清水兄？」

「拍到了嗎？欸，拍到了嗎？」一直好奇我在做什麼的其他同事以期待的聲音問我。

「不，還不確定。得進行面確才行。」

雖然一團忙亂，但身體如行雲流水般順暢地行動。應該大量累積的疲勞也完全不影響我。

我聯絡渡邊，又是「交付贖金」作業的步驟。

我決定這次將許多張人物照交給渡邊，請對方從裡面挑選出久保田，因爲比起只給一張照片，逼問「是不是這個人」，讓對方在沒有提示的狀況下，從大量照片裡面挑選出來，更不受成見左右，可以保證正確性。我眞的很想直接亮出照片問：「就是這個人，對吧？」不過還是對抗著這樣的衝動，刻意在文件袋裡裝入許多不同人物的照片。我在認爲是久保田的男子照片上，用麥克筆寫上了「7」，幸運數字的七。

渡邊說要到晚上才能碰頭，我焦急難耐地等待入夜。這次約在池袋東口，方法和上次一樣。渡邊這次指定的地點，是大型相機店附近的香菸自動販賣機底下。

這次絕對就是！我懷著這番心思，把文件袋插進自動販賣機底下。上次是祈禱般的心情，隱約期待著裡面或許會有渡邊認識的人，但這次不同。我最後瞄了文件袋一眼，匆忙攔下計程車，離開現場。

三小時過去了。

沒有聯絡。

渡邊不曉得是不是故意吊我胃口，遲遲沒有聯絡。我不曉得滿懷期待接聽了多少通電話。

「喂，我是清水！」

「啊，你好，好久不見，我是〇〇新聞的××。」

進入深夜了。我接起不曉得第幾通的電話。

「喂，我是清水！」我幾乎是自暴自棄地大喊。

「哎呀，拍得讚透了！七號照片就是久保田，跟他在一起的就是川上。拍得眞好。」

我還沒問，渡邊就滔滔不絕地說了起來，「拍得眞的很好，很棒。」渡邊再三地說。我忘不了這時候的興奮。

我聽著渡邊的話，手機用力按在耳朵上，按到耳朵幾乎發痛了。腦袋一片空白，空白的腦袋裡，「拍到了」這三個字就像彩紙般漫天飛舞。拍到了拍到了拍到了拍到了拍到了拍到了拍到了拍到了！

掛掉渡邊的電話後，我立刻打給櫻井。管他是不是已經睡了都無所謂。

「喂，我們終於比警方更快逮到兇手了！」

或許這下子就可以破案了。小說或電視劇姑且不論，現實中我從來沒聽說過這樣的事。不折不扣，獨家大頭條！

隔天我打電話給T先生。

「我們終於拍到久保田了，還有川上。」

我聽出T先生在電話另一頭倒抽了一口氣。我請他詳細記下公寓住址等資料。只要告訴T先生，這些資訊應該就會立刻傳達給可信賴的縣警人士。這意味著久保田的資訊也將傳到縣警搜查本部，接下來就只等警方發動逮捕了。

當然我也聯絡了總編。過去我只能含糊說明，但這次我詳細報告，總編雖然有些傻住，但似乎也爲我開心。

隔天我接到通知，說搜查本部準備申請久保田的逮捕狀，派出大量搜查員開始連日監視池袋。

同一天，縣警透過T先生轉告，希望我不要在池袋走動。久保田很可能持有凶器。那裡是池袋的鬧區，萬一發生什麼事，刀子不用說，萬一他拿槍掃射就嚴重了。而且有大量搜查員在跟蹤狂的巢穴徘徊監視，如果再加上媒體來參一腳，實在太危險了。我很清楚警方這樣的考量。

但是，雖說是上天眷顧，不過這條消息是我追查出來的。縣警提出的所謂要求，眞的教人心裡很不是滋味。坦白說，我本來想要拍下身穿防彈背心的搜查員逮捕久保田的瞬間。只要從拍到久保田和川上的地點，一樣悄悄偷拍就行了，我壓根兒就不打算妨礙警方。我完全不會添任何麻煩，所以覺得警方眞的有夠自私，但是一掌握到任何事實，就提供給縣警，也是我自己訂下的既定方針。我和T先生討論後，決定從池袋撤退。實際上，照片和採訪都已經非常充足了。

比起這些，問題是除非警方逮捕久保田，否則報導無法刊出。當然，即使警方還沒有逮人，我照樣可以登出照片。這肯定仍會是打趴其他媒體的彗星級獨家新聞，可是這麼做，毫無疑問絕對會讓久保田遠走高飛。最重要的是，最關鍵的小松一定會徹底銷聲匿跡。萬一演變成這樣，最後留下的就只有「縱放兇手逃亡的記者」與「讓命案變成懸案的搜查本部」。

既然事情發展至此，只能請縣警好好努力了。只因爲拍到了照片，我陷入必須寄望警方的狀況。

解除池袋的監視後，我們開始在搜查本部所在的上尾署旁邊待機。因爲久保田一落網，就會被帶到搜查本部來。我們要拍攝那一幕。

然後T先生和我說好，只要搜查員在池袋拘捕久保田，一定會聯絡我。這是我從池袋撤退的唯一條件。

第五章　逮捕

成為獨家照片的落網前的實行犯

「我是在桶川遇害的豬野詩織的父親……」

手機總是帶來驚奇。這天晚上，我在御茶水的一家小餐廳和別人見面。那是個重要的對象，但一聽到這句話，我瞬間便忘了眼前的人，抓著電話衝出店外。

事情要回溯到這天白天。

我第一次拜訪上尾市內的豬野家。先前詩織的家人完全拒絕媒體採訪。因爲媒體對葬禮等等的採訪及報導方式深深傷害了他們。我從別人口中聽到這件事，認爲不要打擾比較好，一直沒有去採訪，但是現在案情已經有所突破了。

爲了撰寫報導，我無論如何都想聽聽豬野家的說法，最重要的是，我想告訴他們，已經鎖定兇手了。如果能夠，我也想要在詩織的靈前上炷香，這也算是某種緣分。別人或許會覺得意外，但我還滿看重這些事情。

登門一看，果然還是沒辦法採訪，但我隔著門，與詩織的母親交談了兩三句話。臨去之際，我在自己的名片寫下手機號碼，投入信箱。因爲我希望他們能一時心血來潮聯絡我，不過除非有重大的理由，家屬是不可能主動聯絡記者的。我認定不會接到電話。然而我猜錯了，我接到了開頭提到的那通電話。

餐廳所在的那一區手機訊號不佳，不停地響起警告訊號微弱的「嗶嗶」聲。

千萬不可以現在斷訊啊！

我不知道豬野家的電話號碼。萬一電話中斷，就再也聯絡不上了。我懷著祈禱的心情在外頭走來走去，同時簡單地把截至目前的經過告訴對方。像是我在採訪的過程中追查到應是實行犯的男子，也相當詳盡地採訪了命案的經過，我將這些眞心誠意地傳達給對方後，拚命懇求如果可以，能夠跟我談一談嗎？可以接受採訪嗎？

我的話似乎令豬野先生很驚訝，他甚至不解爲何我要如此認眞地投入採訪。不過聊了一會兒後，這次輪到我吃驚了。豬野先生居然答應見我。

我回到連外套都沒穿就衝出來的餐廳時，迎接我的是已經涼掉的義大利麵。但我心滿意足。我向乾等的對象賠不是，再次抓起叉子。

搜查本部連日派出搜查員去池袋。雖然我已經解除監視，但還是掛心不下，每天都跑去現場查看好幾次。現場搜查員不認得我。

同樣是監視，我們和警方的監視手法完全不同。我不是要否定警方的做法，但是看到他們的行動，還是忍不住有些擔心起來。聯絡T先生時，我忍不住提醒：

「那個地點是我好不容易才查到的。只要隱密監視，久保田應該會現身，但是萬一被對方發現，就沒有下次了。」

我認爲搜查員也完全了解這一點。他們沒有再重蹈覆轍，像上次那樣使用車子。他們似乎以公寓附近的公園爲中心，採用徒步、站崗等手法監視。

這樣很好。好歸好，但是在我看來，他們距離公寓太遠了，看起來完全只是在閒晃。

待在這麼遠的地方，眞的有辦法看到久保田嗎？搜查員應該也只看過臉部照片而已。

而且他們的打扮也令我擔心。刑警這種人，有些人一眼就可以認出來。一般人或許不會發現便衣刑警，但久保田是遭到追捕的身分，曾經察覺警察就在同一個區域，逃之夭夭。

刑警散發出一種自己絕對不會發現的刑警味。那種氣味，犯罪者或我們這種人一下就可以聞得出來。事實上，就連不認得縣警搜查員的我也能輕易看出哪些人就是刑警。我只能祈禱警方不會曝光。

如果監視觸礁，雖然力量微薄，但是我也打算提供協助。像是也可以在先前的大樓監視，一旦再次發現目標，就立刻聯絡T先生。

我已經把久保田和川上的照片交給T先生了，搜查本部也已經看過照片。只要看到照片，應該就可以知道我們的監視地點多麼管用，我卻完全沒有接到這方面的詢問。

我知道照片的效果出乎意料地大。搜查本部會連日派遣大量搜查員到池袋的公寓周圍，也是因爲有那些照片。對於原本半信半疑的現場搜查員來說，「殺人犯就在那裡」的照片，一定成了讓他們奮起的材料。

我已經告訴搜查本部的相關人士《FOCUS》的截稿日是星期日。這意味著到了下星期三，刊登久保田等人報導的雜誌就會陳列在店頭，而久保田一夥看到《FOCUS》，就會知道警方的追緝已經兵臨城下。萬一演變成這樣，那可就要賠了夫人又折兵了。

櫻井連日在上尾署附近的公園待機。如果待在東京，久保田被帶去時就來不及拍照了，因此請他待在上尾市。基本上只是等待聯絡，因此無事可做。不管他要在車子裡睡覺還是去打小鋼珠，都悉聽尊便，也不必再像先前那樣辛苦監視了。

至於我，也一樣在等T先生的聯絡。我必須讓手機保持隨時可以通話，電量維持充足。不搭地下鐵、不去收訊不良的地方。洗澡的時候放在浴室門口，睡覺的時候放在枕畔。這也是相當令人疲憊的一件事。兇手落網或警方搜索住家，案情有了重大突破時，叫做「案件炸開」。而現在就是「桶川案」不知何時會炸開的狀況。我把裝有單眼相機的相機包也放在自己的四輪驅動車裡。如此一來，隨時隨地都可以立即應變，但也因此連酒都不能喝了。

幾天後，我再次來到詩織過世的現場。命案很快就要滿兩個月了，但無論什麼時候來，隨時都有人獻花。我甚至覺得花和信件的數量比以前更多了。

我從殺人現場循著那天詩織騎自行車前往車站的路線反方向走去。

豬野家距離桶川站約一公里遠，位在頗幽靜的住宅區。那是一棟白色水泥沙漿牆邊種了許多美麗花朵的透天厝，是非常普通的住家，難以相信它會成爲跟蹤狂的目標。

詩織的父母熱情地迎接我。也許是想要保留詩織生前的原狀，玄關依然擺著她的鞋子。祭壇上放著她露出燦爛笑容的照片，裝飾著許多花朵，還有照片和大頭貼。可以看出她有許多朋友。

上香之後，我和詩織的父母談話。我盡可能照順序慢慢說明，把至今爲止的採訪過程，以及透過採訪得知的事實告訴兩位。詩織的父母對小松一夥人的身分無知得令人驚訝。仔細想想，連詩織本人都不知道了，這也是當然的，但是警察也完全沒有把偵辦狀況告訴他們吧。這個時候我才了解到，這起案件是在詩織與她的家人完全被蒙在鼓裡的情況下進行著。

在談話的過程中，我也確認了以前詩織所受到的一連串跟蹤騷擾行爲，亦即傳單和中傷黑函是真有其事。島田和陽子所說的都是事實，而且相當正確。我再次詢問詩織的父母當時的狀況，每件事都完全符合。島田出類拔萃的記憶力和有條有理，令我忍不住驚奇不已；但同時也了解到詩織和家人最後的日子遠比想像中的更要痛苦難過，感到心痛如絞。

「出事那時候，我人在公司。我接到內子的電話，說詩織被人拿刀刺死了，那完全不是震驚可以形容的。那個時候我立刻就想絕對是那傢伙幹的，不可能有別人了。詩織和小松對抗了八個月，我們和他對抗了超過五個月。每一天都在和小松對抗。他陰魂不散地糾纏著我們一家，讓我們沒有一時半刻可以忘記。」

「小松的名字從一開始就很清楚了，所以我們恨他是當然的。我眞的很想對他說，你有什麼理由奪走一個人活下去的自由？殺死我女兒的傢伙固然無法原諒，但一切的元兇是小松。始作俑者是小松。這個案子就是小松教唆的，不管怎麼樣，我都希望小松能快點被繩之以法。」

「我只見過小松一次而已。他長得很帥，沉默寡言，但我也覺得是在故作成熟……眼神不善，給人一種偏執的危險感覺，只是我沒想到他居然會做到這種地步……詩織完全活在恐懼當中。每當有陌生的車子停在家門前，我們就會從窗簾縫偷看外面，每天都過著這樣的生活。也經常就接到無聲電話，一接起來就立刻掛斷。由於每天都是這樣，我們才會去向警方求救，警察卻說這案子不會成立，讓詩織非常失望。不過她還是努力留下種種線索。爲了不給我們添麻煩，她告訴可以信賴的朋友，也留了字條給我們。我認爲這就是詩織了不起的地方。如果這是詩織的遺志在冥冥之中推動，我們也得努力才行……」

在我身後，臘腸狗發出輕叫聲。父親說：

「詩織過世以後，內子很寂寞，所以我們養了一隻和糖果不一樣的小狗，希望多少可以讓她排遣一下悲傷。」父親垂下頭去。我想起當成自己的孩子看待的「之助」。爲什麼這樣平凡的人，會被捲入慘案當中？

不過更令我驚訝的是接下來。大概聊了一個小時之久，我覺得差不多該告辭的時候，在閒聊中隨口提到的內容，竟讓我挖掘出意想不到的事實。

「這麼說來，聽說還來了個假警察，要你們撤銷報案……」我不經意地提起，詩織的父母回答說：

「不，跟我們這樣說的是眞的刑警，是我們報案的時候做筆錄的人。」

一瞬間，我不明白這話的意思。什麼意思？那麼是正牌刑警跑來叫他們把已經受理的報案撤銷嗎？什麼跟什麼？眞的有這種事嗎？

「他還說，就算撤銷報案，還是可以再提告。」

這怎麼可能？《刑事訴訟法》裡白紙黑字寫著，告訴一旦撤銷，就不能爲同一個案件再次提告。那麼，這表示刑警甚至不惜撒謊，也要他們撤銷報案嗎？

我已經把「假刑警」的事寫成報導了。就我所知，沒有任何一家媒體提到這件事。除非接觸到詩織的父母或是島田及陽子這種正確了解內情的人，否則不可能會知道這件事。

前面已經提過，不過我在把假刑警的事寫成報導的時候，也曾經向T先生確認過。而他向偵辦人員採訪時得到的回覆是這樣的：

「我們調查過了，我們署裡沒有這樣的刑警，沒有紀錄也沒有報告。警察不可能說這種話。」

那名相關人士更進一步說：

「那是冒牌貨啦。應該是假冒警察，想要讓他們撤銷報案吧。」

《FOCUS》的報導出刊後，也有報社記者去向警方求證，對於那名記者，上尾署的幹部也同樣否認。

那是警方、而且是幹部的發言。記者相信這番說詞，而我也信了。

況且從我們的常識來看，實在難以想像會有刑警直接跑到被害人家裡，要求對自己經手的案子「撤銷報案」。因此聽到警方說「應該是跟蹤狂幹的吧」，我們也才會輕易地相信了。

警方撒了謊。

我想要更進一步追問，但詩織的父母卻不願多談。這時命案仍在偵辦中，詩織的父母應該也有許多事情無法明白告訴我。而且他們應該也想避免遭到解讀爲對警方不滿，對辦案造成影響。後來雖然是一點一滴的，但我開始逐一查證先前因爲專注於追查跟蹤狂，而沒有太認眞當一回事的警察相關的部分。不過對於那個時候的我來說，豬野先生這句話就足夠了。

詩織爲什麼會對警方感到絕望？島田爲什麼會說「詩織是被小松跟警方殺死的」？

束手無策，恐懼萬分，只好忍辱去向警方求助，然而被追根究柢地問出各種隱私後，最後得到的只有一句「案子不會成立」，但詩織還是決心報案提告，與跟蹤狂的騷擾對抗到底。她一定很害怕報復，也明白過程會很難熬。面對刁難「告人很花時間，也很麻煩喔」的刑警，好不容易以爲報案總算被受理了，警方卻連查都沒查，竟然還跑來要求撤告。

「我不行了，我會被殺。」詩織是懷著什麼樣的心情，在最後對島田留下這句話？維繫生命的最後一條救命繩被切斷，我無法想像詩織的絕望有多麼深刻。一個花樣年華的女孩過著如此驚恐的生活，遇害了，而警方想要隱瞞這個事實。

我自己呢？

警方絕對不願意被外界發現他們要求被害人撤回名譽毀損刑事告訴的事實。對警方來說，每天跑來上尾署來說什麼「我會被殺」的女大學生，只是隨便敷衍打發就行的對象，如果可以，最好能讓她撤回刑事告訴。雖然實際上沒能成功讓她撤告，但也沒必要認眞查案。事實上，詩織也向朋友抱怨「警察根本沒有在辦案」，刑事告訴雖然被受理了，但警方沒有任何行動，擱置不理。而在這樣的狀況下，向警方求助的女大學生眞的遇害了，負責的刑警應該也慌了。萬一這件事曝光會怎麼樣？不必想也知道。

就在這時，好死不死有個記者探聽到「警察要求撤銷報案」這件事，跑來詢問。那名刑警一定心想，「事情麻煩了。」也許是認爲媒體哄一哄就過去了，他決定撒謊。他全盤否認要求撤銷報案的事實。每個人都信了。世人只會想，「原來跟蹤狂居然如此不擇手段。」看到我寫的「假刑警」的報導，最開心的應該就是那名刑警。這下就成功粉飾過去了，上尾署沒有任何過錯。

而我完全著了警方的道。我毀掉了詩織拚命留下的事實之一。寫下這種報導的我，形同宣傳自己是個大傻蛋。

太屈辱了。

我看出這起命案的構圖了。為什麼刺殺命案發生都過了快兩個月，警方還是無法掌握小松的所在？為什麼原本應該是警方最引以為傲的命案偵辦，卻處處讓我這個傻瓜週刊記者的採訪搶先？為什麼我在每一個採訪地點，根本都看不到搜查員的影子？

這樣下去，案子是不會破的。

如果以小松為首的跟蹤狂集團落網，警方會招來什麼樣的批判，可以說是一清二楚。

「結果兇手就是跟蹤狂一夥嘛。那為什麼被害人來求助、報案的時候，警方不好好調查呢？警察到底在搞什麼？如果警方好好盡到責任，豬野詩織就根本不會死了。」

縣警是不是就是料到會有這樣的下場，所以根本不打算認眞處理這起命案？不如說是是警方絕對不願意依照詩織留下來的「遺言」去解決命案，不是嗎？

這起命案到底是怎麼回事？到底想要我做什麼？我到底要一個人獨自衝刺到何時？忽然回神，回頭一看，甚至沒看見半家媒體的影子。別說獨家頭條了，我不是身陷槍林彈雨的最前線了嗎？任何一家都好，我甚至希望有其他媒體來幫我掩護射擊。

然而我也清楚現實上這是辦不到的事。掌握到久保田的消息的人，就只有我和T先生。如果和其他媒體聯手，獨家就飛了。而且如果刊出批判警方的報導，搞不好連逮捕久保田這件事都會岌岌可危……時機還不成熟。而且就算我們小週刊寫下批判警方的報導，其他大媒體願意跟進嗎？

「週刊寫的報導，誇大其詞啦。」「就算是眞的，要是找警方的碴，吃虧的會是我們。咱們還要靠警方吃飯，沒法寫完就溜啊。」「搞不好還會被俱樂部除名呢。」充其量也只會引來這樣的風涼話。

即使直接寫成報導，俱樂部成員裡會嚴肅看待的，恐怕也只有了解內情的T先生一個人而已……

我疲倦萬分地準備離開豬野家時，豬野先生再次讓我吃了一驚。

「我會想要見清水先生，並不是因爲你是抓到兇手的記者。」

咦？他說什麼？

一直到這時，我都是這麼以爲的，所以詩織的父母才會只請我一個人進門，願意聽我說話。在我來訪之前，豬野家完全拒絕媒體採訪，也不開門。除了這個理由以外，還有什麼原因會讓豬野先生願意讓我進門打擾？

那麼，爲什麼我會在這裡？

看到我愣住的樣子，豬野先生說：

「因爲我從以前就知道你的名字。是陽子告訴我的。她說有個感覺可以信任的記者，問我要不要見個面？如果不是陽子提過，我絕對不會打電話給你。」

我湧出一股奇妙的安心感。原來是陽子替我美言……

當然，我並沒有拜託陽子替我做任何事。這是我完全意想不到的發展。在KTV包廂採訪後，我和陽子也一直保持聯絡，所以她知道我持續在池袋和西川口追蹤小松，也讀了這兩期的《FOCUS》報導。

「是陽子說你可以信任的。」

這讓我想到一件事。完成第一次的報導時，我去見了島田和陽子。那個時候陽子對我說：

「謝謝你沒有醜化詩織……」

聽到這樣的話，我眞是滿腔靦腆和不知所措，原來是那篇報導博得了她的信任……記者總是疑神疑鬼。或許就是因爲如此，遇到像陽子這樣對自己寄予信賴的人，比什麼都讓人高興。

我再次體認到採訪工作的可怕。不管是好事還是壞事，都在自己不知情的地方蘊釀發展。如果沒有陽子的安排，我應該無法和詩織的父母見面談話；而如果沒有直接見到他們兩位，我也不會成爲發現警方對案子的處理和掩蓋醜聞的唯一記者。

又是那股神祕的力量在推動我。這起命案的採訪愈是前進，這樣的感覺就愈強烈，否則我應該老早就已經挫折放棄了。我並不是多有毅力的記者，反倒是愚笨到了極點……

我辭別豬野家後，再次回到桶川站前的現場。

「兇手一定會重回現場。」

這是胡說八道。沒有人會沒事甘冒如此大的風險。如果兇手眞的會重回現場，破案還不容易嗎？根本不用成立什麼搜查本部，在現場蓋間派出所就得了。

久保田在池袋逍遙過日子，小松依舊下落不明。會來到現場的，就只有被害人的朋友、沒用的刑警，與不知該去哪裡採訪的記者。

許多的花束、朋友寫的卡片、詩織喜歡的零食和娃娃……

我茫茫然地看著這些，思緒翻湧。

爲什麼我會深深地栽進這起命案裡？是從什麼時候開始變成這樣的？

想都不必想，就是在KTV包廂採訪的那個夜晚。那一天，我確實被託付了「什麼」。從那天開始，兩個月過去，我幾乎是不眠不休地在追蹤這起命案。持續驅動著我的是什麼？詩織唯一的救命繩被切斷、陷入絕望，卻仍拚命留下來的事物。島田和陽子在或許會遭到報復的恐懼中，仍要傳遞給我的事物。

島田見到我，說的第一句話是什麼？

「詩織是被小松跟警方殺死的。」

我怎麼沒注意到這件事？

直到今天，我一直以爲詩織和島田、陽子託付給我的棒子，就只有一根而已。我以爲只是有個凶殘的跟蹤狂存在於社會上，但不是這樣的。棒子有兩根。

詩織留給島田和陽子的，是「遺言」，而島田和陽子將一切都託付給我了。託付給我這個「三流」週刊記者……

我想起島田在KTV包廂紅著眼眶說的話：

「靠警方沒辦法破案嗎？」

現在的話，我可以明確回答。

沒辦法。

這是我的結論。

長年以來，我採訪過無數社會案件、事故、災害等所謂的警察現場。每個星期都跑遍日本各地，複雜的案子也不曉得看過多少了。我曾經與兇嫌爭論，也曾經證明案件被告是遭到冤枉，其實是無辜的。警方偵辦與記者採訪做的事雖然不同，但我自認爲比一般轄區刑警經歷過更多的案子與地獄。

所以我明白，上尾署絕對不行。上尾署無可救藥。如果沒有人設法，他們打算就這樣躲到最後。要求被害人撤銷報案的刑警？才沒有那種警察呢。《FOCUS》自己不是也報了嗎？那是假警察啦……

開什麼玩笑，我絕不能放任這種事。

我應該做的是立下覺悟。我決定一旦兇嫌落網，就非寫出這個事實不可。全部報導出來吧。或許只會是石投大海、或是讓自己丟人現眼，但是遭到設計，替他們宣傳謊言，身爲記者，這實在是令人忍無可忍。

現在只能等了。因爲能夠逮捕命案兇手的，還是只有搜查本部。

不過他們可別以爲案子這樣就結束了。因爲我還有一件非做不可的事。

我摩拳擦掌地等待，然而最重要的「逮捕」卻絲毫沒有進展。據說搜查員開始監視池袋以後，久保田就再也沒有出現在公寓了。爲什麼？他們應該完全放心了才對。爲什麼不現身……

然而我的線人卻告訴我完全不同的消息。池袋的那棟公寓一樓是拉麵店，據說同一天傍晚，久保田和川上悠哉地在那家麵店前面站著聊天。

縣警眞的有逮捕兇嫌的打算嗎？難不成派出搜查員，只是對我們做做樣子？我對警方的不信任與日俱增。

十二月十二日了。

感覺時間過得飛快。時限的《FOCUS》截稿日迫在眉睫。報導嫌犯落網的稿子早已完成，照片也都準備好了。只要把存有稿子的磁碟片送到印刷廠，一切便結束了。

然而池袋卻半點動靜也沒有。不管我前往現場多少次，都還是一樣，只看到搜查員到處閒晃而已。搜查本部究竟做何打算？到底在想什麼？我完全不懂。被我們拍到以後，川上也多次進出公寓，但搜查員那種監視手法，根本不可能發現他。

截稿日到了，我被迫做出嚴酷的選擇。我必須在「破案」與「獨家」當中選擇一個。

我和總編討論了許多次，最後決定——

這一週的《FOCUS》不刊登桶川的報導。

觀望一週。我放棄送出稿子。各位能夠想像對記者來說，這是多麼難受、荒謬的事嗎？無法登上版面的採訪，完全就是徒勞。

距離下次截稿還有六天。如果剛截稿後久保田一夥人就被逮捕，那就萬事皆休了。只要六天，很可能所有的案情細節都被徹底公開，能報導的也都被報導光了，世人的關心也將淡去。到了這時，再來說我們事前拍到多勁爆的照片，也只是馬後炮而已。

輸了就是輸了。

只會得到一句「誰叫你這樣濫好人」，這樣的危險性非常大。

但我們還是決定再等一週看看，這是個賭注。

山本總編說，不論事情如何發展，都不可能再拖到更晚。這一點我也完全明白。因爲接下來的一期，是年內最後一次發刊的合併號。發售日是十二月二十一日，接下來一直要到一月六日才會再有下一期。不管再怎麼樣，都不可能那時候警方還沒逮到人，其他媒體也完全沒發現。

換句話說，如果下一次的截稿日無法把稿子交出去，那麼對《FOCUS》來說，這起命案不管是照片還是報導，都得全數掃進年底大掃除的垃圾桶裡了。

這無論如何都做不到。

雖然我是個我行我素、不聽指揮的不良記者，但仍是為了讓報導登上雜誌而進行採訪。我是記者，不是搜查員，而且那張照片也不是只屬於我一個人的……

我決定再次去通知上尾署。我打算好好說個清楚。我可不想在報導刊出後，被警方說「當時搜查本部根本不知道《FOCUS》要刊出報導。久保田是警方憑一己之力追查出來的，是《FOCUS》不曉得從哪裡探聽到消息，任意刊出報導，所以才會害兇嫌溜走了」。唯有這事，即使有記者俱樂部的高牆阻擋，我也必須事先通知警方才行。

事實上我會拜訪豬野家，說明採訪經過，也是為了保險起見，免得到時候被警方裝傻。除非事先告訴警方以外的中立第三者，否則不曉得屆時會被如何推諉卸責。

星期一一到，我先是跑去埼玉縣警本部的公關課。是為了直接找公關課員，叫他聯絡上尾署，「《FOCUS》現在要過去採訪了」。任何組織都是如此，總部說什麼，分部都很難拒絕。我覺得總比我直接闖進上尾署要來得管用，然而上尾署的態度一如既往。

這已經是我第三次在上尾署的櫃台遞出名片了。這要是一般轄區警署，就會說聲「請進」，起碼把人領到副署長旁邊的會客區沙發，端杯茶來。雖然說著「除了公開聲明以外的內容，我們不能透露」，但還是會跟你聊上幾句。

但是上尾署不一樣，上尾署超乎尋常。

一樣的副署長，一樣的態度，隔著櫃台賞你一句他最擅長的老話：

「啊，沒有參加記者俱樂部的記者去找本部。而且今天署長不在，年底很忙啦。不行啦，不接受採訪。」

簡直就像高性能錄音機，令人佩服。好，我知道了。雖然不清楚副署長是只對我這種態度，還是對所有非俱樂部成員都是如此，但根本沒辦法談。我已經懶了。我也不是人品多好的人，既然如此，那我也只好變身高性能擴音器了。我站在櫃台外，單方面開始怒罵。對方有沒有聽進去，都不關我的事。

「我不是來採訪的，我是來通知的！下星期發售的《FOCUS》會刊登桶川站前命案嫌犯的重要報導，搜查本部應該非常清楚內容了。截稿日是這個星期四。這件事**務必**要通知署長。我說完了！」

雖然我意猶未盡，但我生性軟弱，只敢在心裡接著補上幾句：

「誰要採訪你這種人？搞不好我比你更清楚這個案子！」

副署長看了我的名片，厭煩地點了點頭。也許他只當成來了個神經病。這樣也無所謂。我自認爲已經付出最大的誠意了。眞希望刑警多少露出一點慌亂的樣子。

不管我怎麼努力，都拒人千里之外的副署長，以及無視於怒罵的我、埋首行政工作的刑警和職員。這裡到底是什麼鬼地方？

我完全可以理解那天詩織和父母來這裡求助之後，如何陷入了絕望。這裡病入膏肓。這裡沒有半個「人」。詩織遭遇了兩個不幸。一個是認識了小松，另一個就是住在上尾署的轄區裡。

池袋的街道響起聖誕歌，百貨公司前立起了聖誕樹。年紀打扮和詩織差不多的許多女孩沉迷在購物裡。我分開這些人潮似地經過三越百貨前，繞進小巷。「現場」就在前方。

每天都處在焦慮中。

我真心祈禱時鐘停下來。

精神狀態惡劣至極。爲什麼沒辦法逮捕那夥人？煮熟的鴨子都替你擺在眼前了！我連日——而且是一天好幾次和T先生交換訊息。這些訊息應該也都傳給搜查本部了才對。

「是不是我們去大樓上面監看比較好？」我也如此提議，但搜查本部根本當成耳邊風。意思好像是「我們自有我們的做法」。

混帳東西，就是你們的做法，害得詩織被殺、小松逃走、連久保田都抓不到！我一整天怒火中燒。截稿時刻一分一秒逼近。這次眞的是九局下半，沒得延長了。

我知道得太多了。詩織的父母、島田和陽子只期待兇手能被繩之以法的願望。

還有詩織的憾恨。

如果不知道這些，我該做的事情很簡單，直接刊出讓其他媒體嚇破膽的大獨家就是了。我反倒會掐指算日子，期待截稿日快來，並祈禱在那之前都不會有任何媒體發現。

但是，我就是因爲承接了他們的希望，才能走到這一步的，不是嗎……

隔天我在編輯部翻看報紙，發現了一則令我腦血管爆裂的報導。是某家晚報的一則小報導。其中一段文字聲稱有偵辦人員表示，「跟蹤狂K經營的按摩店裡有一名可疑男子」。我驚訝得腿都軟了。萬一久保田讀到這則報導，會怎麼樣？就算別人看不出來，本人也一清二楚。消息來源是「偵辦人員」，代表是從搜查本部洩漏出去的。

我提供消息，費了好大的勁才把報導壓下來，搜查員卻把這則消息洩漏出去嗎……

這是比《FOCUS》截稿日嚴重太多的問題。就算再繼續壓著久保田的報導也沒有意義了。而且縣警本部派出許多搜查一課的刑警到搜查本部去，這些人一連數天大量進出池袋，就算其他報社記者察覺有異，也是很正常的事。但就算是這樣，這到底是怎麼搞的？

我立刻聯絡T先生。這是在搞什麼鬼！明明錯不在他，我卻連珠炮似地逼問起來，T先生告訴我每到傍晚，上尾署前就會停下好幾輛東京車牌的租車。也就是搜查本部準備用來運送兇嫌的車子每天都會從池袋回到上尾署來。我覺得自己是個傻記者，但搜查本部的愚蠢也不遑多讓。搜查員居然特地使用東京的租車，他們的行動怎麼可能永遠瞞過天天跑警署的報社記者？萬一被記者尾隨還是守在現場，後果不堪設想。

我摔下話筒似地掛斷與T先生的電話，接著惡狠狠地踹了辦公桌一腳。上尾署在搞什麼？他們到底想做什麼？他們要毀了這個案子嗎！

爛透了。這個案子，我不是受到幸運之神眷顧嗎？這個時候的我甚至還拿T先生出氣。明明他身為記者與好友，一直對我真心誠意。自我厭惡又讓煩躁變本加厲了。

十二月十八日。

截稿日終於到來了。我再次拜訪豬野家。我想要好好地向他們報告不得不在兇嫌落網前刊登出報導的經過。

我上了香，再次望向詩織的遺照。「美女大學生」這樣的標題一點都不誇張。我注視這張照片也已經好一段時日了。

我不知道詩織的父母懷著什麼心情聆聽我的話。雖然我認爲刊出報導是情非得已，但我說明狀況，自己也難受到不行。

結果我逃之夭夭似地辭別了豬野家。

時鐘的指針毫不留情地推進。還是一樣，沒有兇嫌落網的消息。櫻井在上尾已經毫無成果地守候了兩個星期。一切都已經瀕臨極限了。編輯部爲這份報導提供了四頁的篇幅，預備好稿子。

標題是「桶川跟蹤狂命案　本刊獨家掌握實行犯」。但是這次的情況，由於兇嫌尚未落網，也不可能刊登出眞名。基於同樣的理由，照片也不能使用。櫻井拍到的獨家照片，久保田的臉被打上了大大的灰色馬賽克。內容也不得不修改得更委婉。整篇報導完全軟掉了。報導內容不僅對一般讀者來說莫名其妙，而且當雜誌出現在店頭的十二月二十一日，嫌犯一夥應該就會匆促逃離，再也不會現身在池袋了。

從這個意義來看，報導內容之詳盡，是激怒我的那份晚報望塵莫及的。我們盡可能挑選了看不出是從哪個位置拍攝的照片，但那夥人一看就知道了吧。我不由得深深嘆了一口氣。

進入深夜了。我和T先生來到池袋的現場。搜查員還是一樣晃來晃去。我發現隨著《FOCUS》的截稿時間逼近，搜查員的行動也開始有了變化。包圍網愈來愈小，起初監視一到傍晚就收工，現在也持續到夜晚。就連我也從他們的身影感受到嚴肅的氣氛。現場刑警必須在寒冬中連續站崗兩星期，我覺得他們很辛苦。我也是身在第一線的記者，他們的辛勞，我感同身受。

但是同一個人一大早就在同一個地點來回十幾趟，而且耳朵戴著灰色的耳機，甚至有刑警直接進入咖啡廳休息。眞的希望他們可以不要這麼明目張膽。會不會久保田他們早就察覺異狀了，才不現身嗎……

仰望過無數次的池袋狹窄的天空。也許是因爲天寒，這天晚上的星星美麗地閃爍著。

我和T先生席地而坐。也許搜查員也發現我們了，可是我已經不在乎了。

寒氣從冰冷到家的柏油路面滲透上來。

我們無力地交談著：

「怎麼會變成這樣？明明直到不久前，一切都還那麼順利……」

「爲什麼就是抓不到人？搜查本部在做什麼……」

「只要警方逮人，不管是偵辦還是報導都可以順利進行了……」

我們一起回顧過去的兩個月。

仔細想想，社會記者T先生就像是配合這起案件似地調到這裡來，時間點再巧妙不過。因爲有他，我才能確認小松和人與久保田的身分，也才能追蹤報導到如此深入的地步。其他報社記者完全不知道這起命案的偵辦已經發展到這個階段。只要久保田落網，T先生發布的速報應該可以遠遠搶先警方聲明，成爲獨家新聞。

認識島田和陽子、渡邊的來電、許多人告訴我的消息線索——這一切的力量，不都是爲了將不可原諒的罪犯繩之以法嗎？我在今天以前的好運，全都只是碰巧罷了嗎？不管再怎麼痛苦呻吟也無可奈何。搜查本部就是堅稱「久保田沒有出現」。

太難以承受了。

「走了。」我揚起一手與T先生道別後，來到俯瞰現場的高處，是附近的立體停車場二樓。我把車子停在這裡。

俯視的街景閃爍著聖誕節燈飾。我想起一手拿著便條，在那裡不停地走來走去的自己。有櫻井努力持續監視的大樓。明明只是不久前的事，卻總覺得像是遙遠的過去了。

一直到稍早前，運氣不是都還向著我嗎？怎麼會淪落到這種地步？我自認爲向來再小心謹慎不過，難道我在哪裡犯了錯嗎？是在哪個點犯錯的？到底是哪裡做錯了……

內袋裡有著隨身攜帶的那本記事本。我再次打開詩織的照片，忍不住在心中呢喃：

對不起，結果我無能為力。

以結果來說，我只是蹚了這起案件的渾水而已。回顧這兩個月的自己，我窩囊得都快掉下淚來了。我不是為了讓狀況變成這樣、不是為了想刊出這種半吊子的報導，才把雙腳走得都快斷了，堅持不懈地追蹤採訪的。

不管再怎麼懊悔，時間還是繼續前進，然後，指針終於超過了截稿時間。

十二月十九日。

今天是完稿日。一想到再過幾個小時，讓兇嫌一夥遠走高飛的報導就要送上印刷機，我一早就腦袋沉重不已。我頂著加上疲勞，比平常更沉重兩倍的腦袋，開車前往公司。開下首都高速公路東池袋出口，右轉就是公司，左轉就是「現場」。還不到中午。距離清樣出來還有一點時間。雖然覺得很傻，但我還是把方向盤往左打去。豈止是不死心，我根本放不下。

來到現場一看，狀況和平常有些不同，成了熟面孔的搜查員聚集在那棟公寓附近。

怎麼了？出了什麼事嗎？

他們的目光顯然對著公寓。難道是久保田現身了？就快動手逮捕了嗎？

多麼一廂情願的妄想啊。我清楚這是不可能的事。要是那樣，也未免太美了。我的人生說到底就是平凡兩個字，不可能出現那種戲劇性的發展。而且今天是星期日，久保田怎麼可能在這種假日特地跑來？

回到車子裡，我姑且打了通電話給T先生。至少把這狀況告訴他吧。我就這樣離開了現場。

雖然並不明顯，但完稿日的編輯部散發著緊張感。每個人都安靜地讀著自己負責的藍圖，一個字一個字細心檢查稿子。內容有沒有錯誤？有沒有錯字、漏字、日期和年齡正確嗎……時間靜靜流逝，三點過後，記者的完稿作業便會結束，修改完成的最終稿會送到大日本印刷廠，接下來就無從更動了。

我削好兩支鉛筆，坐在自己的辦公桌前。時間剛好是一點。我把尖銳的筆尖抵在第一行，視線朝那裡望去。

就在這一瞬間。

我**討厭**的手機響了。螢幕顯示是T先生。幹麻在這麼忙的時候打來？是來向消沉到谷底的我致哀嗎？

但是他劈頭就說：

「哎呀，大叔，你的第六感太準了，了不起！」

「咦？什麼？什麼意思？」

「就在剛才，久保田被拘提了。」

時間停止了。

難以置信。

我對著電話吼了起來。一次又一次，不停吼叫。我站起來揮手怒吼，好讓遠方的總編也能聽到。

「縣警抓住久保田了？逮捕了嗎？還在拘提階段，是吧？今天一定就會逮捕吧？如果你是開玩笑的，我會生氣喔……」

我一個人打亂了編輯部安靜的氛圍。那個時候的我到底是什麼表情？我說的內容讓別人根本聽不出我在跟誰說話。總編瞥了不停對著電話大吼的我一眼，立刻走到編輯部最裡面，向協調人員做出指示：

「要抽換報導，請盡量延後送出稿子的時間。」

我把T先生告訴我的內容直接寫在藍圖上。變成垃圾的藍圖已經不重要了。T先生最後掛斷電話前說：

「那，咱們在現場碰頭吧。我可是遵守約定嘍，**大叔**。」

唯獨今天，就算他叫我大叔，我也不想反駁了。再說，總之現在時間緊迫。真正的截稿日就像石器時代一樣老早就過去了，但現在卻必須從頭弄出一份報導來。

稿子交由資深記者重新寫過。抽換整整四頁的稿子，已經不是攝影師出身的我應付得來的。整個編輯部就像捅了馬蜂窩一樣，亂成一團。

我打電話給已經解除待機的櫻井，請他立刻趕到上尾。櫻井也很驚訝。

接著我打給詩織的父親，請他發表評論。這天休假的父親才剛從女兒的命案現場回來而已。

「在這種地方被人拿刀子刺進身體，她一定很痛，一定很不甘心。我心裡這麼想著，才剛回到家裡，就接到清水先生的電話。是心有靈犀嗎……」

逮捕前的採訪經過以及偵辦資訊也寫成數位稿，寫好的部分立刻傳給資深記者。資深記者以令人讚嘆的速度敲打著文字處理機的鍵盤。照片也換掉了。是久保田的照片。久保田旁邊的川上必須打上馬賽克處理，但櫻井與大橋這兩名攝影師的力作總算沒有被埋沒，能夠呈現給大眾了。

我要交出讓各家媒體嚇破膽的報導。就像我發誓的那樣：百倍奉還。

二〇〇〇年度第一本發售的《FOCUS》第一期，封面頭條是「桶川『美女大學生命案』，本刊獨家掌握『實行犯』落網前全紀錄——走投無路的跟蹤狂」，過去累積的一切資訊全都塞進裡面了。這篇報導刊出的話，顯而易見，小松絕對會逃亡。但是不管這份報導有沒有刊出，反正一旦知道久保田落網，小松的選項就只剩下自首或逃亡。橫豎警方一定也會像這次一樣，拖拖拉拉。既然採訪揭露了小松與命案關係密切，與其讓他逃亡，倒不如公開他的姓名，以徵求更多的資訊。《FOCUS》決定登出小松的姓名與照片。

不過還是有個問題。

雖然久保田被警方帶走了，但還沒有正式遭到逮捕。根據T先生的採訪，警方預定要在久保田自願同行後，立刻申請逮捕狀，以殺人罪嫌將他逮捕。不過這完全是**預定**。雖然不可能有差錯，但是絕對不能有任何閃失。

我請總編讓我去現場。這種時候，我實在無法靜觀其變。我絕對不想坐在辦公桌前等待結果，我非得親眼見證久保田被帶走才甘心。這是我的工作。

我將老裝備的背包搭上肩膀，跑向公司的車庫。跳進車子，衝上剛才在絕望深淵中開下來的東池袋出口，油門全開，一路從高速公路駛向上尾。這幾小時的運氣之強，令我難以置信。又有某種力量在作用了，所以才能發生這樣的奇蹟……

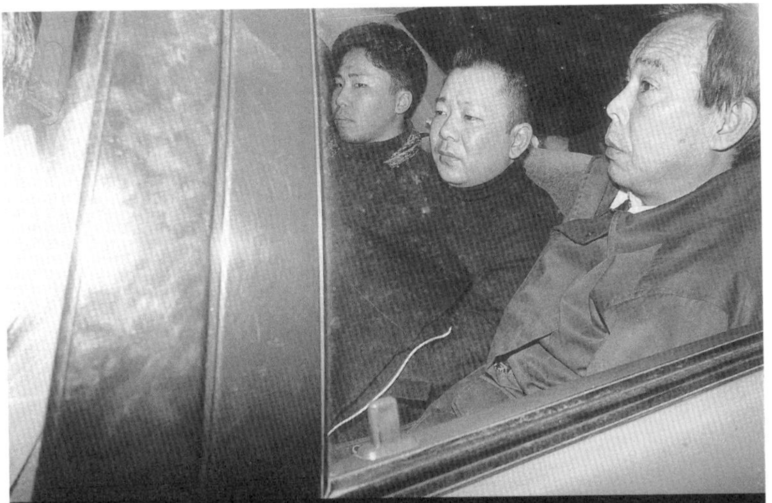

第六章　成果

被帶往上尾署的久保田祥史

這是個寂靜的夜晚。

編輯部直到剛才的喧囂就像一場夢。我們在上尾署附近的公園待機。我和櫻井、松原大叔待在熄火的松原號裡，靜靜等待不知何時會被送來的久保田。松原號旁邊是T先生的車。我想起從昨晚就沒有進食，但沒有食欲。車子裡的綠色數位鐘顯示已經七點了。

T先生的採訪說，被拘提的久保田還在朝霞署自願接受訊問。都已經這麼晚了，卻還沒有送來上尾署。

坦白說，我不安得不得了。

稿子已經在大日本印刷廠印刷了。現在製版照相機應該正在製作陽片。很快的，兩台膠印印刷機就會開始轟隆隆高速運轉起來。「久保田落網」的字樣逐一印上巨大的捲筒紙，已經無從喊停了。萬一——萬一久保田沒有被逮捕，只是自願接受偵訊後就被放回，會怎麼樣？真的拿得到逮捕狀嗎？一擔心起來就沒完沒了。萬一真的發生這種事，我就得遞出辭呈了。不，不是遞出辭呈就可以沒事的。我恐怕再也沒辦法繼續待在這一行了，會一夕爆紅。

「在桶川命案中爆出大烏龍報導的記者」。

就跟自己破壞珊瑚，再拍下宣稱「人類破壞大自然」的照片刊登在報紙上的攝影師一樣（註），遺臭萬年。

我每隔三十分鐘就打開車窗，找鄰車的T先生說話。而且每次問的問題都一樣：

「久保田眞的會被逮捕吧？」

「不會今天只是問話，明天又叫他來（自願同行）吧？」

因爲我一問再問、而且反覆問一樣的問題，T先生也露出受不了的表情來：

「不管是大烏龍還是大獨家，大叔都毫無疑問會一夕爆紅啦。」他看起來完全沒把我的憂心放在心上。

但是我會送出那份稿子，是因爲我有自信久保田就是實行犯，這不是搜查本部提供的消息，而是我自己透過採訪查到的事實。

實行犯就是久保田。

除了他以外沒有別人。

搜查本部也是，從一開始就是以逮捕爲前提，強硬要求久保田自願同行。事到如今不可能再縱虎歸山。

昨天這個時刻，我和T先生還坐在池袋的馬路上。後來也沒經過多久，狀況卻截然不同了。別說趕截稿了，是完稿前一秒的大逆轉。俗氣一點形容，就像在九局下半二出局滿

註：指一九八九年的「《朝日新聞》珊瑚報導捏造事件」。朝日新聞社的攝影師本田嘉郎自己在珊瑚上塗鴉破壞，附上捏造的報導，刊登在連載專題報導上的假新聞事件。

壘落後三分的比賽裡，在兩好三壞的滿球數中擊出球去，球搖搖晃晃地飛向左界外線，就這樣「鏘」地一聲擊中界線標竿。就是這樣的心情。除了有幸運女神跟著我之外，沒有別的解釋了。

今天已經沒問題了。OK了。我這樣告訴自己。

就在剛過八點不久的時候。

打電話聯絡某處的T先生來到我旁邊。

「『久保田』要來了。逮捕狀執行了。」

說完後，T先生賊笑了一下，補充說：

「太好了，你的項上人頭保住了……」

我覺得肩頭的重擔一下子全卸下來了。直到迎接這一瞬間以前，眞是好漫長的兩星期——不，是兩個月。實在令人難以相信只有短短兩個月。這段期間，我不曉得打從心底後悔過多少次，我再也不要嚐到這種苦了，開什麼玩笑。

但是相較之下，現在的充實感是多麼地難以言喻！這是多美好的感受啊！原來我就是爲了這一刻，不斷賭上人生嗎……

我和櫻井移動到上尾署前。

好久沒有拿起相機了。攝影是我的上一份工作。在佳能EOS-RT裝上23~85mm的變焦鏡頭及小型閃光燈，並且接上積層電池，好縮短閃光燈的充電時間。這是我在採訪案子時的基本配備。我對器材沒有太大的講究，只要輕巧不故障就夠了。在採訪案件時，沉重的相機機身或大光圈大鏡頭反而絆手絆腳。我設定成鏡頭光圈f8，距離一公尺。

兇嫌移送地檢處的場面，我拍攝過不計其數，但是像這次逮捕時的移送場面卻很罕見。尤其是週刊雜誌的攝影師，很難見證這種場面。

我把相機藏進大衣底下，以免在拍攝前惹來多餘的麻煩。搜查本部所在的上尾署也有許多在夜裡進行非正式採訪的報社記者，我不想被他們發現。

再說，要是那個副署長發現我，又要念出他最擅長的台詞了吧。在這種情況只是徒增麻煩。我決定直到前一刻都遠離警察署的地盤，在附近的十字路口等待。

載著久保田的護送車會從東京的方向過來。那麼應該會從這個十字路口進入上尾署。我在大衣裡面打開閃光燈，以這樣的狀態，引頸長盼那輛車子出現。

就在快九點的時候，一輛銀色的轎車切過國道十七號線似的，從警察署的反方向開來。前座坐了兩個人，後車座坐了三個人。這年頭轎車裡會塞進五個大男人，也只有護送嫌犯的時候了。

我們注視後車座正中央的男子。是認得的臉孔。

十字路口的號誌是綠燈，同時我們內心的信號也變成了綠燈。我和櫻井同時衝過馬路。衝啊，櫻井，撲上去！就算身分曝光也無所謂了，大拍特拍。我從大衣底下抓出相機，撲向滑進警察署內的車子，對準後車座的車窗，不看觀景窗，直接把鏡頭對上去。時機絕妙。

一、二、三！

我和櫻井按下快門。

漆黑的停車場中連續亮起閃光。久保田就在那明滅的光中。距離就如同我計算的，剛好一公尺。就在那裡，我的一公尺前方，是那名短髮肥胖的殺人兇手。久保田也不遮掩黑色高領毛衣上衣的臉，滿不在乎地面朝前方，承受閃光燈的照射。前臂蓋著深藍色的衣物，遮住手銬。

車子緩慢地開進警察署後方的停車場。久保田下車後走上階梯的身影，在黑暗中也看得一清二楚。

一瞬間的戰場結束後，上尾署的夜晚再次恢復了寂靜。

一名報社記者注意到我們的閃光燈，跑了過來。好像還有記者留在署內。他一臉訝異，不知道出了什麼事，但如果扯上關係，又有許多麻煩事了。我們決定立刻離開。

《FOCUS》已經開始印刷了。雖然拍到照片，但不可能趕得上。結果這時拍的照片，後來也配合不上刊登的時機，就這樣被束之高閣，但是既然難得拍到，我把它在本書公開。本章章名頁的照片，就是逮捕後移送警署時決定性的一刻。

意外的是，搜查本部遲遲沒有公布逮捕兇嫌的消息。因此殺人犯落網的新聞，成了T先生的通訊社獨家。各家媒體一定都很驚訝。事前毫無前兆，由於其他媒體的大獨家，案件突然炸開了。而且新聞見報後，警方依然沒有發表聲明。各家媒體拚命調查，也無法得到印證。

「久保田是誰？不是小松和人嗎？」其他記者就像無頭蒼蠅似的。

我忍不住笑了。就算隸屬記者俱樂部，只要警方不發表訊息，你們就只能那樣手足無措嗎？

這天晚上對各媒體的浦和分局而言，應該是個教人難堪的夜晚。只有T先生的通訊社不斷發布後續報導，其他媒體只能在一旁乾瞪眼。

搜查本部在逮捕共犯之前，都沒有任何發表。記者就算成天守在警署裡，仍舊是一頭霧水。警方可以發動司法權，申請逮捕狀，逮捕拘留一個人，但完全不做任何說明。這讓人認識到警方可以如此輕易藏起一個人，同時也讓人深刻感受到除非警方願意公布任何消息，否則俱樂部制度半點用處都沒有。結果直到隔天二十日晚上，警方才宣布逮捕兇嫌。

這天晚上，當各家媒體四處確認久保田落網的消息時，我們則是痛快暢飲。櫻井、松原大叔，還有只監視了一天就拍到久保田的幸運傢伙——攝影師大橋，一夥人開起了慶祝會。

有太多事情可以聊了。現在的話，可以暢所欲言。先前眞是一段難熬的日子，但我眞心認爲，如果沒有承受住艱辛監視的攝影師，這場採訪實在不可能得到如此輝煌的戰果。這不是一個人辦得到的。能夠和他們一起慶祝，比什麼都更令我開心。

隨著夜色漸深，手機接二連三響了起來。各家媒體的採訪動起來了。是報社、電視台、體育報等等知道我負責桶川命案的記者打來的，可以感受到他們拚命蒐集資訊的樣子。

「只有通訊社報導警方逮捕了一個叫久保田的男子，可是我們無法確認。清水先生，你知不知道什麼？」

就算對方這麼問，如果要全部說出來，那可得花上一整天的時間。再說，咱們家的雜誌上市之前，我什麼都不能透露。

「實行犯的確被逮捕了。詳細情形，請期待我們的雜誌內容吧。」我僅僅這麼回答。總之，今天我想縱情喝酒，然後好好睡一大覺……我整個人從裡到外累壞了，卻是這兩個月之間從未感受過的舒適疲勞。

隔天的上尾署擠滿了轉播車和攝影師的腳架，一片鬧哄哄。昨晚的寂靜就像一場幻夢。上尾署自成立以來，應該從來沒有這麼熱鬧過，不過裡頭沒有半個《FOCUS》的工作人員。我們已經完全沒必要去那裡了。

這天早上，T先生的通訊社提供新聞的地方報、體育報、電視台、廣播節目都引用內容，盛大報導殺人犯落網一事，然而稱爲全國性報紙的大報社全都一籌莫展。非俱樂部成員的體育報整版刊登著久保田被帶到警署的照片，俱樂部成員的報社版面卻只是小小刊登了半吊子的「跟風」報導。相反的情形是家常便飯，然而逆轉得如此**極端**的現象卻極爲罕見。

事後我聽說，這天守在警察署裡，引頸等待記者會召開的俱樂部記者還沒等到記者會，就先看到了《FOCUS》的報導，引發了一場騷動。在東京拿到剛印好的熱騰騰的《FOCUS》的公司，透過分局傳眞內容過來。某個記者看到久保田的照片，逼問警方幹部說：

「這是騙人的吧？騙人的吧？一定是別人吧？喂，搞錯人了，對吧？」

那名記者如此嚷嚷，但雜誌應該一五一十詳細寫下了各家媒體都想知道的逮捕經過，眞是太沒禮貌了。

命案發生以來，第一次好好地睡上一覺的我，傍晚的時候去了公司。當然命案並非就此結束，不過既然已經抓到久保田，我認爲破案也有了方向了。警方也不得不賭上名聲，釐清案情輪廓。接下來就看警方如何出招了。

這天本來是休假，但我有件事無論如何都想處理。進入編輯部一看，果然也到公司來的山本總編坐在辦公桌前。明明是休假，這個編輯部怎麼會有人？

我若無其事地向總編攀談：

「現在已經變成了一場笑談，不過如果昨晚久保田沒有被逮捕，我準備遞出辭呈呢。」

聽到這話，總編輕描淡寫地說：

「不只是你，我也要丟飯碗了。」

咦！瞬間我一陣語塞，不知道該怎麼回答才好。總編真的放手讓我這種不聽話的記者盡情自由發揮了。我很感謝他。

回到辦公桌後，我打了一通電話。

我來到公司，是爲了處理櫻井在監視池袋時錄下的影片。那是辛苦拍到的影像，我希望能有效利用。我想到的是能不能在《FOCUS》發售日的早上，讓哪一家電視台播出這段影片？總編也同意了。影片很棒，每一台應該都會想要。

我打給朝日電視台「超級早晨」節目的高村智庸記者。我在和歌山毒咖哩事件中認識負責社會案件的高村，當時我們幾乎每星期都在現場共事，我在各方面都很信任他。他是那種會自力採訪的電視記者。我信任這種人。如果條件是晨間節目，那麼我會毫不猶豫地選擇他。就這樣，原本應該會被束之高閣的影片，也得以公諸於世了。

那天晚上，我和某位報社記者碰面。他是負責警視廳的社會記者。我們在播放著爵士樂的小酒吧喝酒，由我說明事件始末。

「太厲害了。只要能做出一次這樣的報導，就可以心甘情願地退休了。」他說。但我想說的其實不是這些。我想要他的協助。比起我來，他更能發揮懸殊的力量。

就是警方的問題。

我已經來到必須與上尾署——不，埼玉縣警兵戎相見的階段了。爆料的時機已經成熟，但是只憑一份雜誌，實在不可能點起燎原之火。我需要同伴。負責埼玉縣警的記者或許無法寫出批判縣警的報導，但他是負責警視廳的記者，應該會有法子吧？

然而話題卻往奇怪的方向發展。他的一段話解開了我一直以來感到不解的事。

「我們不是社會記者，而是守在警察單位的警察記者。」

言簡意賅。跑警察線的記者，並不等於社會記者。這樣啊，他們完全只是負責跑警察線的記者，所以把警方發表的聲明照本宣科地寫成報導，也沒有什麼好奇怪的……

我在採訪中追求的，與警察線記者或報社追求的事物貌同實異。我採訪社會案件，所以是社會記者。他們採訪警察，所以是警察記者。

我欣賞這名報社記者。他在採訪的過程中，總是在迷惘與煩惱中掙扎。其實他很喜歡採訪社會案件，但絕對不會輕易放在嘴上，是個很棒的人。

手機又響了。我走到店門口附近，按下通話鍵。

電話是來通知搜查本部總算公布逮捕久保田的消息。共犯有三名，川上聰（卅一歲）、小松武史（卅三歲）、伊藤嘉孝（卅二歲）。四人的逮捕嫌疑都是殺人，而非教唆或幫助。

川上會被逮捕，如同預測。他跟久保田走得那麼近，肯定脫不了關係。細問之下，據說命案當天，也是他負責開車逃離現場。伊藤是小松的按摩店幹部，是早已寫在採訪筆記中的名字。這個人負責監視詩織家，確定她出門後向其他人通風報信。這兩個人的照片，櫻井都在那棟池袋的公寓拍到了。川上的照片已經登在《FOCUS》第一期，但因爲當時他尚未被逮捕，因此不得已打了馬賽克。難得都拍到照片了，年後發售的第二期就把馬賽克拿掉吧。

問題是小松武史。坦白說我很驚訝。怎麼會跳過和人，突然就逮捕了武史？有些不了解內情的電視台，一聽到小松就急忙打出「跟蹤狂小松落網」的跑馬燈。不過不是那個小松，小松武史是小松和人的哥哥。據說久保田在偵訊中供稱「小松武史說有個壞女人，委託我殺了她」。還說武史給了三個人共一千八百萬圓的「殺人報酬」。

這是眞的嗎？

說起來，最重要的和人怎麼了？他消失到哪裡去了？沒有拘捕他，表示警方也追丟了他的下落嗎？既然如此，爲什麼搜查本部甚至不發出通緝……

我回到播放爵士樂的店內，總覺得內心冷了下來。

十二月二十一日，《FOCUS》新年第一期陳列在店頭。總算走到這一步了。這一期出刊後，直到明年都沒有截稿，也沒有發刊。

但命案持續進展，不能停止採訪。

令人不解的還是小松兄弟的關係。事實上我從相當久以前，就對小松武史很感興趣。

這裡必須回溯到相當久以前，六月十四日有三名男子闖入豬野家那時候。詩織遇害以後，T先生在很早的階段就查出了這三名人物的身分，我也掌握了資訊。其中一人當然是小松和人，另一個則是他的同夥Y。然後自稱和人的上司，逼豬野先生「拿出誠意來」的魁梧男子，其實就是小松武史。

根據十一月初旬T先生所查到的資料，武史是東京消防廳的職員，而且在板橋消防署上班。那個時候我很執著於板橋這個地點，因爲假援交小卡散播的地點就是板橋區內。跟蹤狂集團的活動範圍中，只有那裡孤立遠離。而且詩織命案的隔天，武史突然打電話向上司請辭。較自然的推斷是武史與命案有某些關係。

我根據這些事實，拜託櫻井和松原大叔守在武史家前，神不知鬼不覺地拍到了他的照片。這個時期，武史幾乎每天都叫外送，過得很低調，以消化有薪假的形式，等待十一月底的離職。據說他拿到了一筆不小的離職金，但應該是公務員而且是消防隊員的他，居然能在埼玉縣郊外興建一棟豪華的透天厝，還坐擁好幾輛賓士車，實在令人納悶。不過，當時我對此毫無頭緒。

然後直到這一天，特種行業人士打來的電話才揭開了謎底。線人說他看到電視新聞所以打給我，並說出令人意外的事實。

線人說，他在新聞看到小松武史，發現那張臉長得跟「一条大哥」一模一樣。

什麼？我忍不住反問。

第三章提到小松和人的背後有疑似黑道的男子撐腰。總是一襲白色或黑色西裝、一看就像道上兄弟的男子，才是按摩店幕後眞正的老闆。小松總是喊他「一条大哥」，敬他三分。有其他店員目擊到，在店裡總是「一条大哥」、「小松老弟」地互稱的兩人，在四下無人的時候，卻是平起平坐的口氣。雖然不清楚兩人究竟是什麼關係，但唯一可以推測出來的，是他們應該相當親近。

然而現在這名特種行業人士卻說小松武史一定就是「一条」。確實，如果「一条」就是小松武史，那麼小松武史異常富有，而且四下無人時與小松狀似親密，都可以解釋得通了。也可以看出這對兄弟是刻意創造出「一条」這個虛構的存在，爲武史鍍金，兄弟倆聯手經營特種行業。後來透過其他採訪，也查出了武史儘管身爲現職消防員，卻同時經營特種行業。

現在知道小松武史是「一条」，是特種行業老闆了。這是很有可能的事。

可是，爲什麼……

掛斷電話後，我抱住了頭。怎麼會是武史因爲殺人嫌疑遭到逮捕？爲什麼和人的哥哥有必要買凶殺害詩織？更合理的推測，應該是員工久保田、川上和伊藤等人受到和人委託殺人。而且哥哥武史原本應該要制止弟弟失控才對吧？他可是消防廳職員，到底有什麼必要殺害弟弟的前女友？從對詩織親友的採訪中，可以確定武史與詩織只在六月的那一天見過一次面而已，難以想像武史與她會有什麼私人恩怨。

我感到原本以爲逐漸撥雲見日的這起命案，又籠罩起迷霧來了。看來案子不會輕易落幕。

據說小松武史落網後，對律師說了大意如下的內容：

「名譽毀損的部分，我承認其中一部分，但我跟殺人無關。七月十日左右，和人拿了兩千萬圓過來，叫我用這筆錢治一下那個女的。他叫我灑傳單、強姦她拍影片，所以伊藤用那筆錢的一部分印了傳單。」

「那件事（命案）發生那天，我一直在小鋼珠店待到下午兩點。我正準備回去，伊藤打電話來，說事情麻煩了，久保田居然刺了人家兩刀。我整個人慌了，跑去赤羽跟久保田碰面，吼他『你在搞什麼飛機』，久保田說『我覺得只刺一刀，經理（小松和人）不會滿意』。所以我給了久保田一千萬當他的律師費，隔天在西川口見了伊藤，給了他八百萬，當做他跟川上的份。這件事，或許是因爲我弟個性病態的關係。他以前也跟兩個女人發生過糾紛。女人跟他分手，他就要人家死，很不正常。」

小松和人也向詩織稍微提過，說在認識她以前，也曾經和女人發生過糾紛。一個是他在沖繩認識的女人，另一個一樣是埼玉的女大學生，都和詩織那時候一樣，女方提出分手，他就做出跟蹤騷擾行爲。聽說沖繩那一次，紛紛擾擾之後，女方甚至割腕鬧自殺。

我透過某位新聞從業者，聽到了這些跟蹤騷擾的被害人保存的電話答錄機錄音帶，裡面有小松和人的聲音。

（內容依錄音帶錄音順序）

九日十五時十七分

啊，我是小松，嗯，不管妳爸怎麼威脅我，我都不會退讓。不管妳們怎麼出招，還是使出暴力手段，我都絕對不會退讓。一百八十萬，我借妳的一百八十萬，也不是借，是妳騙走的錢，不管怎麼樣，我都要從妳那裡討回來。欸，知道了嗎？欸，我通知過嘍，敬請期待啦。

八日二十三時五十三分

喂喂？打電話給我～

九日〇時十四分

喂喂，妳又不接電話了，不要這樣，咱們好好談一談吧。記得打我手機啊。

九日十時二十七分

啊，喂喂，我是小松，那個，我接到自稱妳爸的人打電話恐嚇我。所以我會採取必要措施，特此通告啦。

九日十五時二十二分

（持續兩秒無聲，喀嚓一聲掛斷）

九日十一時五十六分

啊，我小松啦，妳從我這裡偷了勞力士表，對吧？手表的損害賠償跟竊盜，我會一起告上法院。不想的話就快點還給我。麻煩啦。

日期時間不明

（不耐煩的聲音）妳是死去哪裡了？快點打給我！

日期時間不明

警告妳，少再耍我。今天就給我打電話來，他媽的！

日期時間不明

（嘶吼嚷嚷）喂！爲什麼連一次都不打……（掛斷）

日期時間不明

妳給我快點回家，總之〇〇〇（聽不清楚）。而且居然在外面有男人，讓我戴綠帽，這個臭婊子！敢讓我難看！啊，妳要怎麼負起責任？總之，反正咱們得先好好談一談（以上聲音雖然凶狠，但很冷靜），妳馬上給我打電話過來，操你媽的！（尖叫）懂了嗎！（聲音恢復原狀）

日期時間不明

我現在在開派對，超熱鬧的，妳快點過來，妳幾點可以過來？連通電話都沒給我，妳是怎麼了？欸，我很擔心妳耶。妳在聽嗎？如果我不擔心妳，就不會整天追著妳了，快點聯絡我喔。

日期時間不明

妳爲什麼不接電話！

從字面上很難看出來，但感情起伏劇烈，一下發出寵溺般的聲音，一下怒吼一下尖叫，驚心動魄。即使聽在無關的第三者耳裡，也不禁要毛骨悚然。這名被害者也曾爲了小松和人的事向警方求助。「還錢來、讓我戴綠帽」等誣陷，就和詩織那時候一樣。

小松武史涉入命案的程度，讓我不能採訪了。他已經被關進拘留所了。雖然也可以說，這下案子總算變成了普通的採訪，但還是一樣令人心急。

是不是該去採訪小松武史或他們兄弟的老家了？我和這起命案的關係過於深入了。先前我認爲如果採訪小松的親友，警方的偵辦內容或我們的動靜有可能會傳入小松兄弟或久保田等人耳中，一直裹足不前。但是好像也有一些不清楚內情的記者直接跑去小松家，無知有時候眞的讓人無所畏懼，結果他們問到的內容，可以當成逮捕前的家屬說法用在報導上。這讓我有點後悔，早知道我也去採訪了。

實行犯供稱，小松和人在七月五日左右逃到沖繩去了，那是張貼傳單事件之前。命案當天他好像也在沖繩。從這個意義來說，小松和人的不在場證明十分明確。感覺好像可以聽見小松和人在高聲大笑：「我才不會自己動手。只要有錢，自然有人願意替我效勞。」

這絕對是天理難容的。不直接找到他本人採訪，還是無法進入命案深層。

但是小松和人依舊下落不明。

不管是偵辦還是採訪，都再次觸礁了。

編輯部提前進入春節休假。週刊雜誌編輯部由於發售日的關係，總是提前休假，一過完年便立刻展開採訪。二〇〇〇年的第一個工作天是一月二日，我應該可以暫時過上一段清閒的日子，但那個時候我的處境也開始出現了變化。

各家媒體開始來採訪我了。爲了採訪詢問同業很常見，但這次他們想要採訪的是我本人。與其說是因爲我是報出桶川命案大獨家的記者，更應該是搶先警方查出兇嫌這一點令他們感興趣。

《FOCUS》編輯部本來是不接受這類採訪的。因爲《FOCUS》認爲採訪記者就該隱身幕後。基於相同的理由，我拒絕了這些採訪，但是遇到認識的人拜託，實在很難說不。

第一個拒絕不了的是廣播的現場節目，我請總編替我上場。節目預先準備了幾個問題。

內容是「還會有後續報導嗎？」我拜託總編回答「還會有第二波、第三波報導」。這是爲批判警方的報導預作鋪陳。

後來以電視爲中心，我接受了幾家電視台的採訪。雖然覺得情勢發展很奇妙，但正好讓媒體關注這起命案。爲了尋找小松和人，並且在開春第一期上刊登批判警方的報導，必須讓話題持續發燒。先前我一直想要同伴，竟在不知不覺間逐步實現了。

某天，一名女子打電話到編輯部來，指名要找桶川命案的負責人。她說她是小松和人的朋友，想知道下落不明的他的去向。從口氣聽來，她對小松的行蹤似乎也握有某些線索。

第一期的獨家報導後，有時編輯部也會接到類似的電話，但值得信賴的資訊不多。這名女子讓我感興趣的地方在於，她不是「想要告訴」、而是「想要知道」小松在哪裡，以及她說「小松從五月就開始追求我」。我不喜歡電話採訪，便請她和我碰面，得到的是在這起案子中已經很熟悉的反應，條件是不能說名字、也不能告知聯絡方式。

又來了。這起案件的登場人物幾乎個個如此，每個人都害怕小松和人的報復。我已經習慣了，但只要對方願意碰面，這些都無所謂。

我們約在池袋碰面，而且是人潮洶湧的三越百貨前，對面也有派出所。

我就老實招了吧。

其實我很害怕。

在推出新春第一期後，《FOCUS》完全鶴立雞群。《FOCUS》是唯一一本刊出小松和人的真實姓名與照片的媒體。我們查出實行犯，拍到他們的照片，甚至把他們逼到落網。小松和人對《FOCUS》抱持什麼樣的看法？他可是個死咬不放的跟蹤狂，而且應該有著花不完的錢；最重要的是，連警方都還沒有掌握他的行蹤，即使他就在大街上行走也不奇怪。這不是說笑，他也有可能派出刺客來幹掉我。我上過電視，長相已經曝光，只要他想做掉我，絕對不是什麼難事。

「我絕對不會放過瞧不起我的人，就算傾家盪產，我也要徹底把妳搞垮。」他是會這樣激動發飆的個性。

而且他擁有一群敢在光天化日之下持刀刺人，笑著離開，滿不在乎地繼續過日子的手下，完全就是異常。而且跟蹤狂集團只有四個人落網，這種狀況要教人不害怕才難，然後就在這時，有一名女子指名要找「桶川命案的負責記者」。我在完全不知道她是什麼人、有什麼目的的情況下，答應和她碰面了。來見我的，眞的會是女人嗎……

我一個人搭上計程車。

傍晚的池袋街道呈現出十二月底的熱鬧。車窗外是過著幸福普通生活的人們。儘管景氣不佳，但接下來就是聖誕節和新年，人們忙著採買購物。到處都是大批走動的購物人潮。好可怕。我害怕人潮。人多成這樣，即使有人意圖攻擊我，也完全看不出來。但是如果約在人煙稀少的地方，會怎麼樣？前來赴約的更可能不是女人，而是陌生的壯漢。

我已經精神失常了嗎？我怎麼會做這種事？

「恐懼」會重回腦中。

我曾經在空中攝影時因爲直昇機故障而迫降，也曾在上野車站內對著黑幫幹部打閃光燈拍照，遭到約兩百名黑道包圍恐嚇。阪神大地震的餘震時，我差點因爲採訪中的人家崩塌被活活壓死。每一次都令我留下深刻的印象。

伊豆大島的三原山爆發時，所有的島民都避難撤離的深夜，我們卻租了漁船反過來登上大島。我在海嘯餘波中搖晃的漆黑船倉裡，抱著膝蓋詛咒自己的人生，心想只要能平安生還，要我誦經還是唱贊美歌都行。波濤起伏劇烈，我跳下靠岸的岸牆卻失敗，差點被夾死在漁船和混凝土護岸中間。如果那時候和我一道去的前輩沒有拉我一把，眞不曉得會有什麼下場。掛在脖子上的堅固的尼康F2相機代替我被劈哩啪拉壓成了碎片。當時救了我的前輩現在已經不在人世了。無法保護自己的人最好別幹這一行，沒有人會來幫你。唯有自己的直覺、經驗以及判斷，才是通往安全的指針，不過今天眞的不太妙。

還是怎樣？不入虎穴焉得虎子嗎？

就算得到虎子，總有一天牠也會長成大老虎，我才不想要那種東西。早知道就去借攝影部的防彈背心來穿了。我有預感會發生什麼事。我覺得記者這一行眞的不是能用金錢來衡量的煎熬工作。

「如果我現在死掉，一定就是小松殺的。」

這段時期每次我去喝酒，都一定會對櫻井或T先生這麼說。雖然語帶玩笑，但我是說認眞的。心裡頭總是有一股怎麼樣都抹不去的不安，威脅著我。

「這不是開玩笑的，拜託好好記住我這話，千萬別忘了啊！」

我認爲現在的我，比世上任何一個人都更接近詩織當時的心情。起碼我自己這麼認爲。我想要大喊如果誰有意見，那就現在立刻跟我交換立場，否則就閉嘴！這種心情除非成了當事人，否則是不可能懂的。絕對不可能懂。

我孤立無援……

詩織就是懷著這樣的心情去向警方求助。然後不斷傾訴她對死亡的恐懼，在得不到任何人幫助的情況下，就此喪命……

傍晚的池袋三越百貨前。寬闊的人行道上人潮洶湧得可怕，不斷有人冒出來又消失。詩織正要鎖上自行車時，突然被人從背後捅了一刀。我自然而然地緊靠在三越正門口前的獅子像上，看著掌心，目前生命線還沒有斷。

來的會是誰？

爲了什麼目的？

下一瞬間，我的眼睛在雜沓人群中發現了一個人影。我在眾多人潮中，比來人更早一步發現了應該未曾謀面的對方。

我的眼睛盯在那個人身上，驚訝得腿都快軟了。

來人不是小松和人也不是持刀的肥胖男子。

而是豬野詩織。

第七章　磨擦

札幌市・薄野

看到佇立在雜沓中的女子，我陷入茫然。

那怎麼看都是詩織。

這起命案到底是怎麼一回事？我都快笑出來了。每當我的採訪走進死胡同，就會不停出現新人物，讓我連喘息的時間都沒有。這要是電視劇，因爲時機實在太巧了，一定會招來方便主義的批評。

女子在電話中說小松和人追求她，所以或許可以預期出現的會是類似的女孩；但對方不只是像而已，簡直就是翻版。年齡也和詩織一樣，二十一歲，甚至連名字都只差了一個字。當然，我不曾見過生前的詩織，我知道的只有照片中的她。即使如此，我還是萌生出眼前來人就是高中生的詩織這種荒唐幻想，與這個幻想拉扯。即使和烙印在我腦中的詩織照片相比對，也甚至可以說她和高中時候的詩織是同一個人。

女子自稱佳織（假名）。

光是看到佳織的外貌，我就幾乎要相信她了，但還是不能放鬆戒心。我自己也不知道會遭遇到什麼樣的危險。我留意有無跟蹤，先邀她到附近的咖啡廳去。如果疑心不夠重，就沒辦法當什麼記者了。與其相信直覺，更應該先求證，因此我佯裝若無其事，向她提出一些問題。

她對於沒有任何媒體揭露的各種訊息，比方說和人開的車種、池袋公寓的地點、生日、習慣和嗜好等等，都不假思索地回答。態度也沒有可疑之處。暫時似乎是沒有危險。

然後佳織與和人關係密切這一點，也無庸置疑了。

佳織在都內一家俱樂部上班。她讀了這陣子唯一報出小松和人的眞名的媒體《FOCUS》，得知原來跟蹤狂「K」就是小松和人。她說在這之前，她對刺殺命案本身並不清楚。

其實她讀了報導後，第一個聯絡的是搜查本部。她向警方說她願意協助辦案，但從她的轉述來看，警方的應對粗糙到了極點。

搜查員對住在都內的她說：

「那我們想問妳一些問題，妳可以到上尾署來嗎？很遠？那上尾站前面的派出所也可以。」

眞的很警察作風。就算採訪和辦案是兩回事，但從我們記者的角度來看，警方的回應令人難以置信。連對好意提供線索的民眾，警方都是這種高高在上的態度。即使如此民眾還是願意協助的話，警方又會如何應對呢？他們會用疑神疑鬼的態度，追根究柢地問出協助者的姓名住址、包括男女交往在內的各種隱私。佳織就是因此被惹惱，才打到編輯部來的。

「警方無法信任。」聽到佳織這麼說，我兀自覺得果然如此，啊，這裡又有一個。在這起案件裡，提供我資訊的每一個人不都是如此嗎？感覺以跟蹤狂集團爲中心，分成了警察陣營與詩織陣營了。

佳織說她想要見小松，想要找到他，勸他自首。這就是她聯絡警方和我的目的。

她與小松和人的關係是這樣的。

「我們是今年五月左右認識的。小松是我們店裡的客人。一開始我們完全沒有交談。他幾乎滴酒不沾，光喝水，所以我覺得他這人好奇怪。好像也沒什麼朋友。可是不知爲何，他漸漸開始向我傾吐煩惱……小松好像在爲跟詩織的問題煩惱。他說如果他和詩織之間的問題解決了，想要跟我交往，不過我覺得他這人有點危險，所以推託說當朋友比較好。坦白說，他不是那種對象。我對他也沒有好感。」

但是大姊頭個性的佳織認爲如果撒手不管，和人似乎會做出什麼傻事，因此沒有明確拒絕交往，一邊和他往來，一邊巧妙閃躲。他們維持這樣的關係兩個月左右，一起去兜風或是吃飯。

「他開的是賓士敞篷車，打開置物盒一看，裡面放著厚厚的一疊鈔票，嚇死我了。他說後車廂裡更多。他把他的本名告訴我了。工作也是，說因爲很賺，他做的是特種行業。」

佳織說，小松說他其實想要開夜總會。

「小松認爲詩織有別的男人，遭到背叛，非常恨她。他邊哭邊跟我說，他要把詩織搞到沒辦法過正常生活，要逼她下海賣身，要叫部下輪姦她，搞爛她的身體，把她逼瘋。我說，你會哭，是因爲你覺得那樣做是不對的吧？結果他說，他只要喜歡上一個人，眼裡就會只剩下那個人，連工作都沒辦法做，什麼事都顧不了，連飯都吃不下了。事實上，他真的在我面前把吃下去的東西吐出來過。我也看得出來，他無法原諒詩織的心情愈來愈嚴重。我覺得他是一個很容易受傷、很纖細的人。」

「他說詩織背叛了我，我無論如何饒不了她，絕對要報復她。就像個玩具被搶走的小孩子。他還說，不管怎麼教訓，詩織就是不知悔改，雖然她一副悔改的樣子，不過都是裝出來的，我塞錢給她的朋友，都問得一清二楚了，她的事我瞭若指掌。」

島田和陽子提到過有這樣的朋友。和人拿錢給詩織的女性朋友，要她當間諜。那名女性朋友把詩織的事洩露給和人，似乎也沒想到竟會引發如此嚴重的後果。據說她很快就發現小松這個人十分危險，反過來躲避小松，然而當時詩織已經被逼到走投無路了。

佳織說的內容，與詩織一直以來遭受的跟蹤騷擾完全符合。我從島田和陽子以及詩織的父母那裡聽說了詩織的狀況，但小松的狀況，這是第一次聽到。彼此之間沒有矛盾。那些跟蹤騷擾的行爲果然是和人在背後操縱的。難怪他會四處躲藏。

「我希望小松能自首，所以如果你知道小松在哪裡，請帶我一起去。我希望在你採訪他之前，先跟他談一談。」

佳織拚命地說，下一瞬間做出了驚人的舉動。

「你知道多少？」她話聲剛落，冷不妨便從桌子另一頭一把搶過我手上的採訪記事本，翻了起來。我拿著記事本的手維持原狀僵在半空中，只能呆呆看著她的行動。人不可貌相，這名女子似乎性情相當強悍。不過遺憾的是，別人是看不懂我的採訪筆記的。

我第一次遇到這樣的採訪對象。如今回想，佳織也是拚了命。隱藏在那份拚命背後的是什麼？不成熟的我看不出來。一直到要很後來，我才知道其中的理由。當時我只感覺到，佳織與和人的關係應該超出她所告訴我的，但是我沒有能力打聽出來。

佳織也不知道和人在哪裡，不過知道他有可能去哪裡。因爲和人跟她提過一些事。

「大概七月的時候，他突然說要去沖繩。他說他在那霸機場附近看得到海的地方租了房子，還說附車庫的房子不好找。小松說要把他最近剛買的賓士廂型車帶去，不過我不知道是不是眞的帶去了……他叫我去玩個一趟，我也把住址抄下來了，但心想打個電話就好了，不曉得把抄地址的紙條塞到哪裡去了。因爲我完全沒想到居然會發生這種事……從那個時候開始，他就再也沒有打給我了。」

光憑這些資訊，實在不可能找得到人。我去過沖繩幾十次，那是個遠遠超乎想像的遼闊島嶼。即使限定於機場附近的沿海，區域也相當廣大。

這個時候，搜查員和媒體之間確實流傳著和人「逃到沖繩」的傳聞。因爲就和佳織一樣，有和人的朋友接到他的電話說「我現在在沖繩」。

小松武史落網後，也說他去沖繩找過和人。因此「和人潛伏在沖繩」的說法頓時受到各方矚目。八卦節目的記者急忙飛往沖繩，在那霸周邊或是以大海爲背景站著播報新聞。而晚報等媒體甚至說和人早就從沖繩飛去台灣了，或是在黑幫牽線下，逃亡到中國本土。

不過我對這條消息沒有太大興趣。只說是沖繩，實在是太過模糊，不可能輕易找到。再說媒體吵成這樣，和人很有可能早就離開那裡了。我想見的是小松和人本人，而不是沖繩的街道或大海。

我答應佳織，如果查到和人的所在，會請她一起去，然後道別。因爲我認爲如果能夠見到和人，由佳織出面，總比我們勸他自首要來得有希望。

我先把小松賓士的特徵及車號告訴爲了其他工作去到沖繩的《FOCUS》同事，以及去沖繩採訪時總是關照我的當地朋友。那是關東車牌的高級車。如果能找到人，也只有靠車子了。我拜託他們如果在哪裡看到這輛車，務必通知我。

說到沖繩，其他就是案發前的一九九九年三月，詩織和和人一起去的沖繩旅行。我聯絡當時一起去的詩織的朋友，請她盡可能回想起當時的事。和人說了些什麼、去了哪裡、知道哪些地方等等。只要有一點線索，就打電話過去，旁敲側擊地刺探，但沒有成果。以前和人住在沖繩時打工的店家也已經關掉了。狀況還是一樣山窮水盡。

雖然實行犯落網了，但我對和人的下落及警方依然抱持著疑心，就這樣過了年關。

據說和人曾經這麼恐嚇詩織：

「我要對妳下最後的天譴，妳沒辦法迎接二〇〇〇年。」

事實眞的如同和人所預言的，但如果他以爲事情已經落幕，那就想得太容易了。

一月六日。《FOCUS》新年第二期發售了。標題是「『美女大學生命案』行凶四人幫——跟蹤狂的哥哥也遭到逮捕」。

我們將落網的四名實行犯的照片一口氣全放上版面，也寫下了第一期無法報導的三名嫌犯背景。川上的馬賽克可以拿掉了，攝影師櫻井和大橋拍的照片再次大爲活躍。校完稿後，我立刻和總編討論下星期的內容。上尾署問題重重，這件事我已經大致告訴總編了。問題是要寫到什麼程度？畢竟對方可不是閒雜人等。只要總編說「不」，也只好就此打住。

但山本總編在這方面是積極進攻型的。

「這應該報導出來。」

眞的是很單純的結論，總編反而比我更積極地推動報導。

沒有任何障礙了。而且總編還派給了我一個強大的幫手。也就是在採訪「Life Space」一案時，被我害得慘叫連連的記者小久保大樹。這太令人感激了。

我和小久保過去也搭檔採訪過無數次，他是我最爲信任的記者，而且和不良攝影師出身的我不同，寫起稿子是一流的。這次的採訪中，過去我都是一個人氣喘吁吁地苦幹，但現在即將攀登險峻的上坡前，我得到了一個可靠的援軍。

報導的重點有兩項。

一是刺殺命案前，詩織爲了跟蹤騷擾的問題向上尾署求助及報案，但縣警的應對極不適切。

另一個則是關於命案的偵辦，特別是為何警方偵辦的範圍一直沒有擴大到小松和人？我再次找來島田及陽子，針對警方的應對進行採訪。就像前面已經提到的，詩織把當時與警方的對話非常詳細地告訴過島田和陽子。我重新訪問兩人，島田超群的記憶力及一板一眼，又再次令我讚嘆。甚至連說過的話，重要的內容他全都記錄下來了。刑警的應對等相關事實，我已經大致向詩織的父母求證過了。

這裡整理一下。

首先，六月初詩織和父母去向警方求助時，縣警的態度很差。

六月十四日，包括小松和人在內的三名男子闖進豬野家，大嚷：「我們要告妳詐欺！拿出誠意來！我們要向妳爸的公司索賠！」隔天詩織和母親帶著這時候的錄音，第一次前往上尾署。

聽到錄音帶，年輕警察說「這分明是恐嚇啊！」但上了年紀的刑警卻說「不行不行，這案子不會成立的」，不當一回事。

到了隔天，無法接受警方態度的父親也一同前往上尾署，但警方只是不斷重複，「這很難成案啦」。詩織傾訴「我會被殺」，刑警卻嗤之以鼻，「太誇張了。」甚至還冷血地說：

「收了人家那麼多禮物，才說要分手，做男人的怎麼會不生氣？妳自己不是也拿到一堆好處了？這種男女問題，警察是不能插手的。」

警方姑且收下了錄音帶，但接下來便沒有任何消息。

接下來是七月，提出名譽毀損的刑事告訴時與刑警的對話。

當時詩織遇到了中傷傳單、假援交小卡、網路留言等狀況。讓她們前往警察署的直接原因是中傷傳單。這次還有物證，完全符合名譽毀損要件的證據，然而這時候負責應對的刑事二課長K，態度敷衍到令人難以置信的地步。他對拚命傾訴的詩織說：

「大學不是在考試嗎？怎麼不等考完了再說？」

還說：

「妳最好考慮清楚喔？打官司的話，要在法庭上說出一切喔？不但花時間，也很麻煩喔？」

對詩織而言，她有可能因爲提告，遭到更可怕的跟蹤騷擾，但她煩惱猶豫之後，還是下定決心報案，卻遭到警方這樣的對待。

這名二課長也負責受理刑事告訴後接著發生的詩織父親的中傷黑函事件。當時他是這麼說的：

「這紙質很不錯呢，做得很用心嘛。」

然後到了九月二十一日左右，刑警到詩織家來，要求撤銷報案。找上門來的巡查長H當時明確地使用了「撤銷報案」等字眼。

我首先決定把這些內容都刊登在《FOCUS》上。

接下來的問題是，爲什麼小松和人沒有被逮捕，也沒有被通緝？以下是我當時的猜測：

查出實行犯久保田的過程就像前面提到的。我認爲如果跟蹤狂集團是小松和人經營的色情按摩店員，那麼下手的兇嫌應該也在其中，循此進行採訪，結果找到了久保田。逮捕久保田的搜查本部也在隔天的記者會上說明所謂的「逮捕過程」，將主詞從「記者清水潔」替換成「埼玉縣警」，發表了相同的內容。警方應該拉不下臉承認「由於媒體提供線報，我們才能查到兇手」，但這無所謂。新聞稿中說「警方查到與被害人分手而發生糾紛的A（廿七歲），此人任職於都內東池袋的特種營業……（中略）……警方得到數名東池袋特種營業相關人士的照片，請十幾名目擊者進行指認，有數名目擊者指出嫌犯久保田祥史」，以小松和人爲起點查出特種營業的店鋪，再找到久保田的順序是一樣的。

問題是接下來。搜查本部自己說是從和人開始查起，才能逮捕到久保田，然後久保田供稱「是武史委託我的」，所以把哥哥也給逮捕了。

但和人呢？簡直就像變魔術一樣憑空消失了。如果和人與命案完全無關，警方又怎麼能從他查到久保田和武史身上？從某個原因開始調查，查出結果後，卻又回過頭來說那原因毫無關係。這到底是什麼道理，眞希望警方給個可以接受的解釋。

縣警總不會眞的相信「只見過詩織一面的武史不知爲何對詩織心存殺意，不惜花大把銀子買兇殺人。從未見過詩織的久保田與兩名同夥，則是純粹爲了金錢而下手殺害詩織」。

然後，「基於以上的理由，和人與命案無關。他與詩織無冤無仇，所以不必找他來訊問，更不必通緝。當然他與一連串的跟蹤騷擾行爲也無關」——難道警方是這麼想的嗎？實在太不自然了。在我看來，偵辦過程根本刻意繞過了小松和人。是搜查本部不想逮捕小松和人嗎……

我忘不了拜訪豬野家時對警方萌生的疑心。

那個時候我懷疑警方是爲了隱瞞「要求被害人撤回刑事告訴」這件事，所以不肯全力逮捕兇嫌。儘管詩織懷著莫大的決心才提出刑事告訴，上尾署卻甚至不惜撒謊，也要她撤銷報案。而且還對後來探聽到這件事的記者再次撒謊「沒有警方要求被害人撤銷報案的事實」。這樁「醜聞」絕不能被揭發，然而這又是成立了搜查本部的重大刑案，非逮捕「兇嫌」不可，而他們認爲只要等到風頭過去，再逮捕破案就行了。那段時期，不曉得有多少媒體用了「恐成爲懸案」、「偵辦毫無進展」等字眼。

不過這起命案受到莫大關注，而且居然有不曉得打哪來的週刊記者跑來說要提供線索。事情的發展，逼得警方無論如何都非得逮捕「兇嫌」不可了，但是逮捕「兇嫌」之後呢？如果逮捕之後，「一切就像被害人留下的遺言所說的」，那豈不等於是警方證明了自己的無能？如果追查小松和人，就會印證了詩織的「遺言」。因爲小松和人就是命案前詩織不斷傾訴逼迫她的跟蹤狂。

爲了消弭這個矛盾，警方是否想出了「武史主犯」的說法？不管動機，只逮捕下手的兇嫌，並當做與和人無關。動機的問題太好解決了，只要宣稱是哥哥替弟弟出氣，所以下令殺人就行了。只要和人與命案無關，上尾署就不會被究責。總之「兇手」抓到了，這不就夠了嗎？

在我眼中，縣警正拚命寫著這樣的劇本。我想對上尾署提出質疑。同時，對詩織和她的父母拚命的求助草率敷衍的二課長K，以及要求撤銷報案的巡查長H，如果他們有什麼說法，我也想聽聽看。

我清楚上尾署絕對不會答應採訪。就連對一般的案件採訪，他們都是那種態度了，遇到對自己不利的事，更不可能回應，但是也不能單方面地一口咬定。如果他們想替自己辯護，我也得給他們一個機會。如果不願意，那也是他們的選擇。

一月七日，我請小久保前往上尾署。做法就和平常一樣。首先去縣警本部公關課申請採訪，然後再前往上尾署。各轄區的公關事務是由副署長負責，也就是我已經交手過許多次的那位。

副署長看到名片，在櫃台裡煩躁地走來走去說：

「就算你們來，我們也無話可說。眞的氣死人！」

「什麼事氣死人？」

「到底是從哪裡弄來這些消息的？」

「這些消息」似乎是指《FOCUS》第一、二期的久保田等人的照片和逮捕的詳情報導，或這次針對要求撤回刑事告訴的採訪。副署長顯然氣炸了。他似乎認定有人把偵辦內情洩漏給《FOCUS》，但上頭什麼都沒有告訴他吧。搜查本部才沒有洩漏，你們的情報就是我提供的，好嗎？

「總之對於桶川命案，我們無可奉告。」

記者小久保提出刑事二課長的名字，副署長說：

「不能讓你們見搜查員。」

再問爲什麼不通緝小松和人，副署長說：

「沒那個必要。」

然後躲到櫃台裡面去了，依然故我。再繼續跟他耗下去，也只是浪費時間。

我們決定毫不留情、直截了當地全寫出來。編輯部給了四頁的篇幅。我把過去的採訪中累積的警察相關稿件全部交給小久保，完成了一份從頭到尾都極嚴厲的警方批判報導。我不知道會受到多少人的矚目，但沒有任何一家媒體報出警方曾經要求撤回刑事告訴的事，這肯定是獨家。

雖然覺得與報導的調性有些不合，但我和總編商量後，在報導末尾要求讀者提供訊息。也登出了熱線電話號碼。我無論如何都想要最大的焦點——小松和人的消息。

因爲我經常不在公司，因此拜託整個編輯部，如果有人提供消息，就轉到我的手機。

這是《FOCUS》第一次的嘗試，接下來不管是縣警還是線報提供，都只能等待反應了。

和人在沖繩的傳聞根深柢固。和人也有可能親自打電話來。如果他主張自己和命案完全無關，就更有可能了。《FOCUS》幾乎每星期都在報導他的事，他會不會起碼打通抗議電話過來？

在種種憶測之中，一月十二日，《FOCUS》發售了。

報導標題是「不願逮捕桶川女大學生命案的『主犯』埼玉縣警的『消極辦案』——案發前的處理就問題重重」。

對於不知內情，或是無法連繫到詩織父母的其他媒體來說，這些內容或許難以置信。我好像可以聽見警察或記者大喊「這根本胡說八道」的聲音。從久保田落網時的報導也可以知道，主流媒體基本上完全不相信週刊。他們不是社會記者，而是警察記者，所以這或許是當然的，但是只根據警方的發表寫成報導，豈不是完全照著縣警所寫的「武史主犯理論」的劇本走了嗎？

很多人說桶川命案很複雜，我認爲這個時期的主流媒體要負最大的責任。每個八卦節目和週刊都在追蹤小松和人，主流媒體卻只報導小松武史。他們的理由是武史已經落網，所以報出他的名字也沒關係，但是和人沒有任何嫌疑，所以連他的名字都不能提。就是這樣的說法，形同協助縣警隱瞞醜聞的企圖。民眾會感到混亂也是理所當然。

我們第三期對警方批判的報導也是，除了上尾署的部分刑警和T先生以外，應該沒有人認眞在讀。

實際上，縣警對這篇報導沒有提出任何抗議，似乎打算就這樣擱置不理。我們認爲這形同警方承認報導內容屬實，但其他媒體也一樣沉默著。我自認爲列出了許多問題點，卻有如石沉大海。連最大的爆點，警方要求受害人撤回刑事告訴這件事也毫無反應，理由之一是因爲無法向豬野先生採訪求證吧。但是我認爲根本之處，是媒體不想跟警方作對。沒有組織能夠制裁警方。我希望這種時候警察記者俱樂部更要發揮「監視」的功能，事與願違。

我原本打算推出後續報導，針對上尾署發動追蹤報導，不過當事人的刑警佯裝不知情，上司也包庇下屬，最了解事實的詩織又過世了，現狀沒有任何新事實或證據。

剩下的證人就只有詩織的父母了，但命案後的報導深深傷害了家屬的心，讓他們不願多談。這樣一來，除了像島田及陽子這種極親密的朋友之外，就沒有人知道眞相了。反正只有一家週刊在那裡吵鬧，上尾署只要裝傻到底就行了。

桶川命案停擺了。能做的事逐漸見底了。無奈之下，隔週我改爲採訪「連續炸彈男」。一名男子意圖爆破埼玉縣浦和站的投幣式置物櫃、新幹線垃圾袋，甚至是東海村的核能燃料工廠，遭到警方逮捕。

男子在池袋的大型ＤＩＹ賣場購入製作炸彈的資材，以市售的材料製作出塡滿了炸藥的精巧凶器。ＤＩＹ賣場絕對沒有責任，但其實一九九九年九月發生在池袋的那起隨機砍人案件，凶器也是在這家店買的。想要什麼，都應有盡有——這起事件徹底揭露出大都會危險的一面。

採訪很順利，但我完全不滿足。桶川命案讓我牽掛不下。

一月十六日，《FOCUS》的截稿日到了。我回到公司，準備撰寫「炸彈男」的稿子。《FOCUS》的封面向來只刊登三個標題。其他雜誌的封面都擠滿了各種大小標題，琳瑯滿目，但《FOCUS》只有三個，因此顯得空蕩蕩的。但是反過來說，這也意味著封面上的三篇報導是我們當週的自信之作，身爲記者，如果自己的報導列入這三篇，眞的很令人振奮。這星期封面的三篇報導已經決定了。不是我的採訪。我面對筆電，攤開資料和數據，抱頭苦思。

總是在這種節骨眼，我會接到Ｔ先生的電話。他是我的守護神，有時也像是地獄使者。手機螢幕顯示Ｔ先生的電話號碼。我摸不準這回會是地獄還是天堂，不過以時機來說，這時間帶非常不巧。

「縣警好像正準備召開記者會。好像是以對豬野詩織妨害名譽的罪嫌，逮捕了大量同夥。也許小松和人也在其中喔，嘻嘻嘻。」

Ｔ先生嚇完我之後就掛了電話。

是這星期的「縣警的消極辦案」報導起了作用嗎？自從去年七月詩織提出告訴以來，對於妨害名譽一事，縣警幾乎毫無作爲，然而雜誌發售四天後，便一舉大量逮捕嫌犯，這實在難說是巧合。或許警方的自尊心也受到了相當大的打擊。

總之必須把這次的大量逮捕寫成報導。但是關於這起案子，爲什麼警方老是挑在截稿或完稿的時候行動？要說時機巧妙是巧妙，只是這豈不是害得我必須手忙腳亂地準備採訪嗎？

我想要記者會的照片，但不巧櫻井去採訪別的案子了。我臨時請其他攝影師趕到上尾署。我也想去，但必須在幾小時內蒐集到桶川報導的材料。

「炸彈男」的稿子請資深記者接手，我火速決定桶川報導的標題。總編說要把封面的三篇報導之一抽換爲桶川。時間緊迫。這時攝影師回報說，果然進不去記者會。他說自己一報上媒體名稱，警方就連回三句「不行」。看來那裡不管誰去都一樣。

只能以T先生的通訊社發布的新聞做爲底稿了。搜查本部逮捕了包括四名實行犯在內的十二名嫌犯，嫌疑是散播毀謗中傷詩織的傳單，毀損她的名譽。只爲了恐嚇一名女大學生，居然動員十二名大男人。做出這種事的小松集團很異常，但縱放這種犯罪的警方，也只能說是毫無取締犯罪的能力。

其中也有六月和小松兄弟一起闖進豬野家的Y（廿九歲）。此人不僅闖進豬野家，還參與了傳單事件。

然後到了這時，小松和人總算被通緝了。前幾天副署長還親自跟我說「沒那個必要」，言猶在耳，馬上就發布通緝令，警方的臉皮到底有多厚？

而且罪嫌是妨害名譽。我從來沒聽過有人因爲這種輕罪被通緝的。要是能採取這種破天荒的作法，詩織向警方求助時，爲什麼不做？我對警方的不滿沒有極限。這次的標題就走這個路線吧。「現在才被『通緝』的桶川跟蹤狂，嫌疑竟是『妨害名譽』——結果『主犯』下落不明」。

這等於是連續兩星期對上尾署提出了嚴厲的批判。雖然不期然地成了連續報導，但是通緝的影響力相當大。嚴格來說，這是未公開嫌犯姓名等資料的通緝，但是在各家媒體的判斷下，小松和人的名字廣爲公開了。似乎是看到上尾署不乾不脆的態度，各媒體也決定立場了。

從這天的晚間新聞開始，各電視台播出了小松和人的姓名和照片。隔天的早報也刊出了小松和人的照片。這樣一來，或許可以揪出他的下落。我的期待高漲。

這星期截稿後，我讀起寄給報導負責人的讀者來信。在《FOCUS》編輯部，桶川命案的報導也開始得到迴響了。信件和電話愈來愈多，而且多是激勵的內容。案發當初，也斷斷續續有讀者看到報導寫明信片來，不過還是要到登出久保田照片的第一期以後，信件和電話才眞正爆增。

「我看到一連串報導，實在無法原諒跟蹤狂一夥人和警察。請努力繼續揭發眞相！」

「我自己也有女兒，實在不敢想像萬一她有了相同的遭遇會怎麼樣。請貴雜誌徹底追查眞相。」信件和電話很多都是這樣的內容。

這裡舉出一例：

敬啓者

我是貴雜誌創刊以來的忠實讀者。貴雜誌總是以照片清楚明瞭地報導時事……（中略）……不論是內容或是態度，都令人欽佩。特別是這次的「桶川跟蹤狂案件」報導。身爲有女兒的母親，這件事令我感同身受，心痛不已。歹徒的殘忍，天理難容。警方坐視旁觀的處理態度，也令人憤怒極了。

因此看到貴雜誌以堅定的態度追蹤歹徒，我不知道得到了多大的勇氣。報紙幾乎都沒有報導，如果沒有貴雜誌的報導，我完全不知道原來這是這樣一起案子。社會上有一種「邪惡」，是包括小女在內，在普通的家庭成長的孩子無法識破的。我眞是難以想像被害人詩織生前活在什麼樣的恐懼當中。除了祈禱詩織在天之靈能夠安息，也請貴雜誌往後爲了正義繼續努力！

這是住在都內的某位主婦的來信。總是乖僻多疑的「三流」週刊記者聽到「請爲了正義努力」這樣的鼓勵，實在忍不住要臉紅，但是接到這樣的迴響，還是令人開心。

其中有一封信引起我的注意。我一拆封就看到兩張小松和人的照片，上面說「提供您做爲採訪資料」，但信件的文章更令我印象深刻。

「看到《FOCUS》的報導，上尾署終於清醒了嗎？他們總算發布通緝了呢。」從這段文字開始的長信，提到對截至目前的報導和案子的感想，但是後半這麼寫道：

……不過仔細想想，連我自己都不清楚爲何我要做到這種地步。唯一確定的是，我絕對無法原諒完全不玷污自己的手，支付大筆酬勞買兇殺人的小松兄弟。就算說他們是人渣也絕不爲過。（中略）編輯部的各位，請絕對不能讓這起命案風化。做了壞事，就要接受制裁。

我自己也不明白爲什麼我會爲了這起命案的採訪做到這種地步。不過發現其他人也有相同的想法，我感到新奇，而且備受鼓舞。

「我才不會自己動手。只要有錢，自然有人願意替我效勞。」如此宣稱的男子，絕對不會自己下手，不斷折磨詩織，然後就像他說的，詩織被殺死了。如果這樣的犯罪能夠堂而皇之地被放過，這個國家就完蛋了。

過去協助我採訪的那些人，都是懷著什麼樣的心思？裡面也有人有著和我一樣的感受嗎？

當時我聽到一件事。詩織的父母質問搜查本部的刑警：「爲什麼會是週刊記者先查到兇手？警方眞的好好辦案了嗎？」

警方是這樣回答的：

「那些狗仔的手段很下流。錢啦，他們到處大撒鈔票，才能得到消息。我們公務員沒辦法做到那樣啊。」

我和T先生聊到這件事，哈哈大笑。我可不是小松，不認爲錢能解決一切。實際上我也沒錢，然而警方卻指控窮哈哈的我們，說我們到處撒錢，眞是讓人笑破肚皮，卻又覺得警察實在窩囊透頂。我好像明白了爲什麼警方的偵辦會如此糟糕。如果認爲撒錢就能夠如何，那不就跟小松同一個水準了嗎？

我們只是親自四處走訪、調查，尊重每一個提供消息的人而已。就跟過往的警察手法一模一樣。反過來說，這不正代表現在的刑警已經完全變了個樣嗎？

我們是如何查到實行犯的，前面已經交代過了。這段期間，沒有特別的開銷。沒錯，我們會請消息提供者喝杯茶或咖啡、出KTV包廂錢，也曾經給上門兜售線索的人兩萬圓的交通費，但總額加起來能有多少？沒有警徽的我們，頂多只能在這樣的限制裡辦事。而且實際行動的，只有我和櫻井以及T先生而已。相較之下，搜查本部可是有多達上百名的人手。

搜查本部一旦成立，就會有特別預算和加班費，和我們這種連加班費都沒有的記者可是天差地別。人事費和偵辦費用，應該也跟我們差了一兩位數。

我還聽到有意思的事。到上尾署接受問話的詩織的朋友，離開的時候拿到了一些現金，是協助辦案的酬金。酬金本身是法律規定的，沒有問題，問題是給錢的方式。領錢需要簽名，但是上尾署拿給他們簽收的領據，每一張的金額欄都是空白的。雖然不知道事後警察在空欄裡填上了多少金額，不過應該有一堆花費都不曉得消失到哪裡去了。

論錢的話，警方的資金比我們雄厚太多了。而且這些錢是人民的稅金，是我們付出去的血汗錢。兩個月之間，警方毫無作爲地揮霍這些錢，還反過來指控週刊有錢，太令人瞠目結舌了。

逮捕久保田的時候也是，遇到關鍵場面，警方就會把警察以外所有的人全部趕走。即使提供線報，只要說出地點以後就沒用了，警方會說媒體滾開，偵查優先，就算你們不說，我們也早就查到這裡了。警方也不告訴家屬偵辦進度，對於願意協助辦案的人，則把他們叫來警署，當成嫌犯一樣對待。

結果警方什麼都不明白。

其實我原本並不想如此繁瑣地寫下久保田落網的經過。我們記者和警方都是成熟的大人了，不用囉唆什麼，案子破了就好了，不戳破才叫上道，不是嗎？但是就像前面描述的那樣，面對搜查員過度自私的種種對待，我開始覺得給警方面子，就是作踐自己。

警方這些人，是不是完全不懂得人心？每一個難得自願協助辦案的人，都遭到比週刊記者更多疑的警察盤問，從不在場證明到各種隱私、家庭成員，連祖宗十八代都得一一交代，結果失去了協助的意願。

向我提供資訊的人，每一個都異口同聲地說：

「我一開始是聯絡警方，可是我受夠了。他們只會問東問西，卻什麼都不肯告訴我。他們只有需要的時候才會把人叫去，態度又傲慢得莫名其妙，搞什麼嘛……就算我們因為協助警方，被小松發現，遭到他報復，警察也不會幫忙，對吧？詩織那時候不也是這樣嗎？所以我才不想透露名字。而且警察到底要讓小松和人逍遙法外到什麼時候？我們也很害怕，好嗎……」雖然狀況各有不同，重點卻都一樣。每個人都是出於各自的理由，希望命案能夠偵破，才會提供線索的。

我自認為相當嚴肅地聆聽了這些人的話。我想我和警方的不同，就只有這一點而已。即使如此，警方仍要推說是金錢的力量的話，就應該減少廢物搜查員，刪減人事費用，增加提供線索的獎金才對。

好了，我可能也是因為沒錢，才會完全蒐集不到小松和人下落的線索。為了討吉利，我終於把手機鈴聲換成了沖繩民謠。各種手段都使盡了，接下來只能求神拜佛了。在依靠讀者提供線索的狀態下，我一個人的力量可想而知。我已經進入悟道的境界，心想世事就是如此。

就在《FOCUS》第四期的發售日，我殷殷期盼的鈴聲響了。

然而唱起沖繩民謠的手機另一頭傳來的聲音，指示的卻是截然相反的另一個方向。

第八章　終點

屈斜路湖畔

「小松和人在北海道。」

以沖繩的旋律呼喚我的電話另一頭這麼說。

由於方位實在相差了十萬八千里，我忍不住有些傻住，但這段民謠旋律，毫無疑問是宣告第三回合開始的鈴聲。這天是一月十九日，在紙面上呼籲讀者提供線索的《FOCUS》陳列在店頭的日子。

隔天，我搭乘全日空六五班次前往千歲機場。與我同行的當然是攝影師櫻井。我一直以爲總有一天，我們會一同搭上前往沖繩的班機，沒想到竟然是往北。

我在過去的採訪中認識到的小松和人，是個喜歡沖繩這種溫暖地區的人。冬季的北海道令人意外，不過原來這就是盲點嗎……

打電話來的是北海道內的黑幫人士。

「你在找的人，被北海道某個幫派藏起來了。小松拜託朋友，請那個幫派保護他。他說他可以出一億，要對方用這筆錢安排他逃走。他先付了兩千萬。現在在札幌和A市之間來來去去。」

很像是信奉「這個世上只要有錢，想幹什麼都成」的和人會想到的做法。據說去了北海道以後，他便在札幌的公寓及黑幫人士的家中悠閒度日。小松和人戴上毛線帽和太陽眼鏡，晚上前往薄野的夜總會，有時甚至跑去登別溫泉逍遙。線人說他好像在吸毒，有時意識模糊，有點危險。

「不過到了最近，黑幫的人也開始覺得收了個燙手山芋，因為小松終於被通緝了。其實那個黑幫的最高層幹部並不知道小松寄身在他們幫裡。萬一曝光就完蛋了，所以收錢的那夥人說要把小松移到釧路或根室去，準備最後讓他逃亡到俄國。」

根室前面有一座叫花咲港的漁船基地，是花咲蟹的卸貨港。對方說這裡有一條路線可以經由北方四島逃向俄國。

這已經是好幾十年前的事了，那一帶的國境海域有叫做「報告船」（レポ船）的走私漁船出沒。這些船隻以交付日本的情報和產品等等做為條件，讓當時守衛國境的蘇聯兵允許他們越過國境。不過這些人也不是什麼厲害的間諜，只不過是提供沿岸的蘇聯兵喜歡的食品、家電、絲襪等，換取通行的方便而已。

現在這片國境海域成了毒品和托卡列夫手槍的走私路線。和人就是企圖循此路線逃亡海外。雖然內容讓人一時難以置信，但我另外得到線報，說其實和人持有假護照。不，不只是假護照，他甚至有假駕照。

和人曾經對佳織說：

「我送妳一台車吧，是我哥放在我這裡的賓士。」

「咦，我不要啦，我連駕照都沒有呢。」

「放心，連駕照一起送妳。駕照這種東西，只要有錢就買得到。」

我在後來的採訪中查到，和人與池袋的某個業者過從甚密。令人驚訝的是，原來有專門製作假駕照的業者。價格在十萬圓上下。假駕照會依據實際存在的別人的駕照資料爲基礎，個別製作出與原主人持有的駕照完全不同的成品。也就是利用原有的駕照姓名、住址、生日、公安委員會的駕照號碼等等，只把相片替換成假駕照的持有人。

成品維妙維肖，只是在路上被警方臨檢，絕對不會曝光。即使違規被攔下，由於照片是本人，駕照資料也是眞的，即使警察當場用警用無線電向照會中心查核，也不會發現是假的。接下來只要乖乖繳罰款，違規點數會記在眞正的駕照持有人身上，但持有人絕對不會發現有人冒用自己的資料違規。即使發現異常，向警方申訴，也只會得到一句：「少騙了，明明就是你自己違規！」

據說以前奧姆眞理教也使用幾乎相同的手法僞造駕照。他們爲了拿到假駕照的資料，甚至開了家影片出租行，影印顧客的駕照，濫用個資。

在日本國內，汽車駕照是最高級別的身分證明文件。只要有駕照，就可以辦手機、開銀行帳戶、租車，不，甚至可以弄到現金。

護照比駕照貴一些，行情是二十萬到三十萬圓。據說是因爲護照更難僞造一些。不過假護照上面會確實蓋上日本入國管理局的「出入境」印章，因此可以自由進出海外。

和人擁有假護照。只要有護照，方法姑且不論，只要離開日本就沒問題了。等到風頭過了，即使再回到日本，護照名字是別人，也有出境的印章，所以可以直接通關進來。這等於是印證了和人想要從俄國前往海外的企圖。我接到來自北海道的電話，才第一次想到這樣的可能性。

這個人遠比我或搜查員所想的更危險。據說搜查本部定期查核和人的出入境紀錄，但這個動作毫無意義。

話雖如此，四處躲藏的和人現在的立場，似乎也不像他本人所想像地那麼安全。

那名道上的線人繼續說：

「不過呢，事情沒那麼容易。之所以這麼說，是因爲幫裡那些人本來就是覬覦那筆錢，才收留小松而已，他們已經想要甩掉這個麻煩了。說要讓他逃去俄國，我猜應該也只會把他丟進山裡或海裡，頂多就是淪爲螃蟹的食物吧。」

那小松和人不是處境岌岌可危嗎？弄個不好，很有可能錢被搶奪一空，小命不保。就算被剝個精光，也無處投靠。只要有錢，就可以爲所欲爲的世界，不是只屬於和人一個人的。自以爲用錢買到安全，卻反過來因爲錢而性命堪危了。

從線人提供的資訊，我得知了和人進出的札幌的幾家店名、可能居住的屋子和公寓。消息的準確度不明，但沒時間慢慢查證了。我和櫻井決定不抱希望地前往札幌。仔細想想，這起案件一直都是在不抱希望的情況下採訪的。這次會怎麼樣呢？會撲空嗎……

由於記者俱樂部的問題，再加上「批判報導」，我和上尾署已經形同決裂，不過如果這個消息正確，往後我應該還是必須以某些形式提供給警方，但也只能先查證看看。我們火速趕往札幌。

我們在新千歲機場轉乘JR「快速機捷」前往札幌。月台位在地下，但這是新的車站，收得到手機訊號。我連這都不知道，不經意打開手機電源，結果鈴聲當場響了起來。驚嚇我這麼多次，還是換掉沖繩民謠好了。

是佳織打來的。我起身到車廂間的通道接電話。佳織連珠炮似地說：

「聽說小松在北海道！我朋友打電話來。警察也在找他，問我知不知道什麼……」

又有什麼要開始了。同時有兩處捎來消息，看來和人真的在北海道嗎？這個消息是正確的。既然搜查本部也知道小松可能潛伏在北海道，展開偵辦，那麼我也不必客氣了。搜查員好像還在東京四處打電話詢問。我們很有可能會搶先警方一步，找到和人的所在處。

「其實我現在在千歲。」聽到我這句話，佳織便悟出了一切。她的當機立斷又令我驚訝：

「我現在就過去。」

這位小姐只要話說出口，就會蠻幹到底。她就是這種性子。對於她說要一起採訪的要求，我猶豫不決，但是我們只看過照片上的和人。想要聯繫和人，有佳織在會更容易。而且我之前也答應過她，說如果見到和人，要先讓她出面說服。

「或許會是白跑一趟喔。」我覺得這句話才是白費唇舌，但還是提醒了一下。我們說好她抵達千歲之後再聯絡，掛了電話。

電車發出「嗶——」的哨聲，往前駛去。窗外颳著激烈的風雪。無邊無際的雪原沉浸在夜晚的黑暗中。原來和人在這種地方嗎……

和人也聯絡朋友說「我在沖繩」。搜查員和媒體完全被他擺了一道，他的手段比我們高明多了。

我正踏在與和人一樣的土地上。既然都來到這裡了，無論如何我都想見到他本人。爲什麼要那樣逼迫詩織？畢竟答案只在他一個人手中……

日本屈指可數的娛樂地區——薄野。我在紅、藍、黃等眩目耀眼的霓紅燈中尋找「那家店」的招牌。那個店名眞的太平凡了，光是薄野一帶，就有好幾家同名的店。街道溫度計的數字顯示爲零下十度。我和櫻井走在凍得硬邦邦的路上，尋找那家店，遇到以強勢聞名的薄野的拉客小弟，還反過來向他們打聽。

但是，我們遲遲找不到和人去的那家店。我們在覺得應該是的店裡拿出準備好的照片，但薄野實在太大了，我們很快就發現自己陷入了有如大海撈針的狀況。

據說和人也在距離札幌一小時車程的A市出沒，因此我們也驅車前往。那戶人家是幫派幹部的住宅。雖然想要監視，但也許是黑幫這個職業使然，那裡警戒森嚴，連靠近都很不容易。我們只是在附近勘察，窗簾就晃動起來，縫裡出現反過來監視我們的人影。看這樣子，別說監視了，連要在附近打聽消息都很困難。只能放棄了。

較晚抵達札幌的佳織帶來了可能成爲線索的消息。她說最近手機接到兩次無聲電話，顯示的市外區碼〇一一是札幌的區碼。佳織在札幌完全沒有熟人，對這兩通無聲電話耿耿於懷，記了下來。確實有可能是和人打來的。

我們查詢電話登記人的身分，發現是從札幌郊外一處高級公寓的某戶打來的。雖然除此之外什麼都不清楚，但還是請櫻井白天盯著那裡。根據很薄弱，不過有時透過監視，可以發現許多事實。至於佳織，考慮到她的安全，我們沒有告訴她詳細的地址。畢竟這位小姐個性太烈，萬一她就這樣直接找上門去，事情就棘手了。

櫻井租了車子，從遠處展開監視。我則去其他查到的公寓和小酒家走訪。監視只能到日落爲止。接下來加上佳織，我們三個人一起在薄野的鬧區四處打聽，詢問有沒有人看到身高一八〇公分的男人。

人沒那麼容易找到。

我聯絡札幌交情不錯的記者，內容保密，請他協助。這名記者精通黑幫事務，我請他調查相關人士的住址，在可能的範圍內逐一前往他列出來的地點，但全都撲了空。

東京有了其他的動靜。《FOCUS》第三期的「警方批評」報導刊出後，各家媒體一樣視而不見，但由於小松和人遭到通緝，風向漸漸改變了。有電視台說要採訪我。第一個聯絡我的是TBS的節目「播報員」的記者原山理一郎。他說想要在他負責的單元探討上尾署的問題。我開心極了。雖然只能在電話中交談，但我答應他會盡可能協助。

在北海道的採訪毫無進展的狀況中，一月二十二日晚上，該節目播放了。據我所聽到的，電視節目的影響力果然驚人。節目播放後，來自全國各地的抗議電話湧入上尾署。與讀者閱讀的時間分散的雜誌，反應居然相差這麼多——

不過理所當然的，上尾署對這些聲浪也完全不加理睬。雖然也沒有向ＴＢＳ提出抗議，卻依然一副事不關己的態度。

我們持續在札幌監視與調查，但依然查不到和人的下落。櫻井負責的公寓住處，也只目擊到女人和小孩進出，沒看到男人。女人、小孩與和人，這樣的組合讓人覺得古怪，不過再繼續盯著那一戶，會有什麼發現嗎？如果他不在這裡，到底消失到哪裡去了……

遺憾的是，時限到了。截稿日到了，不過和人確實就在札幌。各方面的消息都如此指出，警方的偵辦也開始擴張到這裡來了。我和總編討論後，把採訪到的內容寫成報導。更深入的部分，只能把希望放在接下來收到的線索上了。

收工的時候，我把詳情告訴札幌的記者朋友，拜託他自己在尋找通緝犯小松和人，如果有任何線索，請務必聯絡。

佳織說她要在札幌多留一陣子，所以我們約好如果有什麼發現就彼此聯絡，在市內道別，我們拖著疲憊的身體前往千歲機場。

這裡補充一點稍後發現的事實。就在我們離開札幌的幾天後，北海道警方得到線報，知道我們追蹤小松和人，監視著某棟公寓，便直接派人拜訪了該戶人家。

小松和人不在那裡。那裡的住戶是一名婦人和小孩。兩人都完全不認識小松和人這個人。雖然留下了爲什麼會從該戶撥出無聲電話給佳織的謎團，但這一點也在事後明朗了。母親的手機號碼與佳織的手機號碼幾乎一樣，只有末兩碼是顚倒的。換句話說，是小孩子想要打媽媽的手機，結果按錯播到佳織的手機去了。揭開來一看，只是這麼一回事罷了。這是我們的工作中常有的丟臉的事，只是櫻井辛苦監視了那麼久，結果卻是毫無意義。

回到東京，截稿正等著我。我把標題定爲「帶著一億圓現鈔的桶川跟蹤狂『沖繩↓札幌↓俄國』絕地大逃亡」，報導中揭露小松和人人在札幌，而且處境相當危險。目前應該沒有任何媒體掌握到這個消息。

在這個案子的採訪中，剛發生之後姑且不論，但接下來不管去到哪裡，我都不曾遇到過同行。這或許也可以說是連續爆出獨家，可是對我而言，孤立感更要強烈。實際上我們似乎也成了其他媒體的新聞來源，後來我也聽說各家媒體的桶川命案負責人，都一定會搶先拿到發售日前的《FOCUS》，確認內容。比起和人的下落，我更希望警察的問題有所進展。難道就這樣船過水無痕嗎？上尾署就要這樣全身而退了嗎……

我猶豫之後，在這篇報導下了個副標：「末路是葬身海底？」當時我的想法是和人總不可能眞的死掉吧？標題挑釁意味十足，不知道能不能激怒和人打電話過來？我懷著這樣的心情，結束該週的採訪。

隔天開始，是我長達一星期的休假。這天我又一路睡到中午。坦白說，除了桶川命案以外，我還得同時跑別的案子，眞的累壞了。而且還有一堆累積著待處理的雜務。那件一直丟在洗衣店的夏季外套得快點去領回來。送洗之後，結果就這樣一直丟到年都過了。這星期一定要把想做的事做一做，不過假期久得很，現在就先好好睡一覺吧。到了下午，孩子就會放學回來。偶爾陪孩子一起去圖書館吧……我昏昏沉沉地想著這些。

電話響了。休假的時候關掉手機電源也無可厚非，但我還是老樣子，勞碌命。而且我正在休假，就算接到電話，應該也不會遇到太倒楣的事。

接起電話一聽，來電者令人意外，是札幌的那名記者。他劈頭便說：

「疑似小松和人的遺體在屈斜路湖被發現了。」

瞬間我啞然失聲。

有什麼在腦袋裡不斷旋轉。怎麼搞的？這起命案到底是怎麼搞的？到底要把我驚嚇到什麼地步才甘心？這種結果，豈不是讓一切都無法眞相大白了嗎？

遺體是在二十七日，前天傍晚發現的。記者說才剛查出遺體身分而已。死因不明，接下來要進行解剖。

我先聯絡了總編和T先生。我慌忙更衣衝出家門。休假取消了。看來老天爺還是不肯讓我休息。我得趕過去、得好好做個了結——我懷著這樣的想法奔跑著，打電話告訴外出的妻子說「發生緊急狀況了，休假取消了」。她對這種「緊急狀況」早已習以爲常，甚至不感到驚訝了。我挖出從上星期就一直丟在汽車後車廂的羽絨外套和冬季長靴，跳上計程車，直奔羽田機場。

計程車經過彩虹大橋。只有思緒紛亂如麻。

啊，如果我再早一點去到北海道，或許就不會是這樣的結局了。結果還是沒能來得及。只差一點、只差一點就……

詩織的母親看到電視新聞快訊，打來我的手機詢問消息眞假。

「似乎是眞的。我也正在趕往北海道。知道詳情後，我會打電話過去……」我從來沒有想過我居然要向被害人的父母傳達這樣的消息。

仔細想想，已經沒有半個人了。詩織被殺，和人也死了。命案其他的嫌犯也全都進了牢裡。沒有半個人了，徒留無力感。

來自各媒體的詢問電話響了起來，我覺得一切都令人厭煩極了。

從計程車的車窗看見降落在羽田機場的五彩繽紛飛機時，我想起了佳織。對了，得打電話給她才行。

接到電話時，佳織的聲音聽起來很有精神。對著開朗地詢問怎麼了的她，我不知爲何滿懷歉疚地傳達和人的死訊。說明狀況的時候，我等著應該要回應的她的聲音，卻有了一股聲音被吸進電話另一頭的奇異感覺。難道——就在我這麼想的時候，電話另一頭傳來嗚咽聲。

果然，她與和人之間，有我不知道的一段，但是我沒辦法問。她在哭。光是這樣，我就什麼話都說不出來了。

我把手機按在耳朵上，聽著裡頭不時傳來的她的啜泣，我一樣默默無語。雖然有好幾通插播來電，但我全部忽略了。我已經受夠了。

爲什麼只打電話給我一個人？我只是個普通的記者，你們夠了沒！

但是，腦中的想法和我的行動總是無法一致。起飛的噴射機轟隆聲傳入耳中。計程車滑進羽田機場。登機時間到了。「我再打給妳。」我掛了佳織的電話。

我搭乘日本佳速航空一三七班次前往釧路。機內有ＴＢＳ「播報員」的節目人員。女主播訪問我，但我什麼都不清楚。就像我這星期寫的報導一樣，有他殺的可能性嗎？或者是毫無關係的自殺？唯一清楚的，只有小松果然在北海道，以及他生前去了北海道東部。

橢圓形的窗戶可以看到雲層底下的黑色大海，我的臉倒映在窗玻璃上。

奇妙的失序感支配著我。我沒有對象地在腦中喃喃自語：

「我到底要去哪裡？到底是爲了什麼目的、想要做什麼？」

就是因爲想要知道答案，我才沒有辭職，繼續做著這一行，不是嗎？另一個我回答。

不過眞有那麼一天，我能找尋到答案嗎？

屈斜路湖位在釧路往內陸深入約八十公里的地方。這處極寒地區，在隆冬時節氣溫會降到零下三十度。我在釧路機場租了車，當成前往現場的交通工具，行駛在已經開始暗下來的路上。路面凍結了，不過對於總是在各地進行這類採訪的我來說，雪上駕駛沒什麼好怕的。開車期間，電話仍響個不停。從幾乎沒什麼交情的報社記者詢問，到對我的採訪都有。

「事情發展就像清水先生所**預言**的那樣，請說說您現在的心情。」

我可不認爲自己成了預言大師。再說，我也不認爲自己成了能夠述說什麼「心情」的「當事人」。起碼在被這麼問到以前，我是這麼想的。不過眞是如此嗎？我是不是早已逾越了採訪的界線？我太深陷這起命案裡了……

車子捲起雪煙，行駛在漆黑的根釧平原，釧路郊區無法收到手機訊號。平常收不到訊號會十分困擾，這天我卻想盡快脫離訊號區。我朝向能夠扯斷宛如黏在背部不斷拉長的橡皮的那個地點，持續踩下油門。

車頭燈中積雪被壓實的潔白路面、車內的導航螢幕。除了這兩樣以外的一切，全是一片漆黑。汽車導航的右角顯示通往屈斜路湖的距離，數字逐漸減少。這完全就是我和小松和人之間的距離。而它的終點再也不會移動了。因爲和人再也無法離開那個地點了。

小松和人爲什麼死了？這不是太造孽了嗎？偵辦這樣就結束了嗎？詩織爲什麼死了？

是誰害死她的……

兩小時的車程後，我抵達了川湯溫泉。從這裡到屈斜路湖，只剩下一小段距離了。才剛入夜而已，公園的電子溫度計卻顯示零下十七度。所有的一切都凍結的街道。和人在這塊極寒之地度過了幾天。

我找到他投宿的旅館，四處打聽。和人是在一月十四日第一次來到這裡。

據說和人搭乘巴士來到這處溫泉鄉時，穿著黑色背心、黑色長褲、黑色登山鞋。他背著黑色背包，戴著黑色毛線帽，連手表都是黑色的，全身上下一身黑的行頭。令人驚訝的是他的髮型。目擊者說他理了顆大光頭，還留了鬍子。

他在登記簿填上札幌市南三条的住址，以「山田耕一」這個名字入住。他在旅館似乎過得很悠閒。

十五日，他吃過早餐，用現金付款後退房，搭乘計程車前往屈斜路湖。在那裡閒晃了一陣後，下午兩點入住湖畔的飯店，表示要住宿三晚。他在這裡一個人悠閒地用餐，或是與湖邊的天鵝嬉戲。

然而到了十六日晚上，狀況卻急轉直下。十一點多，他突然說「家中有人過世」，從飯店退房了。

十六日是小松和人被發布通緝的日子。他一定是看到播出自己的姓名和照片的新聞了。他似乎離開得很倉促，房間電視沒關，喝到一半的紅酒瓶還剩下三分之一，不知為何還留下了一件內褲。

他對來接他的計程車說了不同的說詞，「我朋友出車禍了，我要去跟他碰面」，要司機開往釧路車站。但是他半途改變目的地，叫司機停在釧路市內的路邊，不知為何要了收據，下了車子。

他在附近的飯店用「山本光一」的名字入住，接下來的行蹤就不清楚了。

然而到了十八日，和人不知為何又重返屈斜路湖。有人在湖畔一個叫砂湯的休息處看見他。砂湯是湖畔水邊有溫泉湧出的地點，湖面只有這一帶周圍不會凍結，因此即使在冬季，也是熱門觀光勝地。十九日傍晚，和人再次現身砂湯，點了名產馬鈴薯丸子，坐在看得到湖泊的吧台座，喝著果汁和啤酒。據說他一直避免正面對著店員。

後來他似乎下榻湖畔的飯店。飯店人員說，二十四日早上因為他沒有起來，工作人員前去房間一看，發現只留下行李，不見人影。那個時候我們正在札幌四處找他。這是小松和人最後留下的蹤跡。

二十七日下午四點多，變成屍體的和人被人發現了。第一發現者是來拍攝夕陽與天鵝的當地年輕攝影師。這名青年在攝影的歸途中，發現已經暗下來的湖畔水邊倒著一個人。那名一身黑衣的男子被水沖到冰層底下，雖然是仰躺，但臉部結了一層厚厚的冰，看不出表情。因為耳朵的部分露出來，青年出聲喊叫，但沒有反應。

攝影師回到休息處，用和人也用來叫過計程車的公共電話打了一一〇報警。

負責此案的北海道警弟子屈警署人員表示，遺體臉部結了一層厚冰，無法勉強剝下來，所以將屍體放置在署內，等待解凍。然而隨著時間過去，冰塊融化，出現的竟是通緝中的小松和人的臉，引發軒然大波。身高等特徵也完全符合通緝內容。他們委託埼玉縣警比對指紋，但由於埼玉縣警的多重失誤，花了整整一天才確認身分。

報紙說，和人的遺體背部等下半部由於溫泉的地熱，多處燙傷，但上半部卻凍得硬邦邦的。死狀淒慘。

「我要讓妳遭天譴，我要讓妳下地獄。」不斷笑著如此恐嚇詩織的男人，最後卻以彷彿遭受地獄酷刑般的死法離開了這個世界。

解剖之後，發現死因是溺死，死後已經過了好幾天。遺體發現地約五十公尺外的地方，遺留有大衣和黑色背包。裡面裝著現金數萬圓，以及一張潦草寫下的字條，彷彿沒有對象的遺書。內容也很像和人的作風。

據說字條上寫著：「我上不了天堂……」

和人的體內也驗出酒精和類似安眠藥的藥物。脖子上纏繞著浴衣的帶子，應是試圖上吊，卻沒能死成，因此跳進屈斜路湖自盡。手臂上也有疑似試圖割腕的痕跡，但無法確定是以前自殺未遂留下的，或是新傷。

脖子上的浴衣帶子拍成照片後，由搜查員拿去附近的旅館詢問是哪一家的。

從狀況來看，顯然是自殺。

他最後投宿的飯店人員表示，房間裡留下一張字條說「請寄回我埼玉縣的家」，以及健保卡、他愛用的隨身聽、大量的現金。是打算當做遺物嗎？

據說和人也聯絡朋友說「我本來想從北海道東邊逃往俄國，但失敗了」。和人來到北海道東部，是爲了跟什麼人碰頭嗎？或許是所有的錢都被捲走後，被拋棄在此處。事實上，據說他到北海道時身上帶了一億圓現金，最後卻也所剩無幾。

誇口「這個世上只要有錢，無所不能」的和人，就彷彿自己推翻了這話一般，留下背包和飯店裡的一點錢，在他討厭的寒冷地帶，喝著不愛喝的酒，就這樣死去。

「這麼一來，命案眞相就葬送在黑暗裡了。直到最後，他都是個卑鄙的人。」川湯溫泉飯店房間裡的紅色塑膠舊型電視中，女主播如此評論。

我覺得確實如此。儘管這麼想，但另一個自己卻怎麼都無法徹底憎恨和人。再怎麼樣也不必尋死啊！小松和人確實是命案的原點，但是那一天，我卻沒有勇氣義正詞嚴地如此一口咬定。詩織和和人都根本沒有必要死。爲什麼年輕的兩人，非得像這樣死於非命不可？怎麼會演變成這樣？是什麼讓兩人的人生結束了……

隔天早上，我和晚了一些從東京出發的櫻井會合。他從女滿別機場來到北海道。

「和人果然在北海道。」一碰面櫻井就說，然後不甘心地說：「眞希望見到的是活著的他。」

據熟識的電視台記者說，小松和人的遺體在弟子屈署，所以我們一早就守在警察署。這裡原本應該是清閒的地方警察署，現在停車場卻擠滿了媒體車輛，站著一大排裹著禦寒衣物的攝影師。

我們抵達後不久，和人的家屬就到警察署來領取遺體了。我沒有見過她們，不過似乎是母親和姊姊。我完全沒想到會在這樣的極北之地見到過去無法採訪到的小松兄弟的家屬。我懷著這樣的想法目送兩人。

遺體應該馬上就要運出來了，一輛黑色的廂型車抵達，倒車進入署內的車庫。我借了一架櫻井的相機，一個人離開媒體大軍，前往警署後面。遺體安置室在後方。和正面不同，屋後幾乎沒有媒體，十分安靜。

我為了找到可以俯瞰署內狀況的地點，爬上除雪後堆成的雪山。但是腳下實在太過鬆軟，我的右腳踏穿積雪，整條大腿陷了進去。我正掙扎著拔出腿時，警署二樓的玻璃窗打開來，剛才疑似姊姊和母親的兩名女性探頭出來。

兩人對著底下的我，單方面地念起似乎是預先準備好的便條說：

「鬣狗！你們媒體就像爭奪屍體的鬣狗！和人是被媒體逼死的。你們還是人嗎？前幾天我們打電話去《FOCUS》，跟一個男的抗議和人不可能去什麼俄國，都是胡說八道！和人是無辜的！」女人大聲嚷嚷著這樣的內容，就彷彿她們知道我是誰而這麼做。

就算我是鬣狗也無所謂。就像妳們說的，媒體就是鬣狗，可是鬣狗不會殺人。是先有屍體在那裡，鬣狗才會圍上來。

「那麼是誰害死豬野小姐的？她爲什麼會死？」我怒吼回去。

但是她們根本不想聽。我放棄向只是單方面嚷嚷的兩人問話，以右腳插在雪山裡的滑稽姿勢，按下相機快門。

兩人砰地關上窗戶消失了。

時間稍微往前回溯。仔細想想，那是和人的遺體被發現的二十七日的事。確實有自稱和人的母親和姊姊的人打電話到《FOCUS》編輯部來。當時我不在公司，她們說向「一個男的」抗議，那個對象其實是記者小久保。兩人就像從警察署的窗戶怒吼時那樣，對記者小久保強烈抗議。

「連我做母親的都不知道兒子在哪裡，你們怎麼可能會知道！」

但是會不顧一切地打電話來抗議，是因爲她們知道和人已經走投無路了吧。或許「遺物」已經寄到家裡了，或許她們根本就知道和人躲在北海道。

然而家人拚命打電話來抗議的時候，和人早已不在人世了。

我回到警察署正面。

車庫的鐵門打開，黑色廂型車靜靜駛出來。車子裡載著白色棺木。棺木的尺寸應該比普通尺寸大，好配合和人的身高。

自從命案發生以來九十五天，我尋尋覓覓的對象就在那裡。就在短短幾公尺外的地方，然而這個距離再也沒有任何意義了。已經變得冰冷的他，再也不會告訴我們任何事了。

這天，詩織的父親透過律師向媒體發表聲明：

「我們接到警方找到兇手的聯絡，向女兒報告了這件事。『警察找到眞正折磨妳的壞人了，妳眞的深愛家人，爲家人著想，不過不必擔心我們。爸爸會一直陪著妳。對那些已經被逮捕的壞蛋，我們一定會努力替妳討回公道。妳一定很不甘心，不過再忍耐一下就行了。妳要在天上好好地看著我們家人。』」

此外他還提到：

「爲什麼我的女兒非死不可？我多麼地希望女兒可以活得更久。她實在是太可憐了……」

入夜以後，我從飯店房間打電話給詩織的父親。把現場的狀況告訴他後，我詢問身爲家屬，對這樣的結果有什麼看法？豬野先生以平靜的聲音道出他的心境，最後說：

「我想說，清水先生，眞的辛苦你了……」

我覺得這話我當之有愧，一時說不出話來，就這樣掛了電話。

窗外雪花紛飛。樹葉落盡的樹木也在雪花凍結的風中搖擺。樹下有小動物的點點足跡。我想起了「之助」。

爲什麼大家都死了……

我一手拿著罐裝啤酒，坐倒在廉價的沙發上。

我身爲週刊記者、攝影師，採訪社會案件的經驗多到不能再多，但這卻是我第一次得到命案家屬的慰勞。大多數時候都是相反的。不論我們如何自認爲報導出事實，站在相關人士的立場，媒體不管怎麼樣都只能是惹人厭的存在。

不要來煩我們！你們出現的時候，就是淪落到不幸深淵的時候。現在我們只想要安靜獨處。

每個人都這麼想吧。本人就是罪魁禍首的情況姑且不論，但是當家人或心愛的人遭遇不幸的時候，被毫無關係的我們這些人團團包圍、打擾葬禮、詢問感想，如果不接受採訪，就被記者用一副無所不知的態度任意編造報導。遇到這種狀況，沒有人能夠冷靜。

這一行幹得愈久，我愈是這麼感覺。不論是再怎麼有內容的報紙、富有問題意識的電視新聞，採訪時的狀況，應該都差不到哪裡去。

社會案件的採訪很困難，一不小心就會墜入黑暗。我們總是在一連串的陷阱當中，摸索著進行採訪。如果弄錯一步，就會把讀者導向錯誤的方向。這起案件也是如此。在漫無止盡的採訪期間，我眞的可以說是走在「正確」的路上嗎？而這又能持續到何時？盡頭有著什麼樣的終點？我到底想要知道什麼、想要傳達什麼？

外頭又飄起小雪來，但房間裡暖氣很強。我不知不覺睡著了。

隔天我們離開了北海道。

和人死後，報紙和電視一窩蜂地報導他的新聞。詩織家附近被張貼傳單不久前，和人彷彿要製造不在場證明似地遠渡沖繩一事也被報導出來。

某個新聞節目成功採訪到命案隔天，在沖繩與和人在一起的男子。男子說，和人應該知道詩織遇害的消息，態度卻與平時完全無異。曾經交往過的前女友被人殺了，不管是不是跟蹤狂，一般都會無法保持冷靜才對。然而儘管擁有「無懈可擊」的不在場證明，和人卻也沒有證明自己的清白，在十一月中旬逃離了沖繩。離開沖繩時，他先回到東京一趟，在澀谷向哥哥武史拿了一筆錢做爲逃亡資金，接著前往札幌。

小松武史落網後，交給了律師一份聲明。這完全是武史的說詞，他聲稱是久保田、川上、伊藤以及和人四個人，在他不知情的狀況下共謀殺人。武史曾經試圖說服他們自首。

這是久保田被逮捕的十二月十九日的事。

「（省略）所以我叫我弟跟我一起去警署自首，結果他說『我這邊已經有一套說法

了，不必擔心，我才不會去什麼警署，我最痛恨條子了』，然後掛了我的電話。」（引用自原文）

隔天武史得知久保田遭到警方逮捕的消息，急忙跑去他以為和人在那裡的沖繩。武史在機場再次打電話給和人。

「下午三點左右，我在沖繩機場打電話給我弟說久保田被抓了，結果我弟說就算久保田被抓也無所謂，他們絕對不會供出他的名字，然後一清二楚地說：『倒是哥，你最好擔心你自己。』」（引用自原文）

事實上，小松武史當天晚上回東京以後就被逮捕了。

相對地，和人卻連通緝都沒有，帶著鉅款逃往札幌，在夜總會和溫泉逍遙度日。只能說他完全沒把搜查本部放在眼裡，不過警方也根本沒有認眞辦案。這個時候的埼玉縣警幹部是這樣說的：

「就算現在和人跑出來，我們也很頭大。」

別說逮捕了，警方連把他找來訊問的意思都沒有。很顯然，偵辦只繞過和人一個人進行。

但是警方這樣的態度漸漸招來了批判。和人死後，電視報導、體育報、週刊等等，愈來愈多論調認為「埼玉縣警只敢用妨礙名譽發布通緝，才會害死命案重要證人的小松和人」。稍早前發生的神奈川縣警的一連串醜聞似乎也有影響。

同一時刻，又發生了讓警方成爲眾矢之的的案件。不，說案件發生並不正確，嚴格來說，是醜行曝光才對。

九年前在新潟縣三条市失蹤的少女，被發現遭人綁架後，就囚禁在同縣柏崎市內一名男子的住處裡。原本成爲懸案的這起棘手案子似乎就此解決了，沒想到這只是新潟縣警「醜聞」的開始。偵辦初期的失誤、發現少女時的報告造假，以及儘管發生如此重大的案件，縣警本部長卻跑去溫泉接受招待打麻將等等，引來了一發不可收拾的猛烈撻伐。

不過，對埼玉縣警的深入調查還在後頭。

進入二月了。一連串妨礙名譽案的嫌犯，有七名遭到簡易起訴，兩名緩起訴處分。十日，實行犯裡面的小松武史、伊藤及川上三人因強盜及侵入民宅等其他罪嫌再次被逮捕。看來上尾署對實行犯進行了嚴厲的訊問。

二月十五日，朝日電視台的資訊節目「WIDE! SCRAMBLE」播出了「警察好離譜!?」特輯。這是繼TBS電視台後，第二家播放上尾署問題的電視台。我本人也接受採訪，出現在節目中。在大報社和電視新聞完全不聞不問的狀況中，只有八卦節目開始報導這個問題。我認爲只要能找到突破口，不管要上電視還是做什麼，我都很樂意。

但是一星期後的二十三日，小松和人的妨礙名譽罪因嫌犯死亡而被判處緩起訴，小松和人在刑事上的責任實質上就此結束了。以某個意義來說，是不出所料。結果別說命案了，在一連串的妨礙名譽案中，上尾署完全沒有追究和人在法律上的責任，就這樣讓案子落幕了。

如果知道這樣的結果，詩織會怎麼想？

她爲了和人的問題拚命向警方求助，蒐集證據，甚至提告，還寫下了遺書，結果卻只是逮捕到意料之外，包括和人的哥哥在內的四名實行犯而已，如果她看到這樣的結局，會作何感想？

眞相會就此消失在黑暗當中嗎……

就在這時，佳織打電話來了。

這天她也哭了。因爲我問了她，妳爲什麼要那麼拚命地尋找和人？妳們兩人之間究竟發生過什麼？

就像前往屈斜路湖的那天一樣，電話另一頭傳來啜泣聲。但是這天她開口之後，說出了我意想不到的事。

「小松他哭了。他說他不應該那樣做的、他應該聽我的話的，既然事情都演變成這樣了，他也不用活了……」

「等一下。」

這個女人突然在說什麼？和人不是早就沒再打電話給她了嗎？

「其實他一直打電話給我，但是不肯告訴我他在哪裡。他斷斷續續，打過好幾次短暫的電話給我。」

「一開始他還算是有精神。他哥哥被逮捕時，他也說可以拿錢解決，可是他的感情起伏很劇烈……」

「他在自殺不久前，跟我說他已經不行了，他要去死，對不起，所以我才想要找他。我再也沒辦法一個人扛著這個祕密了……」

我知道電話另一頭的她痛哭失聲。

我陷入茫然。

原來小松一直聯絡她。

而這名責任心重的二十一歲女子一直把這件事深藏在心底，不斷尋找小松和人。她是這個世上唯一一個聽到和人內心深處眞心吐露的女性，所以才會拚命聯絡上我，搶走我的記事本，甚至想要去沖繩。這時我才第一次理解到爲什麼她會這麼拚命，一接到我的電話就飛到札幌去。因爲她也收到了「遺言」——

我也知道有傳聞猜測小松和人可能是被殺的，但是聽到佳織的話，我不得不認定小松和人的死果然是他自己選擇的人生終點。據說和人爲了自己犯下的罪懊悔。據說他說了「對不起」。但這與其說是對詩織、對被他傷害的許多人的賠罪，更像是對自己選擇的人生的懊悔。

我緊握著手機，想起和人死去的那個地點。

和人的遺體在我數公尺前方通過的那天，我和櫻井開著租來的車，爬上冰凍的路面，前往屈斜路湖畔。在原始森林中行駛約一個小時，來到成群的天鵝呱呱啼叫的那個地點一看，眼前是一片凍成了純白色的遼闊湖面。望向水邊，一小塊水面正冒出溫泉的熱氣。

從和人最後被目擊的休息處沿著湖岸往北走上三百公尺。這個地方實在過度闃靜，走在凍結的路上，自己踩出來的「啪啦啪啦」腳步聲顯得格外響亮。

一根祭祀過去的溺死者的卒塔婆在風中搖晃。就在那根卒塔婆前方，厚玻璃碎片般的大塊冰片堆積的地點，就是和人的遺體被發現之處。我和櫻井一起站在那裡，注視著靜默得恍若無事的白色湖面。我不得不想和人在這片冰下的世界，究竟期望著什麼？他到底是不斷逃離什麼？後悔著什麼……但是，再也沒有方法可以確認了。

幾乎令耳朵凍裂的寒風吹襲著，湖面激起細微的波浪。我們取出相機。即使從觀景窗看出去，也沒有任何可以拍攝的物體或人物。我朝著空無一物的湖面按下快門。

和人去了我伸手不及之處。
天鵝啼叫聲不絕的湖畔，這片湖畔，正是我們漫長的追蹤的終點……

第九章　餘波

現場上空　前方為桶川站

手機響起的時候，坦白說我第一個念頭是這次又是什麼了？

和人自殺以後，我煩惱著要採訪哪裡才好。「桶川女大學生命案」已經進入司法程序了。拘留所裡的人、記者俱樂部高牆另一頭的人，都不在我能夠觸及的範圍。

對我來說，案子並不是這樣就結束了。我接到的棒子，其中一樣在違反我的意願之下，被奪走了；但另一根在我的手中卻是愈來愈沉重。一個人已經快握不住的這根棒子，或許再過一陣子，就要從我的手中滑落了，然而一旦落下，就再也無人理會了吧。我日漸抑鬱。

就是沉默到底的埼玉縣警。

實際上，這不是我應付得來的題材。我不知道要對哪裡，如何下手才好。除非有什麼重大狀況，否則調查機制無法深入警方內部，即使如此，我還是期待記者俱樂部裡能有人發難。儘管零零星星有人做出掩護射擊，卻只有時間不斷流逝，無法形成大火燎原的情勢。只憑一本週刊雜誌，再怎麼樣還是有限。棒子就快從我的手中落下了。

就在這時，我接到了一通電話。

接起來一聽，對方自稱ＡＰＦ通訊社的山路徹。他說朝日電視台「獨家內幕」（The Scoop）節目的主播鳥越俊太郎想要聯絡我，表示想要在節目中探討上尾署的問題。真是求之不得。鳥越先生原本是週刊雜誌的總編，算起來是我現在這份工作的大前輩。

幾天後，我一接到鳥越先生的聯絡，便立刻衝到朝日電視台附近的飯店與他見面。

對於這個議題，反倒是我想要拜託他製作節目。詢問之後，我才知道鳥越先生也是讀到《FOCUS》第三期告發上尾署的報導後，深受觸動的人之一。

「我也待過雜誌界，看到報導，就能分辨內容是不是事實。我被勾起興趣，讀了《FOCUS》的前幾期，覺得這個問題實在太嚴重了。因此我想偶爾也該懷著憤怒製作節目，企畫了節目。」

這麼說的鳥越先生可靠極了。這會不會成爲一個契機？我懷著祈禱的心情，把能夠說的全說出來。我一邊說，同時深切地感覺我在這起命案的角色早已脫離了記者的身分。不知不覺間，與其說是採訪者，我更成了資訊提供者、命案當事人。就像那天在KTV包廂裡，我從島田及陽子手中接到了「什麼」那樣，這次輪到我把「什麼」託付給別人了。我將採訪過的人和資料等所有的一切資訊提供出去，也介紹了島田和陽子。這樣一來，是不是又能有新的發展？我對鳥越先生及山路先生懷抱著可以說是過高的期待，等待播放日當天。

三月四日，「獨家內幕」播放了。

標題是「警方『見死不救』——桶川女大學生命案的眞相」。這天我坐在電視機前，目不轉睛地盯著螢幕。節目做得很嚴肅，中間穿插重現影片，報導上尾署的應對態度有多惡劣。節目徹底對警方的應對及「要求撤銷報案」提出質疑。

鳥越先生對上尾署提出質問書。十項質問當中，把焦點放在其中三項的回答上面。質問內容如下：一、警方要求被害人撤銷報案是事實嗎？二、詩織小姐因爲遭人騷擾而求助時，上尾署的應對。三、受理妨礙名譽的刑事告訴後，對豬野家的應對。

以埼玉縣警察本部公關的名義回覆的上尾署回答如下：

一，並無警方要求家屬撤回妨礙名譽告訴之事實。

二，警方請被害人找律師諮詢，數日後接到被害人聯絡，表示經與律師討論後，問題已獲得解決。

三，本案偵辦期間，負責員警曾多次拜訪被害人家屬，製作必要之文件，並告知後續偵辦狀況、確認所受到的損害等等。

我忍不住笑了出來。一的回答讓人覺得「又來了」，二和三根本是胡扯。詩織什麼時候找過律師商量，聯絡警方說問題解決了？員警多次拜訪豬野家？多次上警察署求助的是豬野一家吧？就連命案發生後，通知他們找到實行犯及嫌犯落網、還有小松死亡的消息的，也都是我。警察到底做了什麼？

鳥越先生在電視畫面中說：

「如果警方在偵辦期間，詩織小姐遭到殺害，那麼這就是警方的重大過失。但是警方完全沒有進行偵辦，坐視詩織小姐遭到殺害，這也是重大過失。無論如何，上尾署都免不了責任。」

鳥越先生在結尾中說，期望警方徹底進行內部調查。

這已經是電視第三次以專題來報導上尾署的問題了，能不能引發某些迴響呢？目前還只是小火種，但只要能燃起熊熊大火的話——

四天後的傍晚，我在編輯部打開報紙。目的是尋找材料，因此是快速瀏覽。編輯部的電視在背後散漫地開著，但播放的是我沒什麼興趣的國會質詢。我是社會記者，國會質詢不可能有我要的材料。只有聲音在無意間流入耳中。忽然間，我把某個女聲讀出來的詞句在腦中重組，整個人嚇壞了。

「……對此，刑警這樣回答：收了人家那麼多禮物，才說要分手，做男人的怎麼會不生氣？妳自己不是也拿到一堆好處了？這種男女問題，警察是不能插手的。」

瞬間，KTV包廂重回腦中。時間和地點陷入混亂，那個女聲與詩織朋友的聲音重疊在一起了。不，不對，這是《FOCUS》的報導內容，那個聲音是在讀那篇報導。我急忙轉向電視機畫面，看見預算委員會室裡，女議員手中正打開《FOCUS》。

我大吃一驚。「三流」週刊的報導，竟然被拿到國會殿堂上朗讀！雖然不清楚是什麼狀況，但這樣一來，警方也無法佯裝不知情了吧。只要有議員在國會提出質詢，警方也必須做出某些回應才行。

對於報導內容，我當然有十足的自信。如果要爭論相關事實，正合我的意。

提出質詢的是民主黨的竹村泰子議員。她引用了《FOCUS》相當長的一段內容，逼問警察廳的林則清刑事局長。

「（警方要求撤銷報案）這是不是事實？」

「並非事實，但是有造成誤會的發言。」

刑事局長竟然做出這樣的答詢。

這樣說眞的沒問題嗎？明明事不關己，我卻擔心起來。刑事局長一口咬定「不是事實」，這表示一定又有人在什麼地方撒了謊。這下有意思了。我調查之後，發現國會前天也有這樣的問答。竹村議員詢問報導中的刑警後來有什麼處分，刑事局長回答：

「我不清楚。」

議員質疑質詢內容早在事前就已經提出了，爲什麼沒有預先調查清楚？

刑事局長回答：

「這是我們的疏失。」

教人傻眼，最後他甚至被糾正了不適當的發言。

後來，竹村議員告訴我她提出質詢的經過。

「起因是我回去北海道時，在家裡看到『獨家頭條』節目。隔天我便在東京蒐集資料，讀了《FOCUS》。這整件事實在太離譜了，我覺得絕不能容許這種事發生。就在這時，我剛好在預算委員會有個人質詢的時間，便決定提出這個問題。」

「提出質問後，媒體採訪蜂擁而至，也接到贊同和鼓勵的電話。我沒想到那起命案會成爲引發國民如此關注的焦點。最大的問題是，當市民感到恐懼時，除了投靠警方以外，就沒有別的方法了，不是嗎？然而警方卻是這樣的應對，豈不是叫市民自生自滅嗎？」

「命案偵辦也是，警方應該擁有壓倒性的公權力，偵辦狀況卻遠不及一本攝影雜誌的採訪內容，這到底算什麼？我覺得這件事就是個象徵，暴露出結構性的問題。我想要提出的，就是這樣的問題。」

我覺得有人明確地說出了自己想說的話，議員的發言就是如此大快人心。經過「播報員」、「WIDE! SCRAMBLE」兩個節目，到了「獨家頭條」，終於燃起了大火。又有某種力量令狀況出現突破了。我稍微打起了精神。火勢應該會變得更大。

從這天開始，國會著手推動「跟蹤騷擾行爲規範法」的立法。

國會質詢隔天的九日，這次埼玉縣議會也拿縣警開刀了。在警察常任委員會上，縣議員長沼威追究警方的責任。得知這件事後，我立刻訪問長沼議員。

「《FOCUS》登出過那麼多次跟蹤狂的姓名和照片，爲什麼警方就是逮不到人？我覺得太奇怪了，所以提出質詢。」

對於議員的問題，縣警的橫內泉刑事部長顯然窮於回答，「我們是很關心，但掌握不到他的下落。」

很關心……什麼跟什麼？

對於被害人誠摯的傾訴，警方只是關心而已？所以連像樣的偵辦行動都沒有嗎？我才不相信你們認眞調查過和人的下落。詩織報案後，警方所做的事，不就只有調查小松和人的戶籍，和前往他在池袋的公寓一次而已嗎？而且命案以後也沒有認眞尋找和人，甚至沒有派搜查員去沖繩。

如果說很關心，但是沒有實際作爲，那麼久保田和川上那時候一定也是如此。多達上百名的搜查員到底都在哪裡做什麼？爲什麼我在採訪的地點完全沒有遇到他們？我甚至都想代替縣議員質問警方了。

報紙和電視新聞等「報導」類的媒體，似乎也漸漸無法忽略登上國會殿堂的上尾署問題了。雖然是以埼玉縣版爲中心，但漸漸有大報社予以報導。也有些報社記者來訪問我，但是都沒有明確批判警方。最後呈現的報導幾乎都僅是含糊地表示「家屬與縣警的說法有落差」。我只能宛如當事人一般，一邊祈禱，一邊關注著已經發展到我無力干涉的這起案子。

不過對於這個問題，縣警的一連串回應十分耐人尋味。命案剛發生的十月下旬起，包括我在內的幾家媒體記者得知曾有刑警前往詩織家要求撤銷報案，便各自向警方求證。但是對於這個疑問，上尾署的幹部從頭到尾都堅稱：

「我們調查過了，沒有這樣的刑警。沒有紀錄也沒有報告。」

這種態度一直到後來好一段時間都沒有改變。

一月，《FOCUS》明確報導「上尾署刑警前往被害人家中，要求撤銷報案」後，雖然警方全面否認報導內容，另一方面，警方對電視台一連串的採訪要求也幾乎全數拒絕。即使對「獨家頭條」節目的質問書做出回覆，但全面否定這件事的態度沒有動搖。對於不利於他們的問題，甚至跳過不答。

接著，這個問題在國會提出之後，三月九日的埼玉縣議會中，刑事部長雖然表示「有許多必須反省之處」，但對於刑警要求撤銷報案一事，仍明確予以否定。

問題是這些回答全部登上報紙版面了。縣警看詩織的父母不接受採訪，便對記者任意胡謅，而這些內容輕易就會登上新聞版面。在難以採訪到被害人親友，而警方侃侃而談的狀況下，採訪便會流於馬虎。組織內部的內幕實情姑且不論，但是當時整個日本都還抱有一種幻想——在辦案方面，警方是不會撒謊的。這種幻想也影響了媒體。人們也相信警方與被害人的利害關係應該是一致的。然而仔細想想，就知道這種想法毫無根據。無論意圖如何，現實中就只有縣警的謊言被報導出來。

竹村議員第一次質詢後的第三天，三月十日，原本一直保持沉默的詩織父親實在看不下去，透過律師發表聲明。在警方繼續裝傻的情況下，豬野先生以書面明確表示：

「確實有刑警來問我們可不可以撤銷報案。小女遇害以前，上尾署一切的應對處理，都教人無法接受。」

我期待一直悶燒的對警方的批判能夠因此全面引爆。然而即使如此，大報社依然只把這份聲明放在地方版或只占個小版面。

我眞的納悶極了。先前報社記者說，因爲無法向被害人家屬求證，因此無法報導。但現在家屬不是透過律師發表正式聲明了嗎？但結果也只能得到這樣的對待嗎？

縣警的某個幹部對記者私下耳語：

「家屬在實行犯落網時，帶著禮盒到上尾署來道謝。他們應該很感謝警方。」

結果這個消息就這樣上了報紙版面。當然，這根本不是事實，是如假包換的謊言。可只是從警察口中說出來，就能變成新聞。

幹部更滿不在乎地對報社記者說：

「噯，警方或許有些言行惹來了誤會。不過三月以後，警方也見了豬野小姐的父母，他們也諒解了。死者的父親說『是我們倉促認定了，是誤會一場。我覺得好像沒有那回事』，母親也說『我這人性子急，可能是我搞錯了』。」

這也是謊話連篇。當時我逐一向豬野先生確認了這些發言，全都是警方捏造出來的。

豬野先生原則上拒絕一切媒體採訪，唯獨對於委託律師之前就有交情的我，願意大略談談。

不過，警方居然敢如此恬不知恥地謊話連篇。既然如此，我就用縣警的這些「謊言」來做一篇報導好了……報導主題決定了。標題是：「桶川女大學生命案　『撤銷報案騷動』中警方的連篇謊言——嫌疑終於進入國會」。

內容是竹村議員的評論、在埼玉縣議會警察常任委員會的質詢問答，以及對於焦點的「要求撤銷報案」問題，縣警不斷端出的謊言。

我也登出了詩織父母的談話：

「開什麼玩笑？警察眞的說那種鬼話？那都是假的。那個刑警一清二楚地用了『撤銷報案』四個字。不管警方再怎麼隱瞞，這都是不動如山的事實。」很可靠的發言。

然後，爲什麼刑警會特地要求被害人撤銷報案？報導中也插入了警界人士的意見。

「一但受理報案，警方就有義務以書面報告給檢察廳。此外，縣警本部也會管理報案的狀況。而且九月的時候，是上尾署新署長上任的時期，繼續偵辦的案子會被重新檢查一遍。如果受理報案後快兩個月都沒有進展，會變成問題。但是如果被害人願意主動撤銷，就全部不算數了。我想比起解決問題，他們應該更希望案子本身消失吧。」

聽到這話我不禁沉吟，原來如此，也有這樣的看法啊。

這個時期，T先生和某位警察幹部有了如下的對話。如今看來，顯然不是這名幹部撤了謊，就是有部下對他撒謊。從命案剛發生的時候就知道被害人說法的T先生熟悉一切內情，打破沙鍋問到底。然而對於T先生的問題，警察幹部也堂而皇之地堅持「撒謊」。

T 警方要求被害人撤銷報案，這是事實嗎？

警 不是。我仔細問過當事人了，他從頭到尾都說「我沒有說過那種話」。

T 您不覺得可疑嗎？

警 他又不是嫌疑犯，我們也沒有對他進行訊問，難道要我逼他承認他就是這麼做了嗎？這才是扭曲事實。我相信他沒有那樣說。

T 我不打算爭論有沒有說這種沒結果的問題。不過對方認爲警方要求他們撤銷報案，所以應該不是毫無根據才對。

警 關於這一點，當事人說可能是有某些造成誤會的言行。但是本人沒說過的話，當然也不可能記得，所以實際上他到底是怎麼說的，還要再確認。

T 不清楚他到底說了什麼嗎？

警 對。知道的只有他說「很難抓到歹徒」。他並沒有直接說什麼「請你們撤銷報案」。

T 我想一般人只是聽到很難抓到歹徒，不會產生這樣的誤會……

警 他可能提過報案單之類的事情，但我沒有確認。

T 這不就是「要求撤銷報案」嗎？

警 不是。他是怎麼說報案單的我不清楚，也不知道他到底想要表達什麼。

T 我不明白豬野小姐的父母怎麼會**誤會**。

警 我想應該不光是一天的事吧。之前應該也有過什麼。不只是言行，或許態度也有引起他們誤會的部分。本人也說「或許我的態度或言詞傷到了他們（父母）」。可是他說「無法明白想到」是「什麼時候的哪些言行讓他們誤會」。

感覺警方非常拚命，警察幹部不停複誦有人為了保身而努力寫出來的劇本。

T先生為我說明：

「這對話超可笑的，對吧？對方為什麼撒謊、想要保護什麼？我心知肚明，卻還是聽他瞎扯淡。不，不僅如此，對方也清楚我是明知故問。」

眞的很像警方作風。只要否定，否定的發言就會刊登在報紙上。他們就是藉由這樣來製造「事實」。報社記者根本被踩在腳底下了。

「可是，我並不像大叔那樣無法原諒警方的態度。他們也是普通人，只要沒有搜查本部這種東西，就可以早早下班，去站前居酒屋喝個一杯，或是回家看棒球賽轉播了。」

T先生說的沒錯，警察也是人生父母養的，我一點都不認為普通有什麼不好。可是就算是這樣，明明發生案子了，卻毫不作為，甚至想乾脆搓掉案子，撒謊包庇這種人，是可以原諒的嗎？

「若說是息事寧人主義，那也就這樣了，但是任何世界都有保守的一群，遇到問題就只想繞過去。警察也是一樣的。他們可都是上班族呢。」

T先生比我年輕，卻更成熟多了。可是不能原諒的事就是不能原諒。我的腦袋都快氣炸了，好想像小孩子一樣大喊：「可是他們撒謊啊！」

三月二十四日，縣警一連串的謊言，終於逼得詩織的父親下定決心召開記者會。

上午十一點，豬野先生在律師陪同下出現在浦和的律師會館大廳，淡淡讀起準備好的稿子。律師主辦的這場記者會，記者俱樂部成員以外的記者也可以參加。我在報社記者後面聆聽記者會。

讓我印象深刻的是這段話：

「問題不在警方有沒有要求我們撤銷報案。小女向警方求助，卻慘遭殺害，這讓我肝腸寸斷。」

我覺得眞的是如此。問題的本質不在誰到底有沒有說什麼，我們卻因爲縣警可笑的謊言，一直在問題入口原地踏步。爲什麼詩織非死不可？這個問題更重要。我覺得煩躁極了，縣警到底要持續這種猴戲到什麼時候？

T先生又捎來奇妙的消息。久保田在犯案中使用的凶刀，搜查本部到現在都還沒有找到，而且丟棄的地點就在命案現場附近。

案發當天，久保田殺害詩織以後，穿越現場的大型購物中心自行車停車場，徒步經過後方的社區，接著坐上停在社區出口等候的川上的車子逃走。但是上車的時候，凶器已經不在了。久保田說他把凶刀藏在集合住宅的灌木叢內。

在命案當中，沒有比凶器更確鑿的物證。而在這起命案裡，也等於是「吐露只有兇手才知道的祕密」，然而凶刀怎麼會找不到？如果讓久保田重回現場模擬，感覺偵辦會比較容易。是有人把凶刀拿走了嗎？這起命案如此受人矚目，如果有一把刀子就掉在命案現場後方，而且八成還沾著血跡，真的會有人把這種東西撿走嗎？

我被勾起了興趣。如果凶刀還在現場，我們能找到嗎？我和T先生、櫻井三人決定來尋找凶器。

不知道究竟是採訪誰問到的，T先生說凶刀是美國S＆W公司生產的軍刀。型號也查到了。久保田是在池袋的DIY賣場買到這把刀子的，沒錯，這家店就是池袋的隨機砍人兇手和炸彈男購買凶器和材料的地點。

我想先看看與實品一樣的東西。不過案發以後，DIY賣場似乎停止販賣這個型號的刀子了。刀具展示架上，只有那個位置是空的。我們也上網找了一下，但每家店都缺貨。我的個性是愈看不到就愈想看，便去書店買了刀具專門雜誌，四處打聽庫存。編輯部其他同事都露出目瞪口呆的表情，「這次換成刀子了？」我盯著各家專門店的廣告，四處打電話。

結果在澀谷找到了。

在專門店的櫥窗中發出森冷光芒的不鏽鋼刀，比想像中的更可怕。全長二四五公釐，刀身一二五公釐，雙面刃的中央往兩側擴張。那可怕的形狀讓人覺得光是拿在手中，一不小心就會弄傷自己。刀柄是黑色橡膠材質，收在附有皮帶夾的皮革刀鞘裡。

「這種雙面刃，除了殺人以外沒有別的用途了吧？弄個不好，光是持有就會觸犯槍械法了。」

明明自己就在販賣這些刀子的老闆說。

久保田用這把刀刺了詩織兩刀。看到實物，就可以明白地了解到那是出於殺意所爲。有沒有看到這把刀，對命案整體的印象應該會截然不同。我希望法官也能看到它。

我也弄到了用來尋找凶刀的道具。我向大阪的專門業者租了兩台金屬探測器。我們試著把刀子藏在公司前面的灌木叢，進行實驗。一偵測到刀子，機器便發出嗶嗶聲響。

隔天開始，我們混合搜索班便拿著探測器，在命案現場後方的社區周邊及人行道的灌木叢到處尋找。有花粉症的我和櫻井戴著口罩搜尋。樹木附著著大量花粉，只是樹葉稍微晃動，花粉便會毫不留情地四下飛散。我們涙涕縱橫地彎著腰，四處探頭查看灌木叢裡面。既然都來了，也順便撿拾一下空罐等垃圾。探測器用黑色塑膠布包起來，免得惹人側目。

不過範圍太大了。社區內外的灌木叢數量多到令人茫然無措。沒有嫌犯的詳細供詞，教人懊惱。

第二天開始，松原大叔和另一名工作人員也加入了。搜索班這下成了五人小組。然而結果還是一樣。樹木底下積滿了落葉，如果刀子掉在底下，就難以發現了。畢竟季節從秋季轉爲冬季，現在都已經要進入春季了。我們在有時溫暖到幾乎冒汗的天氣中，花了好幾天持續搜索。

結果沒能發現凶刀，但這場作業也並非白費。我們到處向社區管理員和居民打聽，得知自從十月案發以來，就幾乎沒有半個警察來過這裡。原來連凶器都沒有仔細找過嗎？多達上百名的搜查員一如往例，也沒有來過這裡嗎？

三月二十六日，《FOCUS》的截稿日到了。因爲凶刀沒有下落，我們決定在報導中以實際尺寸刊登出同型的刀子。我們希望讓讀者看到宛如殺意實物的這把凶器。標題就定爲「『凶器』尚未發現　『桶川命案』草率辦案再添一樁——命案中使用的雙刃凶刀」。但是只有這樣，照片不夠。我們打算空拍一張久保田的逃走路線和丟棄凶刀的地點。

這天我來到就在現場附近的「本田機場」。荒川河岸的這家機場，是小型飛機專門機場，也是我平常進行空拍的基地。搭乘的是塞斯納（Cessna）一七二天鷹飛機。這是美國生產的飛機，值得信賴。引擎發出悅耳的聲響。我坐進機內，用安全帶固定好身體。機體在跑道上不斷加速奔馳。飛機的離陸方向會依據風向而改變。今天是朝北。塞斯納沒有拉升多少高度便右轉，一下就來到桶川站上空了。

我對現場應該再熟悉不過，不過從高空俯瞰，感覺相當新鮮。我請機師降到航空法規定的一千呎（約三百公尺）極限，拉開窗戶上的攝影用塑膠窗框上的安全插銷，把窗框整個打開。寫報導的人是我，因此取景的時候毫不猶豫。我用變焦鏡頭確實拍下周邊景觀，攝影一眨眼就結束了。一捲三十六張的底片就足夠了。

這天是星期日。本田機場也是知名的降落傘訓練場地。由於剛好有跳傘隊開始降落，塞斯納先在上空待機。稍微提升高度，在空中盤旋。

腳下是高爾夫球場及高壓電塔。旁邊就是豬野家。那天詩織騎著自行車離開家門，穿過住宅區，經過公園旁邊。路線的終點是桶川站……我的眼睛自然地循著詩織那天的路線一路望去，最後無可避免地被某一點給吸引住——久保田等人埋伏的地點。詩織的生命結束的終點。

我強迫自己把目光從那裡拉開，望向東京的方向。池袋陽光大樓顯得小而朦朧。那模糊的身影，讓我想起了跟蹤狂集團。

他們就是盤踞在那棟大樓的陰影處。就在距離這裡幾十公里外的那裡……

我沒料到狀況會急轉直下，四月四日那天，坐上了前往台北的飛機。我必須快閃去台灣一趟，因此搭上一早的班機，但因爲睡眠不足，打起盹來。然而不經意地拿起報紙，頭版上刊登著讓我睡意全消的報導。

「『報案』筆錄遭到竄改」。報導中提到，上尾署的刑警爲了把詩織的報案弄成單純的備案，任意竄改了筆錄內容。

什麼？

連我都沒預料到如此誇張的狀況。我一直以爲縣警是在隱瞞要求被害人撤銷報案一事，所以才會撒謊，沒想到他們實際上做的，比這要惡質太多了。竄改筆錄，這已經遠非是否「要求撤銷報案」的問題了。這等於是警方任意撤銷民眾的報案，形同抹消案子本身，對小松的偵辦當然不可能有進展。

我拿著蓋有航空公司印章的報紙，陷入茫然。

四月六日，縣警調查小組發表了內部調查報告書，同時決定了十二名警察的懲處。其中甚至包括縣警本部長的名字。直接涉入竄改文件的三名警察受到懲戒免職的處分，並且以僞造公文等罪嫌函送法辦。這三名是不願意認眞聆聽詩織及她父母求助的刑事二課長K（四十八歲）與刑事係長F（五十四歲），還有到豬野家來「要求撤銷報案」的假刑警，也就是巡查長H（四〇歲）。據供稱，他們的動機是覺得報告義務及查案很麻煩，想要減少報案數量。

如此堅稱「沒有那種事實」的埼玉縣警，卻以最糟糕的形式自打嘴巴，不僅就是事實，而且還惡性重大。一直隱藏在「女大學生命案」背後——不，一直遭到掩蓋的「桶川案件」的全貌，這下總算要揭露出來了。

自從我在KTV包廂聽到「遺言」，開始採訪，已經過了五個月的時間。

主流媒體的風向驟變。明知道被害人一方的主張，卻幾乎不願報導的主流媒體，這下陷入狂喜般大肆抨擊起縣警來。「桶川案件」突然登上了頭條版面。而且消息來源是撒了那麼多謊的縣警所說的「這才是事實」的聲明，只能說根本是黑色幽默。為什麼主流媒體會那樣輕易相信警方的說法？過去縣警撒了那麼多的謊，媒體卻還是認為縣警的聲明比被害人父親的記者會更具眞實性嗎？詩織的「遺言」沒辦法上報，但是警方的書面聲明發下來的瞬間，警察的行爲就被報導成犯罪、突然變成了**事實**……主流媒體那種翻臉比翻書還快的態度，只能令我瞠目結舌。

不過，總之火是點燃了，並且熊熊燃燒起來。這是繼神奈川縣警、新潟縣警之後的警方醜聞，媒體歡欣地隨之起舞。眼前的情景，應該是我一直以來所期盼的才對。

然而這眞的是我所希望的結果嗎……

我總算把在這起事件中接下的兩根棒子交給了誰嗎？

縣警本部長在記者會中說：

「只要警方好好針對妨礙名譽進行調查，或許就有可能避免這樣的結果。」

他承認了上尾署的應對失當，以結果來說錯過了預防詩織命案於未然的結果。承認了先前那樣堅決否認的撤銷妨礙名譽刑事告訴的事實。承認了竄改筆錄、製作假文件……

我應該一直希望縣警的過錯能夠被公諸於世。一直希望有媒體出來大喊「是警方對詩織見死不救」，但是有什麼不對勁。

命案發生那天，上尾署的搜查本部擁有一份一般案件難以想像的超級「偵辦資料」。那就是詩織承受著警方惡劣的訊問完成的報案筆錄。前往檢察機關或警察單位提出口頭告訴的時候，檢察官或承辦員警就會爲民眾製作這樣的筆錄，把它當成和告訴狀一樣的東西就行了。上面應該詳細記載了一連串跟蹤騷擾的被害、事發之前的經過，甚至連「兇手」的姓名和偵辦線索都有。這份資料與我從詩織的朋友那裡好不容易問到的種種內容，詳盡程度應該是天差地遠。

三名被函送法辦的警官，所犯下的罪行就是將筆錄的「提出告訴」字樣竄改爲「備案」。但是案發之後，偵辦的幹部和第一線的搜查員不可能沒看到這份筆錄。不僅如此，幹部應該會叫來製作筆錄的刑警，詢問更詳細的經過才對。

那份筆錄上，「提出告訴」的部分用兩條線劃掉，改寫成「備案」。有那麼多名搜查員看到筆錄，然而長達五個月之間，居然沒有任何一個人注意到修改的部分，這有可能嗎？

命案當天，九九年十月二十六日傍晚六點的記者會提問時間裡，有這樣一段對話。如今看來，上尾署的回答非常重要。

Q 被害人生前曾經與人有過糾紛嗎？

A 不清楚是不是有糾紛，不過今年七月下旬左右，被害人曾經爲了妨礙名譽的事，來到本署備案。

簡單明瞭，上尾署在這時候就明白回答說是「**備案**」了。警方早已確認豬野詩織這名二十一歲女大學生提出的是「備案」，而非「報案提告」。別說什麼要求撤銷報案了，這不正代表了上尾署早在這個階段，就已經看到「提出告訴」被兩條線劃掉、遭到竄改的筆錄了嗎？後來的記者會中，警方有時候說「報案」，有時候說「備案」，翻來覆去。

十一月，我寫出「假刑警」這篇愚蠢的報導，年節剛過，也推出了「警方要求撤銷報案」的報導。八卦節目也持續指出各種問題。這段期間，上尾署完全否定說「警方不可能要求被害人撤銷報案」，然而命案後都過了五個月，三月進駐的特別調查小組一調查，居然又改口說什麼「令人驚訝的是，我們現在才發現筆錄遭到竄改」。難道他們要說與命案被害人有關的重要文件，直到這天都弄不清楚到底是「提出告訴」還是「備案」嗎？

然後負起責任的，就只有遭到懲戒免職、函送法辦的三名員警，實在讓人無法接受。這根本是斷尾求生。

在進行《FOCUS》第三期「警察批判」的採訪時，記者小久保於一月七日前往上尾署。這時他提出「刑事二課長K」的名字，質問副署長。

結果緊接著的一月十日左右，儘管警察早就把妨礙名譽的證據傳單丟掉了，但包括K在內的三名搜查員爲了僞裝成好好保管的樣子，卯起來僞造文件。自從七月二十九日的提告筆錄被竄改爲備案後，直到九月七日左右都毫無作爲的搜查員，卻在這時突然行動起來，只能說一定是因爲小久保前去採訪的緣故。

同一時刻，其實上尾署又向詩織的父親**再次**製作了妨礙名譽的報案筆錄。他們那時候才又把詩織的母親帶去傳單張貼的地點，拍下照片。被週刊指責「毫無幹勁」時，詩識的筆錄由於遭到竄改，早就變成了「備案」。那篇報導肯定讓上尾署相當慌張。妨礙名譽是告訴乃論罪，如果沒有被害人報案，即使能夠偵辦，也無法逮捕嫌犯。爲了粉飾成報案筆錄存在，警方只好弄出一份新的報案筆錄。

但是即使只有一家，也被週刊爆了出來。這眞的是只有那名刑事二課長K等三人能夠**獨力**完成的事嗎？更合理的推測是，在這個階段，上尾署還有搜查本部已經有相當多人知道詩織的筆錄遭到竄改。而且巡查長H後來在自己的審判中說「竄改筆錄，是以前上司教我的，其他案子也曾如法炮製」，看來在警界是相當普遍的情形。

這到底是怎麼一回事？

如果市民感到恐懼，想要求助，就只能投靠警察署。守護轄區內居民的生命財產安全，這不正是警察最重要的任務嗎？這種事連小學課本都寫了吧？然而上尾署拚命守護的，卻是「輕鬆的工作」、「名譽」和「地位」，絕對不是市民……

據說刑事二課長K長年任職鑑識課，其實幾乎沒有辦案的實務經驗。電視報導中說，課長K在訊問中供稱：

「我對自己指揮辦案的能力感到不安。因爲手頭還有其他案子，我盡量不想增加新的案子。」

不過眞的是這樣嗎？現在我連這都感到懷疑。刑事二課長K眞的只是因爲這樣，就對詩織與父母連續兩天拚命的求助充耳不聞嗎？因爲這樣就推諉報案嗎？因爲這樣就甚至要求撤銷報案嗎？

還有，這是我在這次採訪中一直感覺到的疑惑。

上百名搜查員都到哪裡去了？

命案發生後兩個月之間，在我查出行凶的歹徒是誰以前，他們都在做什麼？

第一場記者會，也就是櫻井用電話向我報告的那場記者會中，警方是怎麼宣布的？「古馳」、「普拉達」、「厚底長靴」、「迷你裙」……這樣描述被害人的外表，到底有何用意？

詩織在朋友的拜託下，命案一年前曾經勉爲其難地在某家店打工過兩星期，這件事也是警方透露給記者的。明知道那家店只因為提供酒類，就會被記者寫成「酒家」。

還有詩織剛遇害的時候，各家報社記者在夜間進行非正式採訪時，搜查員是怎麼一直告訴記者的？

「那是酒家女的三流案子啦。」

這不是太過分了嗎？警方可以這樣誘導媒體嗎？到底是出於什麼用意，要把一個普通女孩套進某種**模子**裡？

見餌就咬的媒體也實在糟糕。這些傳聞不斷增殖，出現在八卦節目、週刊雜誌和體育報上。「酒家女」、「迷戀名牌」等形容，在警方的推波助瀾下，塑造出一個甚至讓人覺得充滿惡意的虛像。換個說法也就是為數驚人的媒體落入了警方的圈套。諷刺的是，小松和人一直想要毀掉詩織的清白，而警方和媒體聯手達成了他的心願。久保田剛落網的時候，就連發行數量全日本第一的大報，都把詩織寫成「曾經做過酒店小姐」。這些報導，與那天四處張貼的黃色傳單又有什麼不同？況且是不是酒家女、是不是迷戀名牌、是不是酒店小姐，跟命案到底有什麼關係？

小松和人遭到通緝，各家媒體總算報出他的姓名時，這次又這麼寫：「當時與特種營業老闆交往的豬野詩織……」就像前面說的，小松和人偽裝職業、姓名和年齡，自稱「汽車銷售業務小松**誠**，二十三歲」，親近詩織。詩織至死，都不知道和人從事什麼工作。即使想知道也無從得知，警察也不肯調查。報紙這樣的寫法，真的能說是傳達了「事實」

嗎？

看到「與特種營業老闆交往」這樣的描述，一般讀者還能夠把被害人當成「普通」的女大學生嗎？然而報導卻寫得彷彿詩織是明知道這一點才跟小松交往的，豈不是太欠缺顧慮了？

終於連電視都有女性名嘴根據這些胡說八道的報導，評論說：「如果是在那種店上班，女生自己也有責任。」

方向都是一樣的。

「她就是因爲在酒店上班、因爲喜歡名牌，所以才會被殺。而且她好像收了男方一堆昂貴的禮物。對方不就是特種營業的老闆嗎……」

沒有人想要被捲入命案。每個人都希望被害人與自己毫無共通之處，距離自己居住的世界愈遙遠就愈放心。

「啊，那個被害人果然是那種女人，跟我不一樣，跟我女兒也不一樣，所以才會被殺，是她自找的。」那些報導，是想要讓世人這樣想嗎？

就算退讓百步，媒體是被警方誤導的好了，那麼，爲什麼警方甚至如此無所不用其極地想要扭曲詩織的形象？爲什麼這起命案**非得是**「酒家女的三流案子」不可？

我要不厭其煩地重申。

縣警無論如何都不願意逮捕小松和人。

搜查本部毫無作爲地在命案發生後虛耗了兩個月。然而這段期間，僅由三個人組成的團隊，在許多人的協助及諸多的幸運眷顧之下，查出了實行犯，並成功拍到照片。這段過程中，我們在哪裡遇到過搜查員了嗎？

這個時候，警方正卯起來塑造出與詩織眞正的形象截然不同的另一個詩織的樣貌。出於不想工作這種難以置信的理由遭到竄改的筆錄，也被徹底隱瞞起來。武史被視爲主犯，依殺人罪嫌逮捕，然而小松和人直到最後都僅止於被依妨礙名譽的罪嫌通緝，而且以緩起訴收場。

這當中的扭曲究竟是怎麼回事？

一切的根本，果然是警方無論如何都必須否認詩織的「遺言」嗎？

一名二十一歲的女大學生拚命傾訴「我會被殺」，然而警方見死不救，害她眞的被殺了，這件事他們無論如何都不能承認，是嗎？

埼玉縣警有人遭到處分了，但他們眞心誠意地反省了嗎？

只要看看警方最後畫出來的圖是什麼樣的就知道了：實行犯久保田供稱受到小松武史指示，而武史的動機，是打算懲治害弟弟和人痛苦的壞女人，因此和人與此事完全無關。警方直到最後都堅持這樣的圖像，目前審判也依照這樣的內容進行。只要和人從這副圖像中被除外，就絕對不會符合詩織的「遺言」。這就是警方所寫的劇本。

但是他們明白這意味著什麼嗎？詩織指名歹徒是誰，向警方求救，警方卻獨獨排除掉那個人。這是爲了保全警方的面子嗎？如果是的話，爲什麼他們沒有發現這樣的面子等於是二度殺害被害人？詩織的聲音直到最後都無法傳達出去嗎？只要下手的「兇手」落網就夠了嗎？「眞相」怎麼樣都無所謂嗎？

這與記者俱樂部的結構是一樣的。俱樂部認爲案子怎麼樣都不重要，重要的是警方發表了什麼內容，而警方認爲只要逮捕到「兇手」就好了，這兩者有麼不同嗎？

詩織遇害時，警方的應對惡劣至極。他們打電話到豬野家，不理會不知道出了什麼事而憂心如焚的母親，問起：「妳女兒今天早上穿什麼衣服出門？」明明詩織身上帶著駕照，警方早已確認她的身分了。總算得知女兒遇害，母親想要趕去醫院，卻被警察先叫去警署，然後父親也被叫去，沒完沒了地訊問。這段期間，父母對被送去醫院的女兒傷勢擔心得不得了，警方卻哄著要他們放心，實際上卻把他們絆在警署長達十小時以上，害他們連女兒最後一面都見不到。結果父母在警察署內接到女兒的死訊，震驚無比，警方卻還不斷拿出文件要他們塡寫，直到塡完之前，甚至都不讓他們見到遺體。這種蠻橫，眞的能夠允許嗎？辦案就這麼重要嗎？記者俱樂部爲政府機關服務，而警察爲法律服務，兩邊都很了不起。但如果其中沒有「人性」，就毫無意義。日本這整個國家到底是怎麼了？

不僅如此，埼玉縣警接下來也拚命地把詩織以及命案本身的形象弄得廉價，設法讓媒體的興趣從「就算報案，也被擅自改成備案」這個事實轉移開來，如果事跡敗露，就斷尾求生。他們不認爲這樣的行徑是在再三、再四地踐踏死者嗎？

縣警本部長在記者會上說：「只要警方好好針對妨礙名譽進行調查，或許就有可能避免這樣的結果。」

不對。

警方不應該說得如此事不關己。最嚴重地傷害詩織的名譽、生命的，不就是埼玉縣警嗎？

埼玉縣警爲何會如此地想要避開小松和人？實際上就彷彿同極相斥一般，搜查員從頭到尾都只避著小松和人一個人，也沒有派搜查員到沖繩去。據說武史在偵訊中再三提醒和人有可能會自殺，請警方找到他並保護起來，卻被一笑置之。自己畫出來的圖就那麼重要嗎？我絕對不是認爲武史沒有責任，也認爲下指示的或許就是武史，但是縣警打算讓整起案子就這樣以扭曲的樣貌送上法庭，他們的態度中哪有反省？

開審陳述要旨中有段耐人尋味的內容。

是武史想要殺害詩織的「經過」，主旨是這樣的：

「和人由於詩織要求分手，整個人十分沮喪。因此哥哥武史企圖傷害詩織與其家人的名譽，分階段變本加厲地騷擾，但是如果詩織還是沒有受到明顯的傷害，就殺害她。」

只讀這個部分，主犯顯然是武史。不必說，是做哥哥的因爲弟弟被女人甩了，所以殺了那個女的，替弟弟出氣，我從來沒聽說過這種「殺人動機」。這一點姑且不論，就連委託強暴、中傷傳單、製作假援交小卡，甚至是張貼和印刷黑函等行爲，主謀都成了武史。而且據說武史還說：

「那女人家裡有養狗。餵那條狗吃硼砂丸子，把牠毒死。」

這個劇情是不是在哪裡看過？撒照片、拍下強暴影片，然後殺掉……這不是跟詩織告訴島田的內容一模一樣嗎？那麼，這個劇情是誰寫的？

我必須在這裡坦承一個一直保密的內容。

那是第一次見到佳織的十二月底。我在咖啡廳裡，聽著桌子對面長得和詩織一模一樣的佳織說出這件事。是關於和人的事。

是無法寫成報導的內容。

命案發生好幾個月前，就在和人即將與詩織分手的時候，據說和人對佳織坦白：

「我要把詩織搞到沒辦法過正常生活，要逼她下海賣身，叫部下輪姦她，搞爛她的身體，把她逼瘋。」

「妳知道嗎？殺人太容易了。只要雇人，花個幾萬圓就辦得到了。我也要雇人宰了詩織，把她爸媽也殺了。因爲她爸媽也有責任。我要讓她再也沒辦法工作，要不然就宰了她。動手的時候，我會讓我信任的夥伴去做。我有一堆這樣的夥伴跟部下。」

和人以病態的表情說個不停，佳織拚命勸阻他：

「你自己也有父母吧？如果你自己的父母遇到這種事，你會怎麼想？」

「不，我相信的只有我哥。我哥願意爲我做任何事。跟我爸媽無關。他們怎麼樣都無所謂……」

這是和人的「殺人」計畫。和人在詩織面前，絕對不會用「殺」這種直接的字眼，但是面對佳織，卻赤裸裸地吐露感情。和人有十足的殺意，也有進行跟蹤騷擾十足的動機。

我的採訪，過去只能問到詩織那一方的說詞。但是這段證詞不一樣，是小松和人本人親口說出來的。

可是我不能報導出來。因爲如果寫出來，可能會害佳織也遭遇危險。只要讀到報導，不管我再怎麼隱藏消息來源，和人一定也能看出話是從誰口中說出來的。

這是和人被關進牢獄以前，都必須藏在心底的內容。

而現在看到這份開審陳述，我會感到極強烈的異樣感，就是因爲我聽過這段證詞。和人所說的「計畫」，與警方準備的**武史**的「經過」，和詩織的「遺言」，竟是如此地不謀而合；然而說出來的卻又是完全不同的人。那麼，最原始的劇本是誰寫的，豈不是不言自明了嗎？即使如此，還是要撇開小松和人，進行審判嗎？爲什麼要躲避小松和人到這種地步？

詩織的「遺言」。

無論如何，我就是會回到這裡。透過半年來的採訪，我查證到她的「遺言」中所說的一切幾乎都是事實。即使起先感到疑惑，但只要查到新的事實，就會發現詩織的「遺言」

是對的，一再反覆。我從極小的線索開始採訪，與其說是我追查事實，反倒是被事實牽引到這裡。不，我**成功地走到了這裡**。全靠詩織交給島田和陽子、島田和陽子交給我的那些話，以及那些話以外的某種力量。

「遺言」最後還留有一個疑問。

「小松早就打點好了。警方已經不能依靠了。我已經完了。我一定會就這樣被殺死。」詩織這樣說。

「我在警界高層跟政治圈有一堆朋友，我小松大爺沒有辦不到的事。」

小松再三對詩織如此強調。

唯有這一點，在我的心中未能消化。不，這就是我到現在依舊背負著的「什麼」嗎？現在正在事件幕後放下心中大石的那傢伙。不管花上多久的時間，總有一天我一定要把他拖出來。如果他心裡有數，我要他好好記著。

「女大學生命案初審　前東京消防廳職員否認起訴內容」。

五月二日上午，通訊社發布了這樣的新聞快訊。命案的初審開始了。不出所料，小松武史否認嫌疑。

這天早上，浦和地方法院前面形成了約三百人的長龍，都是來抽籤只有四十幾席的旁聽席的人。不過大半都是媒體爲了採訪雇來的排隊打工人員。

主流媒體擁有一般旁聽席以外的司法記者席，因此各家媒體可以派一名記者進場。如果這樣還不夠，或是想要派出司法線記者以外的社會線記者或評論家旁聽，就會雇用打工人員排隊抽籤。然後還可以順便拍攝大排長龍的畫面，當做新聞，這自導自演也太厲害了。

我當然沒有司法記者席這種方便的東西。法院也一樣，對於沒有加入記者俱樂部的媒體，都不當成記者看待。只能賭抽籤運了。

我拿著「一號」號碼牌站在隊伍前頭。這是利用休假的自主採訪，但我並不是特別起勁地早起來排隊。只是我呆呆地站在抽籤集合地點，剛好我所在的位置成了隊伍開頭罷了。這號碼感覺就不會中，不過似乎足以引起來採訪初審的報社記者興趣。一名不認識的記者跑來採訪。

「不好意思，請問您是一般民眾嗎？」

不是打工排隊、也不是記者俱樂部的我算是「一般民眾」還是「特殊人員」？我自己也一頭霧水，窮於回答。

「您好早就來排隊了，對這起案子有興趣，是嗎？」記者緊接著拋出下一題。不要問我啦。如果真要回答，講上三天三夜都講不完喔。會害你趕不上晚報截稿喔，你真的要問？再說，我連能不能進去法庭都還不清楚。

我懷著這樣的心思，沒想到預感成真。真是無益的負面思考。這也算是「心想事成」。領到「一號」的大叔完全落選了。我的運氣說穿了就只有這樣嗎？跟我一起排隊的記者小久保也落選了。這下初審的自主採訪就結束了。答案出來了。我的身分是無限接近「一般民眾」。

初審的內容，我只能透過報紙和電視得知。

天氣已經完全變暖的某一天，洗衣店打電話來，「您的外套已經放很久了，請過來領」，然後掛了電話。都忘了。我一直沒時間去領，那件夏季外套還放在店裡。

今天也沒有時間去領。我正準備出門採訪，發現埋著「之助」的草地冒出向日葵的芽來。那天和「之助」一起埋下的牠最愛的向日葵籽，不知不覺間長出了一根挺立的嫩芽。明明埋了好幾顆種子，卻只有一顆發芽，令我覺得十分奇妙。我暌違許久地來到「之助」的墓前，蹲下來合掌。生命就是像這樣在不知不覺間萌芽的……我邊合掌邊想。請你就這樣健壯成長，有一天開出大花來吧！「之助」留下的這棵向日葵對我來說是特別的，因爲詩織最愛的花也是向日葵……

這天，國會通過了《跟蹤騷擾行爲規範法》。這起毫無救贖的「桶川案件」如果留下了什麼，就是這部法律吧。如果有這部可以規範糾纏騷擾行爲的法律，這起命案或許會是不同的結局。

但是不管法律訂得再好，運用它的畢竟還是人。不可能世上所有的跟蹤狂問題就此得到解決，最重要的是，如果能夠對拚命傾訴的被害人多一點同理心，其實也根本不需要法律。

巧的是，五月十八日這天，剛好是詩織的二十二歲生日。

我把車子停在桶川站前圓環的外側。

穿過時髦的電話亭旁邊，走過嵌滿褐色地磚的人行道。站在慢跑路線的起點稍前方，大型購物中心的角落。

十八年來，我一直站在第一線。所以一有什麼，結果還是會回到現場。三流記者最後抵達的地方，就是現場。自從第一次來到這裡，赫然回首，竟已過去了意外漫長的歲月。那個時候的我糊里糊塗，只是在現場不停地走來走去。後來，我又重回這裡多少次了？

一度樹葉落盡的行道樹櫸樹再次長滿了茂密的綠葉。杜鵑花叢間不知不覺放上了三個綠色的塑膠桶。是有人放在這裡，方便人們爲詩織獻花的。獻花的種類也隨著季節有所不同。還有許多人沒有忘記詩織和那起命案，來到這裡緬懷。

那天詩織一如往常，把自行車停在這裡，正要上鎖。當時她正在想些什麼？剛開始採訪這起命案的時候，我認爲一般人所能想像的不幸，至多就只有自行車被偷；但是不對。詩織明白危險正在逼近她。一名二十一歲的女孩，一面對抗著恐懼，仍拚命地過著每一天，努力活下去。

然而這樣的詩織，卻突然感到背後一陣衝撞與劇痛。那會是多麼可怕的感覺？她回頭一看，只看到一名肥胖的陌生男子。然後目睹一把長達一二五公釐的刀子再次逼近胸口。那種絕望與孤獨，沒有人能懂，不可能有人懂。

詩織坐倒在她所愛的這個城市，倒在這個地方。過於短暫的人生的終點，不是自家也不是醫院，而是身邊沒有任何愛著她的人的、這條嵌著褐色地磚的人行道。在逐漸模糊的意識中、痛苦的呼吸與疼痛中，她到底在想些什麼？是心愛的父母，可愛的弟弟嗎……或者是那樣拚命地懇求警察救她，卻落得這種下場的不甘與憾恨？

無需再次贅言，詩織只是個普通的女孩。她喜歡向日葵、深愛父母和弟弟、珍惜朋友、疼愛動物，是這樣一個隨處可見的女孩。是直到最後一刻都擔心著父母，說著「我爸和我媽好可憐」、就像在你身邊的普通女孩。這樣一個普通的市民，爲何得這樣死於非命不可？

爲什麼詩織那樣拚命求助，警察卻聽不見她的聲音？

爲什麼恐嚇詩織「我要讓妳下地獄」，逼她直到死前都活在驚懼中的男人，完全不必服刑贖罪？

爲什麼聯合起來騷擾一個女大學生的男人只被判了輕罪？

爲什麼一個普通的女孩要被單方面地稱爲酒家女？

爲什麼家屬的聲音會被警方掩蓋？

爲什麼詩織留下來的話沒有人相信？

還有，爲什麼詩織——或許有可能是你的女兒的詩織，非死不可？

請再次好好思考她所留下來的話。想想這名除了留下這些話以外，再也走投無路的二十一歲女孩那孤獨的「遺言」。

「如果我死了，就是小松殺的……」

後記

二〇〇〇年五月十八日，《跟蹤騷擾行爲規範法》通過了。

雖然限定爲戀愛關係，但從此便可以對持續做出「糾纏行爲」的人提出告訴了。在過去，「糾纏行爲」本身無法可罰。雖然有各縣級的條例，但桶川案件發生時，實施的僅有鹿兒島縣而已。

一旦遭到起訴，會被處以六個月以下的徒刑或五十萬圓以下的罰款。即使被害人沒有報案提告，警察也可以做出「警告」或「禁止命令」，若加害人不從，可以處以五十萬圓的罰款。如果行爲惡質，可處一年以下的徒刑或一百萬圓以下的罰款。這部法律儘管不被看好，但總算通過，只等十一月正式正效。

不過本書也提過，並不是有了法律就沒問題了。因爲這起案件的本質，並非「沒有法律可以取締跟蹤狂」。雖然或許輪不到我這種人來評論，不過這也令我質疑，除非犧牲一條人命，否則這個國家連一部法律都無法制定嗎？

九月七日，竄改詩識報案記錄的三名前員警被判有罪，但處以緩刑。

「如果警方迅速進行偵辦，逮捕歹徒，應該就能避免被害人遭到殺害的結果。」

法官在判決文中如此陳述，關於這一點，我沒有什麼好說的了。不過我必須補充一點，就是本書中僅以頭文字表示這三人的名字，是因爲我不想把竄改報案記錄的責任，全部歸咎於遭到懲戒免職的這三人身上。不能當做是只有他們三個人所犯下的犯罪，矮化問題層次。

詩織死後，剛好一年過去了。

她看不到今年的櫻花，聽不到今年的蟬聲，她的季節就這樣戛然結束了。

命案的審判還在進行當中。檢察單位依然照著警方所描繪的圖像提起訴訟。

撰寫本書時，我爲了是否該用「我」這個第一人稱，煩惱了許久。考慮到詩織的家屬，我覺得「我」跑出來搶事件的風頭似乎不太對，而且從社會案件紀實報導的形式來看，以「我」來描述似乎不太適合。不過在思考這起案子的時候，我無法忘記有許多人給了我力量。我是怎麼查到實行犯的？我怎麼能刊登出批判警方的報導？爲什麼我會執著於這起案件？許多人以各種形式詢問我，但我只能說，因爲有多到近乎不可思議的貴人，在絕妙的時機給了我行動的力量。

當然，我的內心確實有著類似憤怒的情緒。我有家人，也有女兒，有許多珍惜的人。對我而言，這起案子絕非事不關己。身爲有女兒的父親，我實在無法把詩織當成無關的別人家女兒。一個普普通通過日子的人，莫名其妙地被捲入這樣的犯罪，是絕對不能夠允許的。我一直這麼想。

然而我只是個普通的記者，我覺得就算我一個人拚命掙扎也不能怎麼樣。對我而言，與這次採訪有關的每一個人的「感情」才是原動力，也是推動這整起案件的「力量」。因此在書寫這些的時候，還是只能用「我」這個第一人稱，還請讀者諒解。

而現在，我依然是一名普通的記者。

我做為平凡的記者，一步一腳印地做好分內工作。我沒有特別的力量，只是不停四處走訪，查到某些內幕，傳達給大眾，如此重複罷了。我只能做到這些，不過或許我變得比以前更喜歡週刊雜誌一些了。

本書出版時，已故的新潮社多賀龍介先生眞的對我百般照顧。如果不是他建議我「把桶川一案寫成書吧」，應該就不會有這本書。

然而我竟粗心地沒有發現共事多次的他正在與難纏的病魔搏鬥。今年七月，他突如其來地從我面前消失了。在道別的場合中，多賀夫人告訴我，以毒舌聞名、難得稱讚別人的龍介先生，把桶川報導當成自己的事一樣地驕傲開心，聽到這話，我居然再也忍不住淚水。不管再怎麼懊悔，沒能來得及讓他看到這本書面市，是我唯一的遺憾。

我要特別感謝寬容地讓我任意採訪的山本伊吾總編等《FOCUS》的編輯部同事、撰寫本書時多次爲我確認相關事實的島田及陽子等相關人士、與我一起三人四腳進行採訪的T

先生和櫻井修先生。還有出版部的北本壯先生，從動筆撰寫到出版，都受到他諸多關照。我想藉由這個篇幅，表達感謝。

最後，儘管包括我在內的媒體添了那麼多麻煩，豬野詩織的父母仍對本書的出版表示理解，我由衷感謝。

最後，比什麼都更重要的是，願詩織小姐在天之靈能夠安息。

二〇〇〇年九月

清水潔

補遺　遺物

詩織的手表

眼前的物品確實是「古馳」的手表。

但是有什麼不一樣。案發當時，彷彿成了詩織的代名詞般登上各媒體版面的「古馳」，不知不覺間讓我有了燦爛奢華的高級名牌的印象。

然而說到它的實品……詩織的這只手表戴了很久，銀色表身和表帶都布滿了無數細小的刮痕。

這是一只平凡無奇、隨處可見的手表。

案發後已經過了兩年以上。一直被扣押的詩織遺物，有一部分總算送還給父母了。包括案發當天詩織所佩戴、警方在記者會上公布的這只手表。

我無法理解警方有什麼必要調查被害人的手表這麼久。不過我總算在詩織的祭壇前與這只手表面對面了。

沒有親眼看到的東西無法報導。關於這只手表，我所知道的就只有它是「古馳」這個品牌。

「古馳的手表」、「普拉達的背包」、「厚底靴」、「黑色迷你裙」……

媒體依照警方公布的內容進行報導。由於這些東西都在警方手裡，無法得知它們實際上是什麼模樣。其中也有些媒體大剌剌寫著「死者迷戀名牌」。名牌——用來代表這年頭愛玩的、打扮招搖的女孩的記號。這是媒體徹底受到警方操弄的第一步。

但現在我手中的這只手表平凡無奇，只是散發著暗沉的光芒。是二十多歲女孩手腕上常見、不怎麼昂貴、應該珍惜地戴了許多年的手表。

那一天，這只錶上的指針指向十二點五十分時，詩織結束了她的一生……

我在掌上輕輕翻過這只手表。

上面殘留著詩織黑色的血跡。

二〇〇一年一月，我再次來到桶川的現場。

我仍然待在《FOCUS》，回到了一步一腳印的採訪日常。

這天我結束某個案子的採訪，在回程前往桶川的現場。雖然不是多大的事件，但它的內容隱藏著推動我前往這處現場的能量。

前一年十月，埼玉縣北本市的某戶公寓門前被放置了三個火焰瓶，其中一個爆炸了。該戶的居民，被害人M是埼玉縣警警視，詩織命案發生當時，他任職於上尾署，負責指揮詩織命案的偵辦。一接到在M家縱火的歹徒落網的消息，我一如往常地開著我那輛四輪驅動車前往現場——心想又跟上尾署有關。其實，自從詩織的命案以來，上尾署接連爆出了許多醜聞。我在鹿兒島採訪其他案件時，看到當地的報紙，吃了一驚。報紙用「又是上尾署」爲標題，來報導將虐待女童致死案放到超過時效的醜聞。醜聞的內容固然惡劣，但就連在遙遠的鹿兒島縣，只需要「上尾署」三個字，大家就知道是指什麼了，這個警察署到底糟糕到什麼地步？

我在採訪過程中，漸漸了解縱火案的概梗。二〇〇〇年十月七日凌晨兩點左右，M的長女聞到可疑的氣味，打開玄關門，發現門前大火熊熊燃燒。附近倒落著保特瓶和玻璃瓶，長女慌忙叫醒M。M雖然受了燒燙傷，但仍拚命用滅火器滅火，總算免去了一場大禍。但是部分門板及周圍的牆壁、天花板燒焦，只差一步，就可能釀成燒掉整棟公寓的大火。埼玉縣鴻巢署朝惡意縱火案偵辦，持續追查，最後以其他的恐嚇罪嫌逮捕了一名四十四歲（當時）的男子。男子在縱火案剛發生後，打電話給M以外的對象進行恐嚇。

接下來才是問題。這名遭到逮捕的男子，其實也是埼玉縣警的警察。而且就連他打電話恐嚇的對象，也是埼玉縣警的警察。他們每一個都是詩織感受到生命危險、不斷地前去求助的當時的上尾署署員……

不僅如此，這名被害人M，就是把詩織提出的妨礙名譽的告訴狀丟回去給第一線搜查員的警視。這是後來才查到的事實，據說M「以非常生氣的口吻」說「又還沒查到歹徒，報什麼案，備個案就好了」，把筆錄「扔回桌上」。

因竄改詩織的筆錄的嫌疑遭到起訴的巡查H，在他「行使及僞造公文書案」的判決文中如此記載：「被告H聲稱，M次長成天把業績掛在嘴上，對於最重要的現在進行式的、令詩織不安恐懼的妨礙名譽案之偵辦該以什麼樣的方式進行，卻隻字不提。因此被告H認爲M次長腦中只有業績，根本不打算認眞處理妨礙名譽案，除了憤怒之外，亦感到幻滅……」

被M次長把告訴狀丟回來的H巡查怎麼做？雖然不說他是逼不得已，但H巡查決定前往豬野家，請他們撤銷報案，結果遭到拒絕，只好著手竄改筆錄。簡而言之，只要M次長說一句「好好辦案」，或許根本就不會發生這起命案了。然而M次長雖然因爲做出不適切的指示，遭到減薪處分，此外卻沒有任何懲罰，相對地，H巡查卻遭到懲戒免職，成了刑事被告。

眞教人受夠了。

那起醜聞是上尾署，這起醜聞也是上尾署。在桶川的一連串案件中，包括被函送法辦的三人在內，這處警察署總共有十二人遭到處分，現在又加上了三名縱火案的歹徒與被害人。世上有如此荒唐的警察署嗎？

據說成了縱火犯的警官，怨恨M害他從刑警被降調成交通警察，在上尾署內大吼「我要宰了那個王八蛋」。後來這名警官在監獄裡自殺，不知道他是懷著什麼樣的心情說出這句話，但再怎麼說都是警察署裡面。就在女大學生拚命傾訴「救救我」的同一個署內，有警官怒吼著「我要宰了那個王八蛋」。

找上這種警察署求救的詩織，或許是運氣太背了。但是當市民被捲入案件時，到底還能向誰求助？

我把這些想法寫成了《FOCUS》的報導。標題是「『桶川跟蹤狂案件』問題，警察幹部爲何自家遭人縱火？——繞來繞去，又回到上尾署」。

報導應該沒有引起太大的矚目，但我認爲必須把它報導出來。因爲就是有這樣的警察署見死不救，才會害死一名被害人。

我又回到了現場。

結束採訪，懷著對無可救藥的警方難以忍受的心情站在現場。

我來到這個現場多少次了？起初我糊里糊塗，只是來採訪「女大學生命案」的記者之一，然後不知不覺間就像被詩織的「遺言」驅動似地尋找兇手，最後已經變得不知道是記者還是當事人了。我無數次地注視、經過、佇足在這個現場。

這起案件究竟要持續到何時？

命案實行犯等人的審判甚至還沒有結束。二〇〇〇年十二月，詩織的父母爲了「警方處理上的疏失」，對埼玉縣警提出國賠訴訟。這起訴訟是爲了再次確認縣警本部長謝罪的事實「只要警方好好針對妨礙名譽進行調查，或許就有可能避免這樣的結果」，以及追究縣警的責任。「如果警察好好辦案，我的女兒就不會死了」，做父母的會有這種心情是天經地義。被告是縣警的上級機關埼玉縣。家屬根據國家賠償法，求償約一億一千萬圓。

我對訴訟抱持樂觀態度。縣警應該會提出和解，即使繼續打官司，發展對原告應該也很有利。畢竟再怎麼說，縣警已經謝罪，也處分了許多人。在遭到懲戒免職的三名警察的刑事審判中，法院也做出有罪判決，認爲「只要警方迅速進行偵查，應該就能避免後續命案的發生」。事到如今，埼玉縣警還能怎麼開脫？

佇立在現場的我的視線前方，擺著案發後已經過了一年以上，卻依然有人獻上的花束。

春去夏來。二〇〇一年對我來說，是波濤洶湧的一年。《FOCUS》一連串的桶川案件採訪，獲得了「編輯嚴選雜誌報導獎」。此外，欲強化媒體管制的個人資訊保護法受到熱烈討論，但是報導造成的二次傷害受到質疑的同時，桶川案件也被當成案例，作爲媒體拯救被害人的例子，我從原本採訪的一方，經驗到多次受訪的場面。我不太喜歡這個陌生的身分，不過也知道有些時候，我必須以記者身分大聲疾呼。但是對我來說衝擊最大的，仍然是任職了十八年的《FOCUS》停刊了……

這讓人遺憾，也讓人震驚。只是身爲一名記者，我無力回天。這代表「三流」週刊雜誌「聳動標題、愚蠢醜聞、強勢採訪」這樣的印象，終究還是無法得到讀者的支持吧。我不打算在這裡深入探討這個問題。我連「三流」記者的頭銜都失去了，卻得到許多媒體的邀約，結果成了電視台的報導記者。媒體類型雖然差異頗大，但我還是沒有參加記者俱樂部，持續執著於在第一線採訪。

命案實行犯的審判雖然步伐緩慢，但仍在進行當中。殺人兇手的久保田被判處十八年有期徒刑，負責監視的伊藤被判處十五年有期徒刑，而開車的川上，審判似乎也順利進行。

只有檢察官視爲主犯的小松武史，在法庭上仍頑固地否認嫌疑，說「原本應該站在這裡的不是我，而是我弟」。他開除律師、聲稱急病，中斷審理等等，造成只有他的審判大幅拖延，但我認爲審判的延遲，是檢察官順著警方——也就是和人——的意思推動審判應得的報應。

記者只能默默坐在旁聽席的法庭報導，這沒有我出馬的分。我只是每天持續採訪——直到新年過去，狀況出現意料之外的發展。

家屬提出國賠訴訟後，警察的態度出現了一百八十度的轉變。

這是我久違地拜訪豬野家時的事。

豬野家中與案發後第一次打擾時沒什麼不同。客廳有個大祭壇，點綴著向日葵的相框裡放著詩織的遺照，還有許多鮮花、據說詩織生前喜歡的凱蒂貓小飾品，以及到現在都還沒有納骨的骨灰。每次打擾，我都會在這裡上香。

隨口閒聊時，詩織的父親豬野憲一先生說了這樣的話：

「國賠的官司，警察甚至搬出詩織的隱私來……」

到底是怎麼回事？

縣警對家屬的訴狀提出答辯書等等，要求法院駁回訴訟。警方以扣押的詩織的日記和手機、遺書等遺物，對詩織展開各種攻擊。

「像遺書，他們甚至說那不是遺書……」

憲一先生以平淡的語氣訴說的內容，引起了我的注意。警方拿扣押的遺物，跟被害人的家屬爭民事訴訟？

直到這時，我才注意到一樣東西。看起來彷彿時間停止的祭壇旁邊，有一疊資料夾露出厚厚的書背鎮坐在那裡。全都是審判資料。就在我悠哉想著「審判應該會很順利」的時候，這些資料正不斷增加。我徵得憲一先生的同意，翻開那些資料夾。

事情要回溯到詩織遇害的隔天，十月二十七日。

這天埼玉縣警的三名搜查人員來到豬野家，把詩織二樓的房間，連櫥櫃裡面都徹底搜索了一番。島田在KTV包廂提到的詩織的「遺書」，也是在這天的搜索中找到的。

找到遺書的是一名女搜查員。她匆忙跑下樓來，出示一疊信件對父母說「找到疑似遺書的東西」。上面的日期是三月三十日，是在遇害的七個月以前就寫好的。這些是寫給父母和弟弟，以及島田和陽子的信，總共多達近十頁。

這裡引用其中一部分（文字完全引用自原文）。

爸，媽　這是女兒給你們的最後一封信

現在是平成十一年三月三十日　AM02:03。
我怎麼會落到寫這種信的地步？
雖然是自作自受，但只能說是我太笨了。
如果能夠，我希望可以平安回到家，不用讓你們看到這封信……
（略）
這是我自己種下的惡果，
我絕對不想讓爸和媽知道，
一直在想有什麼方法可以順利跟他分手。
這是大概三月二十四日以後的事。
我沒有可以依靠的朋友，我想了很多，明天就是那一天了。
（略）
曾經有人跟我說：「從妳笑的樣子，可以看出妳父親一定很寵妳」，
當時我得意地說：「對呀！」
其實我還算能幹，是因爲看著媽長大的關係。
也有人對我說「妳有個很棒的母親」。我一直過得無憂無慮。
我想說什麼都不用顧忌。我這輩子生爲豬野詩織，眞的很幸福。

然而卻害得爸媽這麼不幸，我真的好痛恨我自己。

對不起。

謝謝爸和媽給了我這二十年來幸福的每一天。

（略）

下次投胎，我希望還能是爸媽的小孩，弟弟也一樣是〇〇和〇〇。

（略）

謝謝爸媽的照顧。

再見了。好好保重。

詩織

據說父母只是茫茫然地讀完這份遺書，連眼淚都流不出來。這是女兒慘遭殺害隔天的事。除了引用的內容以外，詩織還明確寫出逼死她的就是叫做「小松和人」的男子，她甚至寫下自己的帳戶和密碼，說要把自己的存款留給弟弟。

給島田的遺書寫著「你過得好嗎？我果然還是活不成了……」給陽子的遺書則是「既然妳讀到這封信，表示我真的死掉了……」兩人在詩織的預言成真的狀況下，第一次讀到這些內容。

這個時候的詩織，還不敢把她與和人之間的問題告訴父母。遺書應該是在向和人提出分手前，感到生命危險而寫下的。父母說直到搜查員找到之前，他們都不知道有這份遺書。

那天搜查員以「這是爲了逮捕兇手」、「是爲了命案偵辦」，扣押了對父母來說比什麼都要寶貴的這份遺書。這是女兒留給他們、親筆寫下的最後一封信，完全就是「遺書」，會想要留在身邊，是人之常情。其他還有私人日記、信件、照片等等，充滿了詩織的回憶的各種物品，都被丟進紙箱裡，放上警用車的行李箱裡。想到這都是爲了逮捕兇手，父母也只好任由警方這麼做。

然而這些遺物，卻被遭到提起國賠訴訟的縣警拿來用在完全不同的目的上。明確地說，是爲了自我辯護，把它們拿來當成民事審判而非刑事案件的證據，而且是用來攻擊被害人及家屬。

像是以下的例子。

詩織的日記在未經允許的情況下，被拿到縣警的警務部監察官室這個部門進行分析。警方一定付出了相當大的勞力。詩織求救時無動於衷的警察，現在卻動員組織力量，詳細調查被害人什麼時間在哪些地點做了哪些事等等，極隱私的各種細節。

而且警方居然荒謬地舉出那個夏天，詩織和朋友一起去參加煙火大會、和朋友喝酒等與命案完全無關的行動，說「倘若眞心認爲生命、身體可能遭受威脅，詩織應該會暫時停止外出，或是寄住在親戚家，採取避免危險的手段才對。」縣警甚至像這樣責怪起原告的詩織父母來。詩織儘管遭到跟蹤狂集團執拗的騷擾，卻拚命想要過著正常生活，她這樣的努力完全被忽略了。我心想，難道縣警要學跟蹤狂四處張貼傳單那樣，也在法庭上任意暴露被害人的隱私嗎？

日記僅僅是其中一例。警察不斷挑父母話中的語病，似乎眞心想要擊敗他們原本應該要保護的市民。縣警的主張裡最令我驚訝的是，他們聲稱詩織懷著肝腸寸斷的心情寫下的遺書「不是遺書」。理由是那是她遭到殺害半年前之久就寫下的。覺悟到自己將死而寫下的書信，不叫遺書還能叫什麼？難道說不是在死前幾天，就不能寫遺書嗎？不，最重要的是，他們有什麼權利貶低命案被害人眞心誠意寫下的內容？

而且警方任意運用這些扣押的遺物，家屬卻無法要回那些東西，甚至無從確定眞假。就連遺書，也是在再三再四的央求之下，只拿回了影本。

警察已經豁出去了。

縣警本部長先前的謝罪算什麼？

對那三名警察的判決算什麼？

這天我借了所有能借的資料，離開豬野家。

比起記者的本能，做爲一個人的本能更強烈地告訴我「這太離譜了」。

我的疑問很簡單。

警察可以把刑事案件中扣押的物品，任意用在民事審判上嗎？

資料裡有一張文件，最上面的標題是「查扣物品目錄交付書」，製作人是埼玉縣警，嫌疑人欄是「不詳」，罪名卻是「殺人」，因此扣押的目的顯然是爲了刑事案件的偵辦。但是縣警卻在國賠訴訟中使用這些遺物……

我在斜射的夕陽中，從ＪＲ桶川站搭上高崎線，背包裡裝著詩織生前使用的錄音機及三捲錄音帶，是小松兄弟等三人闖進豬野家時的對話錄音，以及她與和人的電話錄音。沒錯，是詩織和父母拿去警署，卻被說「沒辦法成案」的錄音帶。

前往東京的車廂裡漸漸陰暗下來。我坐在角落座位，戴上耳機，按下播放鍵。起初只聽得到車廂裡吵鬧的噪音，以及經過軌道接縫時的叩咚叩咚聲，從耳機裡傳入耳底的，只有難以分辨的噪音。漸漸的，當我的耳朵熟悉這些聲音後，噪音逐漸變成了男女的聲音。是害怕的詩織，以及彷彿從地獄裡怒吼般的跟蹤狂的聲音。

「……爲了自尊跟我的名聲，我甚至可以不要我的命，我就是這種人！我就是這麼愛妳啊！而妳呢？妳是怎麼對我的？妳這個王八蛋、蠢女人、混帳東西！」

「………」

「我就算死了也沒關係，我是說眞的，就算叫我死在妳家門口也行。」

「………」

「妳沒用的爸媽做不到的事，我來告訴妳……」

「……不要扯上我爸媽……」

「我要！我就是要！！」

我受不了了。我甚至後悔不該聽這些錄音。對話中沒有半點柔情蜜意，只有慘烈可以形容。一個二十一歲的年輕女孩，居然必須直接面對這樣一個男人嗎？我超越了時間與空間，站在這段對話的現場。而且從耳機傳入耳底的這兩個活生生的聲音，現在都已經不在人世了。胸口好痛，背脊緊繃。儘管掌心冒汗，我還是繼續聽下去。

鞋底叩咚叩咚的電車噪音不停作響。

不知不覺間，一股似曾相識的感覺籠罩了我。

電車的節奏，漸漸地變成了那天在ＫＴＶ包廂傳入我的體內的八拍節奏。我知道隨著那節奏，令人背脊發涼的感覺漸漸變成了不同的感覺。

外頭已經入夜了。車窗外的家家戶戶透出溫暖的燈光，屋裡有過著普通生活的人們。

我莫名地想要傳達出去。想要傳達有人被捲入這種案件、有人遭受到荒謬無理的對待。我想要告訴那些理所當然地過著平靜生活的人，有些與你們一樣過著平靜生活的人，人生卻突然被捲入了橫禍。

掌中詩織遺物的錄音機，被我滲出的汗水沾濕了。這個錄音機是詩識特地去買來，希望能做爲向警方求救時的證物，現在它卻在我的手中。我又承接到了什麼，那麼我身爲記者，該做的事只有一件。

回到公司後，我必須做的事堆積如山。首先是法律方面的解釋。警察可以把刑事案件中扣押的證據拿來用在民事審判上嗎？

我查了許多資料，但這幾乎沒有前例。看來連制定法律的人，也沒有料想到警察居然會做出這種事來。由此可見桶川案件是多麼特殊。我沒辦法，只好請教熟悉個資法的律師意見。

答案清楚明瞭。

「埼玉縣的個資保護條例中說，『（略）蒐集個人資料時，必須明定運用個人資料之目的，在達成該目的之必要範圍內，以適法且公正之手段爲之』。在這個例子中，是被提起民事訴訟的縣政府，把做爲刑事偵辦的證據扣押的東西拿來使用，因此不能說是適法且公正之手段的蒐集。此外，這很有可能也違反了公務員法的保密義務。」律師更進一步說：「尤其是這次的情況，實在太過分了。先不管條例，那是一般人絕對不會想要公開的隱私。是受到憲法保障的。」

接下來是尋找影像材料。攝影週刊沒有照片就不能做出報導，電視台更是沒有影像就無從開始。我藉這個機會，到處蒐集所屬電視台關於「桶川案件」的各種影像素材。我從電視台的資料室借出所有關於桶川案件的帶子，閉關在編輯室裡。

我隸屬的電視台累積了數量龐大的素材，像是命案剛發生後的現場、警犬搜索的場面、直昇機的空拍影像等等。從遺留在現場的詩織的自行車影像，可以看出自行車上了鎖。我是開始寫這本書的時候好奇起來的，詩織是在上鎖後被殺，還是上鎖之前被刺的？或許是個小問題，但我就是會在意細節。還有，她用的是凱蒂貓的鑰匙圈。明知是挖苦，但我還是要寫，爲什麼警方就不公布詩織最喜歡的是「凱蒂貓」？

此外，就連命案隔天，那名女搜查員在豬野家前面將裝有詩織遺物和遺書的紙箱放入警用車裡的場面都拍攝到了。

最重要的是——

我發現了一捲 Betacam 影帶。

一直沉睡在電視台資料室的這捲帶子，標籤上寫著「一九九九年十月二十六日　上尾署記者會」。是詩織命案當天上尾署召開的記者會場面。我在深夜的編輯室把那捲影帶插進播放機裡，不帶感慨地按下播放鍵。我只是想要確定一下當天我沒辦法參加的記者會是怎樣的情形。

螢幕中出現的是上尾署一樓的餐廳。放有麥克風的桌子另一頭，兩名警察幹部登場後自報姓名，坐了下來。穿西裝的是代理搜查一課長，另一個穿制服的，是我終於連一次都沒能見到面的人——上尾署署長。兩人不知爲何，面對記者，露出詭異的冷笑。這是殺人命案記者會，有什麼好笑的？

記者會彌漫著一股奇妙的親暱氣氛，但仍平淡地進行。應該是把記者俱樂部的記者當成了自己人，兩名警察幹部的臉上始終掛著笑容。「這可是命案的記者會啊！」他們的笑容令人難以忍受，我在編輯室裡喃喃咒罵。畫面中的記者，這天已針對命案和跟蹤騷擾事件的關係多次提出問題，然而兩人卻只是笑，對記者故弄玄虛。

「最近沒有聽說（受害）。」

「不清楚。」

「不要我們說那麼多遍。」

「怎麼愈問愈偏了？」

就在有記者詢問詩織被刺傷的部位時，代理一課長緩緩站了起來，翹起屁股，手掌開始拍打自己的腰部。「用埼玉方言來說，應該就是『腰子』這裡吧，哈哈哈……」

警察幹部居然不正經地笑著說明一個人的死狀……

我幾乎快吐了。

腦中浮現久保田的臉。那個就在同一天，而且就在短短幾小時前，被目擊刺死詩織後，怪笑著離開現場的男人。

看完之後，我腦中清楚明白浮現一個念頭。

這些影像連一次都沒有播出過。無論如何，我都要讓它出現在電視上。

我埋首於「桶川」的採訪。雖然也必須採訪縣警，但對方可是埼玉縣警。如果用我的名義申請採訪，他們一定不會出面，因此我請其他記者前往，只是我的擔憂其實是杞人憂天。因爲我們只得到冷冰冰的回覆，「目前正在審理中的案子，我們無法作答。」這下很清楚了，只要遇上不方便的事，不管有沒有加入記者俱樂部都是一樣的。一視同仁，了不起。

我進行採訪的期間，縣警仍繼續反擊。

比方說錄音帶。縣警也把錄下詩織與和人對話的錄音帶拿來當成反駁的材料。但他們提出的，卻不是詩織遭到威脅的部分。縣警拿出來的是其他部分，也就是兩人的對話中平靜、聽起來宛如男女朋友對話的部分。

對於聽過全部錄音帶的人來說，這是難以理解的行爲，甚至可以說是充滿惡意。他們以爲會有人故意錄下情人絮語，拿去向警方申訴自己遭到跟蹤狂騷擾嗎？

而且這些錄音帶，正本到現在都還沒有歸還家屬。我借到的只有警方拿去拷貝後歸還的其中三捲。詩織爲了遭到跟蹤騷擾而求助時，毫不隱瞞地把錄音帶正本就這樣交給了上尾署。其實詩織交給警方的錄音帶數量，縣警和家屬的說法之間有矛盾。雖然我不說縣警歸還的只有對他們有利的錄音帶，但詩織的母親會主張「警察只用了對他們有利的部分」也是當然的。畢竟家屬把帶子全交出去了，無從確認。

此外關於遺書，縣警是這樣主張的：

「這是年輕女性『幻想自己死掉的狀況，沉浸在感傷之中寫給家人和朋友的信』，而非在遭到殺害的危險逼近時寫成，是一種日常經驗的行爲，並非遺書。」

縣警的書面文章還這樣說：

「此外，訴外人詩織所寫的不是『遺書』，而是給父母和朋友的信件，從它草率放置的狀況看來，也顯見那並非『遺書』。」

案發隔天，慌忙從二樓詩織的房間衝下來對父母說「發現疑似遺書的東西」的女搜查員的報告書也提出來作爲證據。

「發現狀況：我爲了偵辦被害人詩織的命案，前往豬野憲一的住家。在死者詩織位於二樓的房間，整理地上散落的雜誌、衣物等，尋找可能與嫌犯有關的線索，發現隨便丟在地上的『粉紅色封面的信箋：五封』。確認信箋的內容後，發現是寫給父母及朋友的，認定爲與案件偵辦有關之資料（略）。」

從這裡可以看出，報告中巧妙避開了「遺書」這個說法，而以「信箋」「內容」等代稱。而且還強調「隨便丟在地上」。換句話說，警方想要塑造出「隨便掉在地上的普通信件」這樣的形象。然而另一方面，扣押理由卻是「與案件偵辦有關之資料」，即使家屬要求歸還也不回應。到底是普通信件還是證物？

開始搜索詩織的房間時，父親憲一也在一旁。當時觸目可及之處並沒有遺書。那可是五份粉紅色的信箋，如果眞的有，一定很醒目。而且警方花了一個小時以上才發現，以「隨便丟在地上」而言，不會太花時間嗎？而且從寫好到案發，中間超過半年以上，比較自然的作法應該是收進抽屜等地方，而不是丟在地上。詩織可是無論如何都不願意父母知道和人的事，她怎麼可能會把告白自己與和人交往的遺書，隨便丟在父母可能看到的地方？

縣警冷酷的反擊，終於到了露骨攻擊詩織的地步。

讀到這些內容，我忍不住呻吟。縣警利用詩織的日記，不僅踐踏她的隱私，還任意截取對警方有利的部分，甚至批判詩織「性觀念自由開放，索討昂貴的禮物，厭惡束縛，任意行動」。這樣的指控實在是太過分了。甚至還要賴「（現在的年輕人）極端的情侶吵架天天上演，要求警察逐一插手調解，是不可能的事」。只能說教人啞口無言。

那麼，爲什麼詩織甚至報案提告？爲什麼警方又受理報案？沒有人叫警方干涉所有的情侶吵架，而是有人報案了，請警方採取行動，如此罷了。大家質疑的不就是這一點嗎？

許多疑問在我的腦中打轉。案發當時警方向媒體塑造出錯誤的被害人形象，現在似乎又要對法官故計重施。

警方的反擊當中還有個頗有意思的內容。「遺書」遭到了否定，但有「禮盒」登場。警方變魔術似地讓「遺書」消失，然後用同一隻手變出了「禮盒」來。看來警方對禮盒情有獨鍾。

據上尾署說，一九九九年六月二十一日，父母與詩織三個人一起拜訪上尾署，送了禮盒感謝，「我們把小松送的禮物送還回去了，暫時可以放心了」。收禮的警察的說詞很有意思，這裡引用一下：

「我回絕說『這是我們分內的職務，不必客氣』，但他們說『請務必收下，這是我們的一點心意』，堅持要送，所以我說『事情能夠告一段落，太好了，那我們就不客氣地收下了』，收下禮盒，詩織的父母露出舒暢的表情，深深行禮，然後離開了上尾署。」

這是想要表示上尾署就是應對得當，對方才會送禮，但又可能覺得措詞不當，可能會招來公務員收禮的抨擊。文章彆扭到讓人忍不住想同情了。話說回來，當時豬野一家持續接到無聲電話、遭到騷擾，怎麼可能露出什麼「舒暢的表情」？

那天詩織和父母確實一起去了上尾署。那是因為詩織的父親擔心只有母親和女兒，警察可能不把她們當一回事，所以一同前往。那個時期他們只可能會傾訴遭到騷擾，根本無從感謝警方。

因為很有趣，這裡再提一件「禮盒」的事。請回想一下第九章提到的、醜聞爆發前的「禮盒」。也就是縣警幹部對記者耳語「家屬**在實行犯落網時**，帶著禮盒到上尾署來道謝。他們應該很感謝警方」，這段話也提到了「禮盒」。這件事當時還上了報。但是前面提到的禮盒是命案前，這個禮盒是命案後。換句話說，如果兩邊都是事實，那麼上尾署收到了兩次禮盒嗎？

直到今天，我曾多次詢問詩織的父母有沒有送過禮盒給警方。他們可能覺得我這個記者很煩，但每次都斬釘截鐵地否認：

「我們從來、完全沒有送禮給上尾署。」

每一次的回答都很明確，不曾搖擺。說到十二月，是詩織的父母對縣警產生強烈的不信任感的時期。他們也知道我查到了實行犯久保田，以及縣警收到我提供的線索，總算開始行動的事實。然後縣警才終於逮捕了久保田，詩織的父母有什麼好感謝縣警的？

然而再次詢問詩織的父母，我發現了一個意外的事實。這個時期，豬野家與縣警搜查員之間，其實有過禮盒的收受，而且不只一兩盒。

當時為了隔絕媒體，某名刑警連日駐守在豬野家。那名刑警多次送來以祭拜詩織為名義的禮盒。換句話說，確實有禮盒存在，但送禮的方向完全相反。日式糕點、水果籃等幾乎天天送來，起初父母也解讀為是好心的刑警出於個人的感情送的，但以這樣來說，次數未免太頻繁了。搜查員三番兩次帶著禮盒拜訪命案被害人的家，冷靜想想，這實在很奇怪。

我們一般人難以理解，但在警方這個組織裡，「禮盒」似乎是具有重要意義的道具。

我在採訪其他縣警的辦案疏失疑案時，那裡的縣警幹部曾經給我看過一張宅配單影本。他說那是與某個案子的家屬發生糾紛的業者，對家屬「送禮盒賠罪的證明」。我不懂這是什麼意思，愣在原地，結果那名警察幹部毫不理會，挖出小心翼翼地夾在辦案資料裡的宅配單，指頭戳著單子，一本正經地說：

「被害人家屬收下了禮盒啊。」

……收下禮盒，所以呢？

「換句話說，這代表兩造之間的問題一筆勾銷啦。」當然，接下來他這麼說：「換句話說，這代表我們警方的辦案沒有疏失。」

原來如此，警方動不動就想讓「禮盒」登場，是因爲禮盒意味著「案子解決了」。這讓我學到了絕對不能送禮給警方。當然，我也從來沒有送過禮。

二〇〇二年五月底，我的採訪成果在電視上播出了。以警方直到現在都不願意歸還的遺物爲中心，在整點新聞的特輯時段，播放了五分鐘版與十分鐘版。迴響超乎預期。製作人邀我把內容做成三十分鐘的紀錄片，讓我的工作更繁忙了。不過，我當然求之不得。在深夜的紀錄片時段播放的日子決定後，時間便像瀑布一樣流逝得飛快。我是第一次挑戰這麼長的節目。標題也一如既往，一直思考到最後一刻，結果我簡單地定爲「回不來的遺物

桶川跟蹤狂命案　重新檢驗」。我想要讓節目直接提出疑問，警方可以把刑事審判中扣押的遺物，不僅不歸還家屬，甚至拿來在民事審判中自我辯護嗎？縣警幹部面露冷笑的記者會影像當然不能錯過。

我也向詩織的父母借來了詩織在成人式中穿上和服，盛裝打扮的影片。

我決定在紀錄片的開頭與最後放上詩織的祭壇畫面。詩織的父母都睡在祭壇所在的客廳，就在詩織的遺照注視的前方鋪上被子入睡。在我大力懇求之下，拍攝了父母鋪被子的場面——鋪上三人份被子的景象。

節目在六月十日星期一的午夜零時四十五分播出。是我隸屬的電視台長年經營的報導紀錄片時段。我在自家等待播放。那是星期日的深夜時段，加上這天是世足賽的日本對俄國賽，全日本正為了「世足賽第一次出賽&第一次勝利」而舉國歡騰。我明白無法期望高收視率，只是隔天聽到數字，也只能笑了。收視率之低，可以說是創下記錄。

但是告訴我這個數字的製作人也說：「清水，日本還是有希望的。」他把一整疊列印出來的電子郵件放到我的桌上，踩著和來時相同的匆促腳步離去了。

節目剛播完，電視台就接到了大量的電話與電郵。後來我聽說數量是這個紀錄片節目開播以來最多的。全是抨擊埼玉縣警的大量意見震懾了我。收視率那麼低，迴響卻如此之大。原來電視的力量居然如此巨大？

幾天後，或許是總算醒悟到不肯眞誠接受採訪有多愚昧，埼玉縣警焦急地聯絡電視台，表示想要再解釋一次。看來縣警也接到了大量的抗議電話。但即使他們事到如今再冗長辯解，節目也早已在全日本播出，覆水難收了。

可能是因爲接到大量抗議，後來遺物慢慢歸還給詩織的家人了。「古馳」的手表也是其中之一。說是歸還，也不是特地送過來，而是家屬每次接到聯絡，就必須抽空去檢察廳領回。手機、化妝品等包包裡的內容物、自行車……警方過去的說詞是這樣的，「從豬野那裡扣押的證物，已經移送檢方了，因此歸還證物的責任不在警方。」

那是警方自己寫下清單並且扣押的東西，歸還的時候，卻是這種態度。就連小孩子借了東西又借給別人，也會找個比這更像樣的藉口。

而且歸還的手機資料全被刪除了。包括簡訊、聯絡人資料，全部。警方說是因爲手機沒電的關係，但誰知道呢？理所當然，裡面的資料全被警方分析過了。雖然附上了用文書處理機打出來的資料內容，但沒有人能確定這些就是全部。

這等於是詩織的手機資料二度遭到刪除。第一次是逼詩織折斷手機的跟蹤狂，第二次是警方。我已經開始搞不懂跟蹤狂集團與縣警之間有何差異了。遭到逮捕的跟蹤狂有十二名，縣警遭到處分的人數也是十二名。逼死詩織的，到底是誰？

即使接近宣判日，狀況也沒有太大的變化。警方就像機器一樣，不停對被害人家屬射箭攻擊。法庭上充滿警方瑣碎的藉口，可視爲是對詩織人身攻擊的隱私文件也堆積如山。

這是國賠案宣判四天前的事。

當時的埼玉縣警本部長大言不慚地發表了一番言論。

茂田忠良本部長於宣判前夕，在「警察署協議會代表者會議」這個公開場合所說的話，完全反映出埼玉縣警的眞實想法。

「（謝罪當時的報告書）警察廳說這樣的報告書得不到輿論支持，必須承認過錯，所以我們才寫下了莫須有的內容……」

「……原告也是，如果錢太少會不甘心，因爲他們以爲可以拿到大筆賠償，才會提起訴訟，要是結果不如他們的意，可能還是會上訴到高等法院吧……」

簡而言之，就是控訴「報告書是假的」、「家屬是爲了錢才提國賠的」。可以很清楚看出他們的態度。

理所當然，這番言論立刻引發風波，我也讓它登上了電視新聞。茂田本部長遭到警告處分，後來寫了一封信給詩織的父母表示「深切反省」。不過居然連續兩名縣警本部長都向同樣的家屬行禮賠罪……

我從來沒聽過如此荒唐的事。

那個日子終於到來了。

二〇〇三年二月二十六日，埼玉地方法院做出國賠案的判決宣告。法庭認定警方在「妨礙名譽案件上的偵查怠慢」有責任，命令縣警必須賠償家屬五百五十萬圓，然而對於與命案之間的因果關係，則認爲「警方無法預測命案之發生」。這等於是完全違背了詩織父母最大的心願，「如果警察好好辦案，女兒就不會被人殺死了」。

這個判決把命案前的騷擾與命案拆成了兩件事，只能說法院完全受到了警方醜陋的遁詞操弄。

這也等於是我一直擔心的想法成眞了

小松和人消失了。

在警方的劇本中，命案的首謀完全是武史。和人的嫌疑只有妨礙名譽，而且被判處緩起訴。因此警方可以主張命案前詩織對警方的求助與報案，與命案是兩碼子事。只要這兩件事分開來，不管是竄改筆錄的事、跟蹤騷擾有多嚴重、詩織如何拚命向警方求助，都沒有關係了。因爲這都只是**與妨礙名譽案有關**的事，跟殺人命案毫無瓜葛。

實際上，縣警在國賠審判中提出的文件也如此記載。根據的是平成九年到十二年之間，埼玉縣警收到民眾因爲「糾纏、無聲電話」等問題求助的件數報告書。結論是這樣的：

「本縣警察接獲民眾『糾纏、無聲電話』騷擾問題求助的案例中，沒有任何一件發展成命案。」

這個結論太令人瞠目結舌了。

詩織的命案發生在平成十一年。她死前就是遭到糾纏、無聲電話騷擾，甚至還向警方報案，縣警竟主張那起命案不是由於跟蹤行爲造成的。

也就是說，埼玉縣警意圖將「桶川跟蹤狂命案」這起案子徹底抹消。等到媒體不再矚目、世人不再關注，原本假裝深切反省的警察在不知不覺間，一臉無事地將潑出去的水又撈回了盆子裡。

但是在竄改筆錄的三名警察的判決中，同一個法院的刑事部認定「如果警方迅速進行偵辦，逮捕歹徒，應該就能避免被害人遭到殺害的結果」。當時的縣警本部長也道歉：「只要警方好好針對妨礙名譽進行調查，或許就有可能避免這樣的結果……」這不就等於是承認「因爲警方沒有好好調查妨礙名譽案，詩織才會被殺」嗎？

這場判決只能讓人心想，法院，連你都如此迂腐嗎？

詩織留下「遺言」，寫下「遺書」，留下「遺物」。我在它們的指引下，透過小松和人找到了久保田。

所以我才明白。

警方完全沒有把「遺言」、「遺書」和「遺物」用在偵辦上。像我這樣的記者竟能搶先搜查員揪出兇手，這不就是最好的證明嗎？

《警察法》第二條是這麼說的：「警察之職務爲保護個人之生命、身體及財產，預防、鎮壓及偵查犯罪、逮捕嫌犯、維護交通及其他公共安全與秩序。」**保護個人之生命、身體及財產**。

警方拋開這些職務，不惜竄改筆錄也不願進行偵查，即使發生案子，也被週刊記者搶先找到兇嫌。不，我到現在都還在懷疑，當時埼玉縣警眞的在認眞辦案嗎？那些彷彿隱形的大批搜查員到底算什麼？而且兇嫌落網後，警方便著手竄改筆錄，隱瞞醜聞，在國賠訴訟中則強辯妨礙名譽案的偵查不周與命案無關，一再想要封殺詩織的「遺言」。爲什麼他們沒有發現這形同是在封殺詩織、封殺一般民眾「想要活下去」、「救救我」的吶喊？他們的行動，哪裡看得到《警察法》第二條的精神？

我沒有把詩織神聖化的意思，也不會說她就像個聖女。我想說的是，她眞的就是個普通的、可能就在你我身邊的善良市民。她就像是你我的女兒那樣，在各種意義上都是無辜的。而跟蹤狂集團殺死了她，警方無視於報案，加以竄改。詩織到底做錯了什麼？

她只是傾訴而已，向警察傾訴：救救我。

詩織遭到小松和人恐嚇，甚至被包括小松在內的身分不明的三人闖入家中，張貼毀謗傳單。她擔心狀況可能繼續惡化，向警方求助，卻得不到警方的正視。

詩織難過地說「警方不肯行動」時，島田曾建議她：

「妳就說這樣下去妳會被殺掉，就算坐在警署門口抗議，也要一直強調妳會被殺。」

詩織多次前往上尾署，因爲上尾署說警方必須接到「報案」才能辦案，所以她才會報案。負責單位從處理命案的刑事一課轉爲處理智慧犯的二課，也是警方的決定。如果一課告訴她「告恐嚇吧」或「告殺人未遂吧」，她一定也會照辦。詩織在意的不是手段，她只是在求助而已。

要求撤銷報案，並且竄改筆錄而遭到有罪判決的H巡查長，對檢察官的訊問如此供稱：

「七月十五日做筆錄的時候，詩織小姐和（母親）京子女士彷彿走投無路地說：『請快點去調查小松、快點逮捕小松，這樣下去，我們不曉得會遇到什麼不測。』」

同時H巡查長也說：「對於詩織小姐遇害，我覺得『如果我們認眞查案，或許詩織小姐就不會被殺了』，我眞的覺得很對不起詩織小姐和她的家人，我自己也非常難過。」

H巡查長在後來的國賠訴訟法庭上，也在證人詢問中作證：「以可能性來說，我擔心（案情）有升級的危險。」這表示上尾署當時完全充分理解詩織的處境有多迫切。

然而警方的態度卻好像根本沒有接到報案。直到命案發生都過了五個月以後的內部調查，才恍然醒悟似地道歉。難道說在這之前，根本沒有人發現嗎？

不可能。審判過程中揭露了以下的事實。

久保田等四名嫌犯剛落網的十二月二十三日，當時的刑事一課長對H巡查長指出：

「人家是來『報案提告』的，這裡改成『備案』還是不太妙，重新改回『報案提告』吧。」

因此H把竄改過的告訴狀又再竄改了一次。也就是把已經用兩條線畫掉的「報案提告」改成「備案」的地方，再次用線畫掉，改回「報案提告」。

我有機會看到那份告訴狀，即使經過兩次竄改，也不是全面改過來，而是「報案提告」與「備案」混雜的狀態。難怪命案剛發生後的記者會上，會一下說是「報案」，一下又說是「備案」。

詩織的告訴狀遭到忽視、任意塗改，變得慘不忍睹。

這就是警方踐踏詩織「遺言」的證據。是他們不僅不理會被害人的求救，甚至毫無反省大加蹂躪的證據。

在國賠訴訟審判中，這樣的態度也絲毫未改。警方為了自我防衛，將「遺物」任意曲解為對有利自己的內容、曝露被害人的隱私，詩織在恐懼之中寫下的「遺書」，被說成了隨手丟在地上的一般信件。

「……再見。好好保重。」

若非預見自己即將遭遇危險，女兒會對父母留下這樣的信嗎？

除了對死者的冒瀆以外，這還能是什麼？最重要的是，不曉得是不是我的理解力太差，警方的這段解釋，我到現在還是看不懂。

「……這是年輕女性『幻想自己死掉的狀況，沉浸在感傷之中寫給家人和朋友的信』……」

這種東西，一般人不就稱為「遺書」嗎？

詩織的父母提出上訴。國賠訴訟尚未結束。

二〇〇三年十二月二十五日，埼玉地方法院對於在命案審判中從頭到尾都主張自己無罪的小松武史做出了判決。庭長認定是武史直接指示久保田動手殺人，依照檢察官求刑，對武史判處無期徒刑。此外，對於殺人的經過，也認定是長期的騷擾行動升級造成的殺人命案。長達十九頁的判決要旨如此總結：

「……各犯行的犯罪性質、內容，尤其是妨礙名譽及殺人的犯罪動機、光天化日之下在人潮眾多的站前以軍刀刺殺毫無防備的被害人等犯行之樣態、對於毫無過失的年輕女性被害人進行長期騷擾，甚至奪走其生命，從這一連串犯行之結果來看，被告之反社會性根深柢固，罪責重大。因此縱然充分考慮被告沒有前科等情狀，仍須令其付出其餘生以爲贖罪。」

毫無過失的年輕女性被害人。

走到這一步之前的路途，實在是太遙遠了。

「詩織眞的就只是個普通的女孩。」

從我在ＫＴＶ包廂聽到島田和陽子這麼說，已經過了四年以上的歲月。

我想起第一次進入詩織房間的時候。

由於充滿太多回憶，連母親都難以踏入的那個房間，到現在時間仍然停留在那一天。

「警方搜索的時候進來過，但後來幾乎什麼東西都沒有動過。」母親走上前往房間的樓梯時說。打開掛著凱蒂貓牌子的門，映入眼簾的是詩織從小就十分珍惜的玩具、擺滿各處的凱蒂貓周邊商品、小學領到的獎狀。書桌上、衣櫃裡也有凱蒂貓。完全看不出半點「迷戀名牌」的印象。這個房間刻畫著受到父母全心關愛的少女，正準備要蛻變成女人的歷史與證明。看到這個房間的瞬間，我的胸口一陣衝擊。這裡眞的充滿了普通的——沒錯，就好像走進自己女兒房間的生活感。實在太單純了，一切的答案不都在這裡了嗎？

房間的角落有個玩具木箱，上面以稚拙的平假名字母寫著「豬野詩織」。

我認得那筆跡。

是明信片上的字。案發後一年的時候，詩織的父母收到了一張明信片。寄件人是詩織，無人預期的詩織來信。那是十六年前，年幼的詩織與家人一同參加筑波科學萬國博覽會時，在那裡寫給未來的自己的明信片。

「妳寫了什麼？」母親問，詩織微笑說：「收到就知道了。」就是她充滿少女氣息、稚拙但強而有力的筆跡。

我現在七歲。

二〇〇一年的我，變成了什麼樣子？

我變成一個很棒的女生了嗎？我有男朋友了嗎？

我好期待。

當然，等著收到明信片的人已經不在這個房間了。只留下時光凍結、寂靜的空間，沒有任何生命。

應該如此。

然而下一瞬間，我的眼角掃到了某些動靜。我嚇了一跳，反射地轉頭望去，但木板地上只有CD音響的音箱而已。

細微的動作。閃爍的動作。在一片寂靜、甚至沒有聲音的這個房間裡，我全身緊繃地反覆四下張望。然後我總算發現那是什麼了。CD音箱的顯示面板上，藍色的細長指示器彷彿具有生命般不斷閃爍著。我吐出憋在肺裡的氣，忍不住注視著它。

忘了關掉的音箱。

那天詩織趕著去上課，就這樣丟下正在播放音樂的音箱，關上房門下樓了。最後的音符在這個房間消失以後，忘了關掉電源的音箱現在仍繼續運作著。在無人的房間裡，沒有人關掉電源，往後也將永遠繼續待機下去。

我一陣肅然，腦中浮現許多畫面。

春寒料峭的初春深夜，對著書桌一個人寫下遺書的詩織背影。

炎熱的盛夏，害怕著電話和戶外的聲響，從窗簾縫間窺看馬路的她的側臉。

那個秋日的正午過後，慌忙出門的最後身影。

然後，詩織的遺書原本究竟放在房間的哪裡……

再也無人的這個陰暗房間裡，仍持續閃爍的這件「遺物」，應該看到了一切。

沒錯，它應該看到了一切。

文庫版後記

許久不見的詩織父母，眞的變得堅強許多。

案發兩個月後，我第一次拜訪詩織家時，對他們的印象是精神磨耗、憔悴虛弱。當時命案的實行犯尚未落網，他們也無法批判警方。我記得他們喃喃細語地訴說對警方不信任的模樣。

而現在他們兩位分頭出庭、旁聽刑事與民事審判，接受眾多媒體採訪，並積極參與犯罪受害人及不實報導受害人的聚會、讀書會及街頭連署活動。

母親京子女士在宣判當天穿上詩織的衣服，戴上那只手表出席。爲了女兒的名譽而戰的兩人，說他們甚至懷有無法挽救女兒生命的懺悔情緒，但他們堅強的源頭，也是詩織所留下來的許多事物。像是她留下來的話、遺書以及遺物。

物品不會說話。

但也能比任何話語更要雄辯滔滔。

物品可以訴說眞實，也能利用來撒謊。

現在兩位面對詩織留下的各種物品，藉由明確釐清女兒被殺的理由，來確認她在世的這二十一年的意義。看到兩位如此堅強，我強烈地這麼感覺。採訪他們的成果，就是這次的補遺〈遺物〉。

其實這四年間，也是我人生中波瀾萬丈的一段時期。

最初的變化在這本書完成後一年的炎熱日子毫無預警地來臨。我任職長達十八年的《FOCUS》停刊了。這裡就不詳述狀況了，但從那天開始，我長年來的雜誌工作畫下了休止符。我離開新潮社，曾經同甘共苦的夥伴也各奔東西。後來就像前面提到的，我成了電視台的菜鳥記者，從頭出發。

同一時刻，本書獲得了日本新聞工作者會議大獎，令我不勝榮幸。得獎理由是「身爲週刊雜誌記者，儘管受到記者俱樂部排擠，卻仍比警方更早一步查出兇手，甚至將警界的醜聞公諸於世，其堅定大膽的採訪態度令人激賞」。對採訪態度的肯定，讓我覺得就像是《FOCUS》這份攝影週刊站在第一線採訪的態度受到肯定，感慨萬分。

此外，命案後過了三年的秋季，這部《被殺害三次的女孩》由日本電視台改編成電視劇。我無理的要求獲得重視，電視劇的製作極力忠於原作，令我無比感謝。電視劇裡也加入了眞實的新聞畫面，上尾署嬉鬧的記者會影像也播放到全日本各地了。我認爲這是最起碼的救贖。

本書推出文庫版時，我以審判爲中心再次檢驗、回顧這起案子。我自以爲對這起案件知之甚詳，但這讓我重新體認到它是多麼根深柢固，也透過審判資料得知了一些新事證。不過第九章以前的正篇，我刻意完全不加修改。因爲正篇是記錄自命案剛發生後，我一步一步摸索採訪得到的當時的事實，即使事後發現了新的事實，我認爲還是不應該加以補寫或訂正，特記於此，請讀者諒解。

這次的採訪也爲詩織的父母添了麻煩，我想藉這個篇幅向兩位致謝，並再次祈禱豬野詩織小姐在天之靈能夠安息。

最後我想提一件私事。就是本書中也曾提到的我的女兒。

詩織的命案發生後剛好第三年的秋天，我的女兒過世了。一場突來的事故結束了她的一生。我在工作中接到消息，甚至無法見到死去的她一面。

我對桶川案件感同身受，但是當時的我並不了解失去孩子究竟是怎麼一回事。我從來不曾想過自己竟會在人生當中親身體驗。

女兒珍惜的各種物品、之助的照片，以及再也不會有人躺臥的小床……

「爸爸……」

如今再也不會有女兒的聲音響起的那個房間，只剩下時鐘的秒針滴答作響。

世上是有無可奈何的事的。

而死亡，就是再也見不到那個人。

女兒的死帶給我的就只有這兩項體悟，其餘的全是失落。

直到那天以前，我都不知道誕生在世上的女兒，原來只有十四年的光陰，就這樣任由每一天過去。請允許我這個再也無法爲女兒做任何事的沒出息老爸，在最後寫下小女的名字。

我爲小女取的名字、往後再也無法呼喚的名字，叫做清水梓。

二〇〇四年五月

清水潔

被殺了三次的女孩——誰讓恐怖情人得逞？桶川跟蹤狂殺人事件的眞相與警示

原著書名／桶川ストーカー殺人事件：遺言
作　　者／清水潔
原出版者／新潮社
翻　　譯／王華懋
編輯總監／劉麗眞
責任編輯／張麗嫺
行銷業務／徐慧芬、陳紫晴
總 經 理／陳逸瑛
榮譽社長／詹宏志
發 行 人／涂玉雲
出 版 社／獨步文化
城邦文化事業股份有限公司
104台北市中山區民生東路二段141號5樓
電話：(02) 2500-7696　傳眞：(02) 2500-1967
發　　行／英屬蓋曼群島商家庭傳媒股份有限公司
城邦分公司
104 台北市中山區民生東路二段141號2樓
網址／www.cite.com.tw
讀者服務專線／(02) 2500-7718；2500-7719
服務時間／週一至週五：09：30～12：00　13：30～17：00
24小時傳眞服務／(02) 2500-1900；2500-1991
讀者服務信箱E-mail／service@readingclub.com.tw
劃撥帳號／19863813
戶名／書虫股份有限公司
香港發行所／城邦（香港）出版集團有限公司
香港灣仔駱克道193號號1樓東超商業中心
電話／(852) 2508-6231　傳眞／(852) 2578-9337
E-mail／hkcite@biznetvigator.com
馬新發行所／城邦（馬新）出版集團
Cite (M) Sdn Bhd
41, Jalan Radin Anum, Bandar Baru Sri Petaling,
57000 Kuala Lumpur, Malaysia.
Tel: (603) 90578822
Fax:(603) 90576622
email:cite@cite.com.my
封面設計／倪旻鋒
印　　刷／前進彩藝有限公司
排　　版／陳瑜安
●2019年（民108）5月初版
●2020年（民111）10月14日初版5刷
售價380元

ISBN 978-957-9447-36-2

國家圖書館出版品預行編目資料

被殺了三次的女孩——誰讓恐怖情人得逞？桶川跟蹤狂殺人事件的眞相與警示／清水潔著；王華懋譯. –初版. – 臺北市：獨步文化，城邦文化出版：家庭傳媒城邦分公司發行，民108.05
面；　公分. --
譯自：桶川ストーカー殺人事件：遺言
ISBN 978-957-9447-36-2（平裝）

1. 刑事偵察 2. 謀殺罪 3. 日本

548.6931　　108005679